Alteuropa oder Frühe Moderne

ZEITSCHRIFT FÜR HISTORISCHE FORSCHUNG

Vierteljahresschrift zur Erforschung des Spätmittelalters u. der frühen Neuzeit

Herausgegeben von

Johannes Kunisch, Klaus Luig, Peter Moraw,
Heinz Schilling, Bernd Schneidmüller,
Barbara Stollberg-Rilinger

Beiheft 23

Alteuropa oder Frühe Moderne

Deutungsmuster für das 16. bis 18. Jahrhundert aus dem Krisenbewußtsein der Weimarer Republik in Theologie, Rechts- und Geschichtswissenschaft

Herausgegeben von

Luise Schorn-Schütte

Duncker & Humblot · Berlin

Die Deutsche Bibliothek – CIP-Einheitsaufnahme

Zeitschrift für Historische Forschung / Beiheft
Zeitschrift für Historische Forschung : Vierteljahresschrift zur Erforschung des Spätmittelalters und der frühen Neuzeit. Beiheft. – Berlin : Duncker und Humblot.
Früher Schriftenreihe
Reihe Beiheft zu: Zeitschrift für Historische Forschung
ISSN 0931-5268

23. Alteuropa oder Frühe Moderne. – 1999

Alteuropa oder Frühe Moderne : Deutungsmuster für das 16. bis 18. Jahrhundert aus dem Krisenbewußtsein der Weimarer Republik in Theologie, Rechts-, und Geschichtswissenschaft / hrsg. von Luise Schorn-Schütte. – Berlin : Duncker und Humblot, 1999
(Zeitschrift für historische Forschung : Beiheft ; 23)
ISBN 3-428-09961-3

Fremddatenübernahme und Druck:
Berliner Buchdruckerei Union GmbH, Berlin
Printed in Germany

ISSN 0931-5268
ISBN 3-428-09961-3

Gedruckt auf alterungsbeständigem (säurefreiem) Papier
entsprechend ISO 9706 ♾

Inhaltsverzeichnis

Religion, Kultur und Staat

Deutungsmuster aus dem Krisenbewußtsein der Republik von Weimar
Eine Einleitung

Von Luise Schorn-Schütte, Frankfurt am Main

I.

Jeder erfahrene Historiker weiß um die Zeitbindung und damit Relativität seiner Interpretationen. Jeder erfahrene Historiker weiß deshalb auch, daß sich alle Historikergenerationen immer wieder neu der Tragfähigkeit der bis dahin gültigen Deutungsmuster vergewissern müssen. In Zeiten krisenhafter Zuspitzung der jeweiligen Lebensumwelten geschieht diese Orientierung besonders ausgiebig und ist auf Distanzierung angelegt.

Der Umbruch, der mit dem Jahr 1989 einsetzte, muß als eine solche Zäsur verstanden werden, die für die historisch arbeitenden Wissenschaften als Auslöser für die Reflexion ihrer Deutungsmuster und Analysekategorien wirkte. „Der Untergang des östlichen Systems", so charakterisierte der österreichische Geschichtstheoretiker K. Acham, „geht nämlich mit ökonomischen, politischen und kulturellen Krisen der westlichen Welt einher. Pragmatismus und Technokratie allein genügen nicht mehr, um eine stabile Entwicklung des gesellschaftlichen Lebens zu gewährleisten. So wird heute die Frage möglich, ob nicht als Effekt des Zusammenbruchs des Kommunismus in den Jahren 1989 bis 1991 auch der Liberalismus ins Wanken geraten sei."[1]

Die Artikulation eines solchen Krisenbewußtseins ist in den westeuropäischen Ländern und in Nordamerika sehr viel weiter entwickelt als in Deutschland, in dem es vermutlich aus Gründen der *political correctness* nicht leicht möglich ist, die krisenhafte Entwicklung des modernen Liberalismus zu benennen.[2] Aber der Liberalismus bedarf solcher Schonung gar nicht, er lebt von der Auseinandersetzung. Die Umsetzung der zeitgenössischen Krisenerfahrung in eine Reflexion der Deutungsmuster historiogra-

---

1 *Karl Acham*, Geschichte und Sozialtheorie. Zur Komplementarität kulturwissenschaftlicher Erkenntnisorientierungen, Freiburg-München 1995, 22.

2 Ebd., 23 f.

phischer Arbeit, die vor allem in Gestalt der engen *Verkoppelung einer Theorie der Moderne mit dem Fortschrittskonzept* seit zwei Jahrzehnten nicht zuletzt in der Frühneuzeitforschung vorherrschen, könnte deshalb öffnend und weiterführend wirken.[3]

Die Folge jener modernisierungstheoretischen Blickrichtung war die Reduzierung der historischen Zeitspanne „Frühe Neuzeit" auf die Vorgeschichte der „eigentlichen" Moderne, sie wurde „Vormoderne". Die Diskussion der epochenprägenden, epochenspezifischen Charakteristika schien stillgestellt, da die Deutungsmuster moderner Gesellschaften in entsprechender Variation problemlos übertragbar waren. Daß damit beindruckende Ergebnisse erzielt wurden, steht außer Frage. Die sozialgeschichtliche Forschung ebenso wie die Erforschung der Entwicklung konfessioneller Kulturen haben den Kenntnisstand maßgeblich erweitert. Ein dennoch wahrnehmbares Unbehagen ist nicht als Abwertung jener Ergebnisse zu verstehen, sondern als Versuch, den Blick in weitere, andere Richtungen zu öffnen, um die spezifische Vielschichtigkeit der Epoche deutlicher wahrnehmen zu können.[4]

Dieser Wunsch nach Öffnung zeigt sich an zwei, in den letzten Jahren dichter werdenden Diskussionen: *Zum einen* intensiviert sich das Nachdenken über den epochenbegründenden, das Werden der Neuzeit befördernden Charakter der Reformation als „Umbruch". *Zum anderen* ist die Charakterisierung des Verhältnisses der Dimensionen frühneuzeitlicher Realität zueinander, die Beziehung zwischen den Bereichen Gesellschaft, Wirtschaft, Staat und Religion umstritten, also offen.

Bereits diese Beschreibung enthält eine Positionierung: Die Annahme, es gebe *segmentierbare* Bereiche frühneuzeitlicher Realität[5], trifft legitimerweise auf Widerspruch. Frühneuzeitliche Wirklichkeit zeichne sich, so die

3 Ein Plädoyer für die Reflexion dieser Verbindung auch bei *Hans Erich Bödeker / Ernst Hinrichs,* Alteuropa – Frühe Neuzeit – Moderne Welt? Perspektiven der Forschung, in: Alteuropa – Ancien Regime – Frühe Neuzeit. Probleme und Methoden der Forschung, hrsg. v. dens., Stuttgart / Bad Cannstatt 1991, 11 – 50, bes. 35 – 38.

4 Die Literatur zum Gegenstand hat sich erheblich ausgeweitet und umfaßt unterschiedliche methodische Ansätze. Um deren Charakterisierung im einzelnen kann es hier nicht gehen. Einige auch westeuropäische Diskussionen sind zusammengestellt in: Alteuropa – Frühe Neuzeit – Moderne Welt? (Anm. 3); zur Diskussion des Begriffes Frühe Neuzeit vgl. *Rudolf Vierhaus,* Vom Nutzen und Nachteil des Begriffes „Frühe Neuzeit". Fragen und Thesen, in: Frühe Neuzeit – Frühe Moderne? Forschungen zur Vielschichtigkeit von Übergangsprozessen, hrsg. v. dems., Göttingen 1992, 13 – 26. Zu den jüngsten Diskussionen über die Chancen einer „kulturgeschichtlichen Öffnung" innerhalb der Geschichtswissenschaft, die auch die Frühneuzeitdiskussionen betreffen, vgl. aus der Fülle der Literatur *Thomas Mergel / Thomas Welskopp,* Geschichte zwischen Kultur und Gesellschaft, München 1997.

5 Zur Berechtigung dieser Segementierung wird auf Max Weber verwiesen; vgl. in dieser Tradition auch für das 17.und 18. Jahrhundert argumentierend *Hans-Ulrich Wehler,* Deutsche Gesellschaftsgeschichte Bd. 1, München 1987, 7 ff.

entgegengesetzte Position, durch eine unauflösbare Verzahnung der genannten Segmente aus; die Verflechtung sei das Spezifische, die funktionale Differenzierung erst das Ergebnis eines zu beschreibenden Wandlungsprozesses.[6] Ausdrücklich muß die Bedeutung des Religiösen im Sinne einer engen Koppelung von Diesseitigem und Jenseitigem hervorgehoben werden, die sich nicht unter einen Begriff von „Kultur" subsumieren läßt, wie er für das 19. und 20. Jahrhundert funktionstüchtig sein mag.[7]

Entsprechendes gilt für die Diskussion um die Epochengrenze, insbesondere für die Charakterisierung der Reformation. Deren innovatorischer, das „Moderner-Werden" von Staat und Gesellschaft beschleunigender Charakter wurde zwar in den letzten Jahren dadurch relativiert, daß ein Potential der Erneuerung auch der katholischen Reform zugemessen wurde[8], der Beginn der Neuzeit aber wurde weiterhin mit dem reformatorischen Durchbruch angesetzt. Jüngere kirchengeschichtliche Diskussionen haben andere Interpretationen angeboten, in deren Licht der Umbruchcharakter relativiert wird.[9] Und auch die Reflexion des marxistischen Deutungsmusters der „frühbürgerlichen Revolution" zeigt, daß der zeitgenössisch gebundene Blick auf die Brüche denjenigen für die Wirkung von Traditionen erkenntnisbehindernd zu verstellen vermag.[10]

---

6 Vgl. dazu mit wichtigen Nachweisen auch der älteren französischen Literatur *Daniel Roche,* Sozialgeschichte und Kulturgeschichte: Aktuelle Perspektiven, in: Alteuropa – Frühe Neuzeit – Moderne Welt? (Anm. 3), 116–133. Der systemtheoretische Ansatz von *Niklas Luhmann* bestärkt diese Überlegungen für das 17. Jahrhundert, vgl. *ders.,* Staat und Staatsräson im Übergang von traditionaler Herrschaft zu moderner Politik, in: ders., Gesellschaftsstruktur und Semantik, Bd. 3, Frankfurt a.M. 1993, 65–148.

7 Siehe dazu *Wolfgang Reinhard,* Die lateinische Variante von Religion und ihre Bedeutung für die politische Kultur Europas. Ein Versuch in historischer Anthropologie, in: Saeculum 43 (1992), Heft 2 / 3, 231–255, bes. 249.

8 Siehe dazu den forschungsbestimmenden Aufsatz von *Wolfgang Reinhard,* Gegenreformation als Modernisierung? Prolegomena zu einer Theorie des konfessionellen Zeitalters, in: ARG 68 (1977), 226–252; der gegenwärtige Stand der Forschung ist dokumentiert in: Katholische Konfessionalisierung (= SVRG Bd. 198), hrsg. v. *Wolfgang Reinhard / Heinz Schilling,* Gütersloh 1995.

9 Wichtig v.a. *Dorothea Wendebourg,* Die Einheit der Reformation als historisches Problem, in: Reformationstheorien: Ein kirchenhistorischer Disput über Einheit und Vielfalt der Reformation, hrsg. v. Bernd Hamm / Bernd Moeller / Dorothea Wendebourg, Göttingen 1996, 31–51. Die in diesem Band vereinigten Diskussionen bieten den neuesten Forschungsstand – sie sind darüberhinaus äußerst anregend! Eine umfassende Aufarbeitung der Frage nach Bruch oder Kontinuität wurde auf einer Tagung des Vereins für Reformationsgeschichte 1996 versucht. Die Tagungsbeiträge sind veröffentlicht in: Die Reformation als Umbruch (= SVRG Bd. 199), hrsg. v. *Bernd Moeller,* Gütersloh 1998.

10 Die wissenschaftliche Auseinandersetzung mit diesem Deutungsmuster nach dem Ende des realexistierenden Sozialismus steht noch aus. Vgl. zur Information: Reformation oder frühbürgerliche Revolution?, hrsg. v. *Rainer Wohlfeil,* München 1982; ein erster, noch vorläufiger Versuch der Einordnung bei *Luise Schorn-Schütte,* Die Reformation, München 1996, Kap.VI.4.: „Die Reformation als frühbürgerliche Revolution".

Es ist bemerkenswert, daß die hier knapp skizzierten Fragen keineswegs neu sind. Der Blick in die Jahrzehnte vor und nach dem ersten Weltkrieg verdeutlicht, daß in den damals geführten, bewegten, wissenschaftlichen Diskussionen erstmals Gesamtentwürfe zur Deutung einer Epoche „Frühe Neuzeit" formuliert wurden und zwar zeitgleich von seiten verschiedener Disziplinen: von den Historikern ebenso wie von den Theologen und Juristen. Daß jene Deutungsmuster eine unabweisbare Zeitbindung aufweisen, ist ebenso selbstverständlich wie banal. Die Parallelität allerdings ist erstaunlich und dazu angetan, Erkenntnisgewinn auch für die gegenwärtige Frühneuzeitforschung zu erhoffen. Eine Thematisierung der parallelen Diskussionen gibt es bislang nicht. Die hier versammelten Aufsätze wollen diese Lücke zu füllen versuchen, in der doppelten Gewißheit, daß im Vergleich die Relativität der gegenwärtigen Frühneuzeitforschung deutlicher wird, ohne daß zugleich der mahnende Zeigefinger der stets alles besser wissenden Nachgeborenen erhoben werden müßte.[11]

Wissenschaftsgeschichtliche Reflexion wird dabei verstanden als wesentlicher Teil historischer Erkenntnis. Sie ist nicht lediglich eine freundliche Zugabe, auf die schadlos verzichtet werden könnte; vielmehr ist sie „ein Element der Substanz" historischer Erkenntnis.[12]

II.

Alle hier vorzustellenden Deutungsmuster betrachten das Ende der Monarchie in Deutschland als politisch-sozialen Umbruch.[13] Damit verband

---

11 Die häufig Un-Werturteile formulierenden wissenschaftsgeschichtlichen Untersuchungen zum Kaiserreich und zur Weimarer Republik bezeichnen das Problem. Das eigene, ja wiederum zeitgebundene Werturteil kann kein unumstößliches Maß für die wissenschaftliche Qualität der zeitgebundenen Deutungen vergangener Generationen sein. Insofern scheint die Frage, ob wissenschaftliche Erkenntnisse solcher Historiker, die parteipolitisch gebunden waren (wie z. B. im Kaiserreich, im Nationalsozialismus, aber nicht weniger in der vergangenen DDR) überhaupt als Erkenntnisse charakterisiert werden können, völlig abwegig. Historiker können sich nicht zu Richtern aufschwingen; M. Bloch hat dies gut formuliert: Die Geschichtswissenschaft ist kein strafender Erzengel. Vgl. zum gesamten Problemkreis die Diskussion in der Arbeitsstelle für vergleichende Gesellschaftsgeschichte der FU Berlin Juni 1997 (bislang unveröffentlichter Diskussionsbericht). Unter diesem Aspekt ist die Einleitung von *Peter Schöttler* in: Geschichtwissenschaft als Legitimationswissenschaft 1918–1945, hrsg. v. dems., Frankfurt/M 1997, diskussionsbedürftig.

12 So die Definition durch *Otto Gerhard Oexle,* Sozialgeschichte – Begriffsgeschichte – Wissenschaftsgeschichte. Anmerkungen zum Werk Otto Brunners, in: VSWG 71 (1984), 305–341, hier 308.

13 Eine Grundinformation dazu gibt für die historisch arbeitende Soziologie des beginnenden 20. Jahrhunderts *Volker Kruse,* Historisch-soziologische Zeitdiagnostik der zwanziger Jahre, in: Geisteswissenschaften zwischen Kaiserreich und Republik. Zur Entwicklung von Nationalökonomie, Rechtswissenschaft und Sozialwissenschaft im 20. Jahrhundert, hrsg. v. Knut Wolfgang Nörr u. a., Stuttgart 1994, 375–401.

sich für sie die Frage nach dem *Ursprung der europäischen Moderne,* denn in dieser Spurensuche hoffte man Erklärungen zu finden für das eigentümliche Werden der deutschen Konfessionalität, Staatlichkeit und Gesellschaftsordnung, womit zugleich die seit dem Ende des Weltkrieges zur alltäglichen Erfahrung geronnene Unterschiedlichkeit zu den westeuropäischen Nachbarnationen einsichtiger werden sollte. Diese Versuche hatten keineswegs nur apologetischen Charakter, können also nicht einfach als fachwissenschaftliche Variante der die Weimarer Republik beherrschenden politischen Debatte um den berühmten deutschen Sonderweg abgetan werden. Manche Entwürfe wurzelten in Anregungen aus der Vorkriegszeit, die sich trotz aller Krisendiskussion durch deren sichere Selbstverständlichkeit auszeichneten.

Das Bewußtsein einer *Krise des Liberalismus* war mit diesem Lebensgefühl seit der Jahrhundertwende durchaus vereinbar. Dessen Intensität steigerte sich während der zwölf Jahre währenden Weimarer Republik; es wurde zur Ausgangsposition fast aller historiographischer, soziologischer, rechtswissenschaftlicher und nicht zuletzt theologischer Diskussionen über die wissenschaftstheoretischen Grundlagen der sogenannten „Kulturwissenschaften". Die seit den siebziger Jahren des 19. Jahrhunderts geführten Debatten um die Folgen der konsequenten *Historisierung wissenschaftlicher Erkenntnis* mündeten seit dem Anfang des neuen Jahrhunderts in Auseinandersetzungen darüber, wie die, seit W. Dilthey so bezeichnete, „Anarchie der Werte" überwunden werden könne.[14] Denn auf der Ebene radikaler Geschichtlichkeit wurde sehr rasch die Relativität des Erkenntnisbewußtseins deutlich; der Schritt zum Werterelativismus, der eine intensive politisch-moralische Wirkkraft besaß, war nicht mehr weit. Selbst wenn diese *historistische Grundeinsicht* bei zahlreichen ihrer Vertreter nicht zum Relativismus der Erkenntnisstandards führte, so war für andere Historismus gleichbedeutend mit Relativismus.[15] In der Diagnose der Philosophen, So-

---

14 Siehe die Nachweise dazu bei *Acham,* Geschichte und Sozialtheorie, (Anm. 1), 172 ff., der dort auch auf die Wiederaufnahme des Begriffes durch Troeltsch verweist. Informativ die Forschungslage bündelnd zudem *Annette Wittkau,* Historismus. Zur Geschichte des Begriffs und des Problems, Göttingen 1992, 96–101 und 147–160.

15 Vgl. z. B. die Arbeiten der Vertreter eines „epistemologischen Kulturrelativismus" L. Lévy-Bruhl oder M. Maus; als Vertreter der weniger radikalen Auffassung ist hinzuwiesen auf Karl Mannheim und natürlich Ernst Troeltsch, siehe dazu knapp aber informativ *Acham* (Anm. 1), 37 f. – Eine kompetente Charakterisierung der Krise des Historismus, die seit der Jahrhundertwende zum Relativismus oder dessen Gegenteil zum Antihistorismus führen konnte, gibt *Kurt Nowak,* Die „antihistoristische Revolution". Symptome und Folgen der Krise historischer Weltorientierung nach dem ersten Weltkrieg in Deutschland, in: Umstrittene Moderne. Die Zukunft der Neuzeit im Urteil der Epoche Ernst Troeltschs (= Troeltsch Studien Bd. 4), hrsg. v. Friedrich Wilhelm Graf und Horst Renz, Gütersloh 1987, 133–171. Sehr zu Recht verweist Nowak S. 136 zudem darauf, daß die Interpretation der Krise des Historismus als bloße Krise des Bürgertums, wonach jeder antihistoristische Gedanke per se antiliberale Inhalte besitzen mußte, eine unzulässige Verkürzung darstellt.

zialwissenschaftler und Historiker der Jahrhundertwende (u. a. F. Nietzsche, M. Weber, E. Troeltsch, G. Simmel, M. Scheler) fand der Erkenntnis- und Werterelativismus seine zeitgenössische politische Entsprechung im Wirtschaftsliberalismus, dessen „Defizi[t] [...] darin bestand, außer dem Massenwohlstand keine die engagierte Loyalität der Massen sichernden kollektiven Ziele anbieten zu können."[16] Die Erfahrung von Weltkrieg und politisch-sozialem Umbruch in den Jahren 1914 bis 1918 hat insbesondere unter den deutschsprachigen Wissenschaftlern und Intellektuellen[17] jenes frühen 20. Jahrhunderts den Eindruck, daß „der Boden der Geschichte schwankt"[18], nur noch verstärkt. Die Suche nach festen, für alle verbindlich formulierbaren Normen, nach sogenannten „kulturellen Universalien", war für die Diskussionen seit der Jahrhundertwende und verstärkt in der Weimarer Republik prägend.

In jene eingebettet begann in Geschichtswissenschaft ebenso wie in Theologie und Jurisprudenz das konzeptuelle Nachdenken über den *Beginn der Neuzeit,* zu dessen Kern die Charakterisierung des Zusammenhanges von Sakralem und Profanem, von Religion und Politik, von Konfession und Staat wurde. Ein wichtiger Ansatzpunkt dieses Nachdenkens war die zu Beginn des 20. Jahrhunderts geführte Debatte um den „Beitrag des Christentums zur Entstehung der modernen Welt". In seiner Untersuchung zu den historischen Wurzeln der Kulturwerte des Christentums[19], mit deren Hilfe er jenen kulturellen Universalien näher zu kommen glaubte, hatte der Heidelberger, später Berliner Religionsphilosoph *Ernst Troeltsch (1865–1923)* diese Frage allerdings so beantwortet, daß sich eine heftige Debatte um die *Kulturbedeutung des Luthertums und der Reformation* entzündete, die seit der Jahrhundertwende unter dem Namen der „Luther-Renaissance" Historiker und Theologen bewegte.[20] Mit der Zuordnung des Reformators

---

16 *Acham,* Geschichte und Sozialtheorie (Anm. 1), 22.

17 Ausdrücklich müssen die Betroffenen in der bis 1918 Habsburgischen Monarchie hinzugezählt werden, deren Prägung durch das Erlebnis ebenso groß war wie dasjenige der Deutschen im bis 1918 deutschen Kaiserreich und deren Wirkungen für die wissenschaftliche Diskussion der zwanziger und dreißiger Jahre ebenfalls für ganz Europa bedeutend blieb.

18 *Acham,* Geschichte und Sozialtheorie (Anm. 1), 39.

19 *Ernst Troeltsch,* Die Soziallehren der christlichen Kirchen und Gruppen (= Gesammelte Schriften Bd. 1), Tübingen 1912.

20 Die Luther-Renaissance ist in den letzten Jahren, nachdem sie lange in Vergessenheit geraten war, wiederholt bearbeitet worden. Statt umfangreicher Nachweise vgl. *Heinrich Assel,* Der andere Aufbruch. Die Lutherrenaissance. Ursprünge, Aporien und Wege: Karl Holl, Emanuel Hirsch, Rudolf Hermann (1910–1935), Göttingen 1994. In dieser theologiegeschichtlichen Arbeit wird die weitere Differenzierung des theologischen Ansatzes der Beteiligten deutlich herausgearbeitet. Unter historischen Erkenntnisinteressen ist das Buch sehr ergänzungsbedürftig, die zeitgenössischen historischen Arbeiten zum Gegenstand werden z. B. nur am Rande bedacht. Vgl. deshalb weiterhin *Friedrich Wilhelm Graf,* Protestantische Theologie in der Gesellschaft des Kaiserreichs, in: Profile des neuzeitlichen Protestantismus, Teil 2.1, hrsg. v.

zum Mittelalter - so E. Troeltsch - oder der Charakterisierung seines theologischen Ansatzes in Gestalt der Rechtfertigungslehre als kompromißlosen Bruch mit dem Mittelalter - so der Berliner systematische Theologe und Kirchenhistoriker *Karl Holl* (1866-1926) - waren tiefgreifende Unterschiede verbunden in der Charakterisierung des Verhältnisses zwischen Religion und Politik, zwischen Sakralem und Profanem und damit in der historisch begründeten Festlegung des Beginns der Neuzeit.[21] Zentrale Strukturprinzipien der Epoche zwischen Reformation und Französischer Revolution standen, so wird aus heutiger Perspektive deutlich, in jener Debatte erstmals zur Diskussion.

Dieser Streit um Luther war zeitgenössisch identisch mit dem Streit um ein „normatives Ideal von Kultur und Gesellschaft".[22] Denn die Zuordnung Luthers und des Altluthertums zum mittelalterlichen Denken wurde mit deren Festhalten am *Ideal der christlichen Einheitskultur,* dem Ideal des *corpus christianum* begründet. Demgegenüber betonte Holl, daß Luther die Trennung beider Bereiche insofern anerkannt habe, als er die weltliche Obrigkeit als eigenständige Größe charakterisiert, deren Einbindung in eine religiöse Fundierung der Gesamtkultur allerdings unaufgebbar sei. Troeltsch hat betont, daß er mit jener Charakterisierung auf die Unmöglichkeit verweisen wollte, zur Lösung der Wertproblematik seiner Gegenwart an Luther und das Luthertum des 16. / 17. Jahrhunderts anzuknüpfen.[23]

Eben dies sah Holl anders. Luthers theologischer Durchbruch bedeutete das Ende des Mittelalters im Verhältnis des Individuums zu seinem Schöpfer und damit die Begründung der Autonomie des Individuums, die als wesensmäßige Voraussetzung der Aufklärung zu beschreiben sei. Der theologische Durchbruch beendete zudem die mittelalterlichen Einheitsvorstellungen in Gestalt der unauflösbaren Verzahnung von Kirche und Welt. Den Begriff des *corpus christianum* habe Luther nicht mehr zur Bezeichnung für die Vorstellung einer „einheitliche[n] geistlich-weltliche[n] Gesellschaft"[24] eingesetzt, sondern zur Bezeichnung für das *corpus mysticum,* d. h. die unsichtbare Kirche als wahrer, geistiger Gemeinschaft der Gläubigen, in der

---

dems., Gütersloh 1992, 12-117; sowie *Dietrich Korsch,* Lutherisch-nationale Gewissensreligion. Karl Holl (1866-1926), in: ebd., Teil 2.2, Gütersloh 1993, 336-353.

21 Ausführlich dazu mein Beitrag zu E. Troeltsch in diesem Band.

22 *Klaus Tanner,* Die fromme Verstaatlichung des Gewissens. Zur Auseinandersetzung um die Legitimität der Weimarer Reichsverfassung in Staatsrechtswissenschaft und Theologie der zwanziger Jahre, Göttingen 1989, 158.

23 Vgl. zur Zeitbindung der eigenen Aussagen *Troeltsch,* Soziallehren (Anm. 19), 966. Zum ganzen Komplex *Tanner,* Verstaatlichung (Anm. 22), 157 ff.; *Graf,* Protestantische Theologie (Anm. 20); *Korsch,* Gewissensreligion, (Anm. 20).

24 *Karl Holl,* Luther und das landesherrliche Kirchenregiment (1911), in: ders., Gesammelte Aufsätze zur Kirchengeschichte Bd. 1, Tübingen 1927, 326-380, hier 343. Die Darstellung zu Holl folgt weitgehend *Tanner,* Verstaatlichung (Anm. 22), 160-162 und *Korsch,* Gewissensreligion (Anm. 20).

allein die Liebe regiere. Daraus folgt, daß Luther das Auseinandertreten von Kirche und Welt, von geistlichem und weltlichem Reich „als zwei verschiedenartige, in sich geschlossene Verbände“[25] anerkannte unter gleichzeitiger Betonung, daß sie im „Reich Gottes“ zusammengebunden blieben. Damit wird Luthers Leistung als Überwinder des Mittelalters und Begründer neuzeitlichen Trennungsdenkens hervorgehoben und zugleich betont, daß die Berufung auf Luther und das Luthertum sehr wohl ermögliche, eine Werte setzende, genuin lutherische Sozialethik zu formulieren, die die Autonomie des Staates ebenso statuiere wie seine gleichzeitige sittliche Verpflichtung auf das Wohl der Gemeinschaft.[26] Nicht zu Unrecht ist in dieser Argumentation der eigenständige Beitrag des Luthertums zum Sozialstaatsdenken in der (neueren) deutschen Geschichte betont worden.[27]

Sowohl Troeltsch als auch Holl bedienten sich der Geschichte als Argument. Wenn Holl Troeltsch vorwarf, in seinen Soziallehren mache sich „der eigene politische Standpunkt überall höchst aufdringlich bemerkbar“, so muß er diese Kritik auch sich selbst gegenüber gelten lassen. Eine Schuldzuweisung allerdings sollte angesichts der stets präsenten Zeitbindung weder für Holl noch für Troeltsch daraus formuliert werden. Der Historiker ist kein Richter, angesichts seiner eigenen Zeitbindung kann er dies prinzipiell nicht sein.[28] Festzuhalten aber hat er, daß beide Deutungsmuster mit unterschiedlichen Positionierungen gegenüber dem zeitgenössischen politischen Liberalismus und dessen ordnungspolitischen Vorstellungen verbunden waren. Und damit wird erklärbar, warum die seit dem Luther-Jubiläum von 1917 vor allem bei den nationalliberal gebundenen, kaisertreuen Historikern aufblühende Luther-Verehrung dem Luther-Bild Karl Holls folgte[29] –

25 *Holl,* Kirchenregiment (Anm. 24), 344.

26 Diese Interpretation vertrat neben Holl v.a. der Erlanger, später Berliner Professor für systematische Theologie Reinhold Seeberg (1859–1935), der aufgrund seines wissenschafts- und vereinspolitischen Engagements im Kaiserreich eine prägende Theologengestalt war. Zu ihm die kompetente Skizze von *Friedrich Wilhelm Graf/ Klaus Tanner,* Lutherischer Sozialidealismus. R. Seeberg, in: Profile (Anm. 20), Teil 2.2, 354–397.

27 Siehe dazu die aufschlußreiche Argumentation von *Christoph Link,* Herrschaftsordnung und bürgerliche Freiheit. Grenzen der Staatsgewalt in der älteren deutschen Staatslehre, Wien 1979, 138 ff.

28 In dieser Position besteht der grundsätzliche Unterschied zum Argumentationsansatz bei *Schöttler,* Geschichtwissenschaft (Anm. 11), 7–30.

29 Hierzu zählen neben Dietrich Schäfer (1845–1929) und Georg v. Below (1858–1927) v.a. Erich Marcks (1861–1938) und Max Lenz (1850–1932). Trotz dieser Gemeinsamkeiten waren ihre Auffassungen von der Theorie historischer Erkenntnis durchaus nicht identisch; es wäre deshalb sehr undifferenziert, das zeitgenössisch-konservative politische Denken mit der Unfähigkeit zu theoriegeleiteter geschichtswissenschaftlicher Reflexion gleichzusetzen. Marcks und Lenz z. B. verkörperten jene Ranke-Renaissance, die sich als bewußte Abgrenzung von der politischen Geschichtsschreibung Heinrich v. Treitschkes und Heinrich v. Sybels verstand; und G. v. Below hat, worauf O.G. Oexle hingewiesen hat, die praktische Wertbezogenheit aller historiographischer Arbeit sehr wohl artikuliert. Vgl. dazu *Otto Gerhard Oexle,* Ein

mit allen Konsequenzen für die uns hier interessierende Epochendiskussion.

III.

Die Frage nach der „Kulturbedeutung des Luthertums" blieb zentrales Problem auch in der Weimarer Republik, federführend diskutiert auf seiten der protestantischen Kirchenhistoriker durch den Erlanger Ordinarius *Werner Elert (1885–1954)*. Trotz seiner lebenslangen Gegnerschaft zu Troeltsch ging auch Elert von der Fragestellung aus, wie sich das zeitgenössische Luthertum angesichts der als krisenhaft erfahrenen Situation der ausgehenden zwanziger und dreißiger Jahre als adäquater Gesprächspartner erweisen könne. Mit Holl und Seeberg charakterisierte Elert gegen Troeltsch gerichtet die Reformation als Umbruch, ohne diesen zugleich mit dem Beginn der Moderne gleichzusetzen. Insofern vertrat Elert eine sehr eigenständige Position innerhalb des zeitgenössischen Spektrums, distanzierte er sich doch mit dieser Deutung zugleich auch von den „modernisierenden" Lutherinterpreten des ausgehenden Kaiserreichs. Eine Untersuchung des Elertschen Werkes ist deshalb für die hier interessierende Fragestellung zentral, in der Forschung aber bislang kaum erfolgt; der Beitrag von Th. Kaufmann setzt an dieser Stelle an.

Schon 1911 hatte Elert seine prinzipielle Kritik am geschichtstheoretischen Zugriff durch Troeltsch formuliert, die aber auch auf andere Historiker/Kirchenhistoriker zutraf, sofern sie von einem entwicklungsgeschichtlichen Ansatz ausgingen. „Eine weitere Eigentümlichkeit dieser Geschichtsauffassung besteht nämlich darin", so heißt es bei Elert, „daß sie von dem Vorurteil ausgeht, die Geschichte bedeute unbedingt einen Fortschritt, und das Spätere müsse daher unter allen Umständen wertvoller sein als das Frühere."[30] Mit dieser Feststellung formulierte Elert eine antihistoristische Position insofern, als er von der Existenz eines unableitbaren Wertes, der Religion, ausging. Diese Immunisierung gegen alle Historisierungsversuche war das Ergebnis seiner Grundaussage, wonach die christliche Religion nicht ein Kulturfaktor unter anderen sei, sondern als eine anthropologische Konstante zu gelten habe, die zu steter Durchdringung der Lebenswelten führe. Daher auch rühre die unmittelbare Relevanz des Luthertums für die Beantwortung zeitgenössischer Probleme.

---

politischer Historiker: Georg v. Below, in: Deutsche Geschichtswissenschaft um 1900, hrsg. v. Notker Hammerstein, Stuttgart 1988, 283–312; *Hans-Heinz Krill,* Die Rankerenaissance. Max Lenz und Erich Marcks, Berlin 1962.

30 *Werner Elert,* Im Kampf um die Reformation, in: Der Alte Glaube 13 (1911/12), 108. Siehe dazu ausführlich *Thomas Kaufmann,* Gegenwartsdeutung und Geschichtsrekonstruktion im kirchenhistorischen Werk Werner Elerts (in diesem Band).

Für die Bewertung des frühneuzeitlichen Luthertums führte dieser Zugang zu differenzierenden Beobachtungen insbesondere dort, wo es um dessen viel beschworene „Staatsgläubigkeit“ ging. Denn klarer als Troeltsch dies konnte, sah Elert die politische Gestaltungskraft des orthodoxen Luthertums im späten 16. und im 17. Jahrhundert, die sich aus dessen Festhalten an der Einheit von Kirche und Welt ergab. Damit blieb die politische Welt Teil der christlichen Schöpfungsordnung, die Kontrollmechanismen der *politica christiana* mußten auch gegenüber der eigenen weltlichen Obrigkeit zur Geltung gebracht werden. Der Unterschied der Deutungsmuster des Erlanger Theologen zu denjenigen von Holl oder Seeberg wird damit deutlich: Elert betrachtete die Reformation nicht in erster Linie aus der Perspektive ihres Anteils an der Zentrierung „staatlicher Herrschaft“, sondern in ihrer Bedeutung für die Veränderungen von „Kirche in der Welt“ und d. h. von Kirche und sozialer Ordnung.

Daß Elert sich selbst als konservativen Theologen betrachtete, der der sogenannten „dialektischen Theologie“ K. Barths ablehnend gegenüberstand, ist sicher. Diese innertheologischen Unterschiede aber besaßen keine politische Entsprechung. Denn politischer Antiliberalismus ist sowohl bei Barth als auch bei Elert festzustellen. Für die Mehrheit der Theologen in der Weimarer Republik war die zeitgenössische Kulturkrise bereits im Kaiserreich erkennbar gewesen. Deren Überwindung angesichts der allgemeinen Verunsicherung wurde als Aufgabe der Theologie postuliert, mit der Folge, ein „neues Verständnis des politischen Handelns zu gewinnen, in dem die spezifisch moderne Ausdifferenzierung von Religion und Politik revidiert werden muß.“[31] Elerts Charakterisierung des durch die Reformation im Luthertum entfalteten politischen Handlungspotentials ist als ein Versuch zu werten, deren Relevanz für die eigene Gegenwart aufzuweisen. Nicht die Trennung von Kirche und Welt hat das orthodoxe Luthertum zu seiner Weltwirksamkeit gebracht, sondern gerade dessen konfessionsspezifisch erneuerte Verzahnung. Für Elert ging es um den Nachweis der Tradition einer *organischen Verzahnung* von Kirche und Welt, so wie sie u. a. im Bild von der Schöpfungsordnung durch die Zeitgenossen selbst – nicht nur im Alten Reich – formuliert worden war.

---

31 *Tanner*, Verstaatlichung (Anm. 22), 63 f. Ebendort findet sich S. 60–100 eine ausführliche Darstellung jener antiliberalen theologischen Grundstimmung, die zu Beginn der 30iger Jahre bei einigen jüngeren Theologen zur ausdrücklichen Anknüpfung an die Parlamentarismuskritik Carl Schmitts führte; vgl. ebd., 99 f.

IV.

Trennung oder organische Verzahnung waren die beiden Charakteristika, mit deren Hilfe die Wirkung der Reformation als „modernisierend" oder „Traditionen bewahrend" beschrieben wurde. Unabhängig vom jeweiligen Standpunkt rückte damit das Verhältnis zwischen Kirche und Welt, Religion und Politik, Konfession und Gesellschaft in den Mittelpunkt der Diskussionen, denn daran ließ sich der „Bruch zur Neuzeit" oder aber die Kontinuität der Reformerfordernisse messen.

Die *Profanhistoriker* folgten in ihrer Mehrzahl den Deutungsmustern von Karl Holl; die Differenzierungen, die in Elerts Arbeiten vorlagen, sind kaum rezipiert worden. Die Trennung von Kirche und Welt in der Entflechtung des *corpus christianum* durch Luther galt als Beginn der modernen Welt. Die darin auch begründete Autonomie weltlicher Obrigkeit fand ihre Begrenzung aber zugleich in der Einbindung in die normsetzende lutherische Sozialethik.[32] Diese Interpretation bildete einen häufig genutzten Anknüpfungspunkt für die zeitgenössischen, von Historikern geführten Debatten um die Legitimität der seit 1918 neuen Verfassungsordnung in Gestalt der Weimarer Reichsverfassung. Denn ebenso wie den Theologen diente den Historikern die Geschichte als Legitimationsbasis.

1. Einhellige Ablehnung gab es nicht, selbst wenn sich die Mehrheit der Historiker in ihrer kühlen Distanz zum liberalen Modell der Weimarer Reichsverfassung, den Theologen vergleichbar, einig war.[33] Entscheidend war der, allerdings differenziert begründete, Hinweis darauf, daß die Reformation eine spezifisch deutsche Entwicklung für den Weg zu moderner Staatlichkeit eröffnet habe, der sich von demjenigen Westeuropas unterscheide, ja geradezu unterscheiden müsse. Diese zeitgebundene Komponente in der aktuellen Auseinandersetzung mit den westeuropäischen liberalen Demokratien durchzog die Arbeiten zur Reformationsgeschichte in den ersten Jahrzehnten des 20. Jahrhunderts. Die Betonung des Unterschiedes zwischen Deutschland und Westeuropa führte nicht notwendigerweise zu einem moralischen Un-Werturteil. Das beste Beispiel dafür gab der Münchner Universitätshistoriker und Gymnasiallehrer *Paul Joachimsen (1867–1930)* mit seiner Deutung der Reformation, die im vorliegenden

32 Siehe die Nachweise zu K. Holl; sie wurden aufgenommen u. a. v. E. Marcks, G. Ritter, D. Schäfer, O. Westphal u. a.

33 Dies ist zu betonen gegenüber der im übrigen ausgezeichnet argumentierenden Arbeit von *Tanner*, Verstaatlichung (Anm. 22); das gilt auch für die häufig pauschalen Wertungen bei *Schöttler*, Geschichtswissenschaft (Anm. 11). Der Versuch einer abwägenden Beurteilung der Positionen innerhalb der Geschichtswissenschaften der Weimarer Republik ist seit den ausgehenden 60iger Jahren nicht mehr gemacht worden. Zu den Sozial- und Rechtswissenschaften vgl. anregend: Geisteswissenschaften zwischen Kaiserreich und Republik (Anm. 13).

Band durch N. Hammerstein deshalb als Beschreibung einer *„deutschen* Modernität“ charakterisiert wird. Ausdrücklich hob Joachimsen hervor, daß es verfehlt sei, Luther als Verkörperung einer „germanischen Frömmigkeit“ zu bezeichnen. Sein Wirken allerdings habe wahrhaft revolutionäre Folgen gehabt: Denn mit der Reformation begann die Neuzeit, weil die ideelle Einheit der *res publica christiana* überwunden bzw. aufgebrochen worden sei.[34] Der nunmehr zutage tretende neue Staatsgedanke sei in Deutschland ein anderer gewesen als in anderen europäischen Nationen; damit aber sei er keineswegs moralisch „besser“ oder höher zu werten. Für diesen Gedanken seien Religion und Recht entscheidend geworden, für denjenigen der Renaissance – und das heißt der westeuropäischen Traditionen – seien es Politik und Wirtschaft gewesen. „Dieser Staat steht in unserem Denken genau da, wo in dem System der Renaissance die Gesellschaft steht.“[35] Mit dieser Gegenüberstellung schließt Joachimsen an die eingangs erwähnten Diskussionen um den Zusammenhang von Religion und Gesellschaft, Staat und Kirche an. Das Neue in der Reformation zeige sich in der spezifischen Trennung von staatlichem und kirchlichem Bereich, der für die deutsche Geschichte maßgeblich geworden sei, in anderen nationalen Entwicklungen gebe es die spezifische Trennung von Wirtschaft und Gesellschaft.

2. Es war gerade die *ungeschiedene Einheit von Staat und Gesellschaft,* die demgegenüber der Wiener Historiker *Otto Brunner (1898–1982)* als das Charakteristikum der Gesamtepoche bezeichnete, die diese ausdrücklich von der Moderne nach 1789 unterschied. Jene von „Homer bis Goethe“, der Antike bis zum Ende des 18. Jahrhunderts reichende Zeitphase nannte Brunner „Alteuropa“ und setzte sich damit von den skizzierten zeitgenössischen Versuchen ab, eine historisch argumentierende „Theorie der Moderne“ zu formulieren, mit deren Hilfe die allerdings auch von ihm selbst sehr scharf artikulierte Krisenerfahrung als Kontingenzerfahrung[36] überwunden werden sollte. Auf der Suche nach den Ursachen des „Zerfalls der Werte“ war Brunner, wie R. Blänkner in seinem Beitrag, den bisherigen Forschungsstand erweiternd, betont, auch deshalb zu anderen Ergebnissen gekommen als z. B. E. Troeltsch, Max Weber oder G. Simmel, weil er sich einer gesamtdeutschen Geschichtsauffassung zugehörig fühlte, die insbesondere in Österreich große Bedeutung hatte. Von dieser ausgehend rezipierte Brunner die neuen Ansätze der „Volkswissenschaft“, wie sie v. a. durch den Leipziger Soziologen (und Lamprecht-Schüler) Hans Freyer formuliert worden

---

34 *Notker Hammerstein,* Reformation und deutsche Modernität – Paul Joachimsen, in diesem Band, 31.

35 Zitat nach ebd., 39 mit Anm. 29.

36 So die Formulierung bei *Reinhard Blänkner,* Von der „Staatsbildung“ zur „Volkwerdung“, in diesem Band, 94.

waren.[37] Brunner überführte die volkswissenschaftlichen Ansätze in eine „Volksgeschichtsschreibung“, indem er der politisch-sozialen Komplexität der Moderne das Gegenbild einer radikal-totalitären Gemeinschaftsbildung entgegensetzte. Aus dem Nachweis, daß die in der Geschichtsschreibung als wesenhaft beschriebene Trennung von Staat und Gesellschaft lediglich das Ergebnis einer Projektion des liberalen Trennungsdenkens des 19. Jahrhunderts war, folgerte Brunner, daß auch für die eigene Gegenwart die Lösung der Kontingenzprobleme und des „Wertechaos“ in der Überwindung des liberalen Verfassungsstaates liegen werde.

Daß dieses Ergebnis sowohl den zeitgenössischen Antiliberalismus O. Brunners belegt als auch seinen neuartigen Zugang im Umgang mit den Leitkategorien der zeitgenössischen Geschichtsschreibung dokumentiert – Von der „Staatsbildung“ zur „Volkwerdung“, wie Blänkner schreibt[38] –, ist in den letzten Jahren wiederholt festgestellt und sehr unterschiedlich bewertet worden.[39] Erkenntnisfördernd ist dieser Streit nicht; mit R. Koselleck sollte davon ausgegangen werden, daß auch politisch radikale Zeitgenossen innovative Wissenschaftler sein können.[40] Das Un-Werturteil über O. Brunner als den schließlich antiliberal, gar nationalsozialistisch argumentierenden Zeitgenossen gibt kaum das Recht, seine methodischen Neuansätze in ihrer erkenntniserweiternden Relevanz zu bestreiten.

Entgegen einem verbreiteten Mißverständnis war sich Brunner der Zeitgebundenheit seiner eigenen Begrifflichkeit sehr wohl bewußt; nur so ist sein methodisch innovativer Umgang mit der Quellensprache erklärbar. Die von ihm selbst weitgehend eingelöste Forderung nach einer „Revision der Grundbegriffe“ eröffnete einen neuen Blick auf die Epoche als ganze und auf den Charakter des Zusammenhanges der Segmente historischer Realität, der seit der Debatte um die Kulturbedeutung des Luthertums strittig war. Festzuhalten ist, daß Religion als geschichtliche Kategorie für Brunner keine entscheidende Rolle spielte. Die Frage nach dem Zusammenhang von Protestantismus und moderner Welt war für ihn eine wenig sinnvolle, ging es ihm doch gerade nicht um den Nachweis einer kontinu-

37 Ebd., 107 mit Anm. 82, dort der Nachweis der neueren Forschungsliteratur zum Gegenstand.

38 Ebd., 105 ff.

39 Siehe dazu die Arbeiten u. a. von Robert Jütte, Claudia Opitz und Peter Schöttler einerseits, Otto Gerhard Oexle, Willi Oberkrome und Reinhard Blänkner andererseits. Die genauen Nachweise bei *Blänkner* in diesem Band, dort Anm. 9, 6, 89 u. ö.

40 „[...] daß auch politisch bedingte Erkenntnisinteressen zu theoretisch und methodisch neuen Einsichten führen können, die ihre Ausgangslage überdauern.“ *Reinhart Koselleck*, Sozialgeschichte und Begriffsgeschichte, in: Sozialgeschichte in Deutschland. Entwicklungen und Perspektiven im internationalen Zusammenhang Bd. 1, hrsg v. Wolfgang Schieder / Volker Sellin, Göttingen 1986, 89–109, hier 108 f. mit Anm. 4.

ierlichen Entwicklung in die Moderne hinein. Indem Brunner Religion als einen „sozialgeschichtliche[n] Faktor ersten Ranges“[41] anerkannte, subsumierte er sie unter seinen Begriff von „Volksgeschichte“, den er dem Deutungsmuster der „Staatsbildung“ nachdrücklich entgegensetzte. Und damit wird er, wie Blänkner zutreffend betont, zu einem Schlüsselbegriff auch des Brunnerschen Konzepts der Geschichtsschreibung der „Vormoderne“, – aber in *negativer* Abgrenzung vom Gebrauch durch die zeitgenössische Staatsrechtslehre und Verfassungsgeschichtsschreibung.[42] Als Gegenbegriffe verwendete er „Land“ und „ganzes Haus“, Kategorien, die die wechselseitige Verzahnung aller Wirklichkeitsbereiche bezeichneten. Selbst wenn die Kategorie des „ganzen Hauses“ in ihrer Deutungsrelevanz unlängst in Frage gestellt wurde[43], so hatte Brunner mit ihr einen handhabbaren begrifflichen Zugang zur ungeschiedenen Einheit Alteuropas formuliert, der sich in der konkreten Analyse bewährte. Die duale Struktur Alteuropas äußert sich in der Verzahnung von *oikos* und *polis,* auf der die Ablehnung einer *autonomen Sphäre des Politischen* durch Brunner beruht. Die Historisierung der Annahme von der „Autonomie des Politischen“[44] bestätigt Brunners Aussage mit der Konsequenz, daß die spezifische Struktur des Politischen in Alteuropa gerade in seiner Verzahnung mit dem Religiösen erst noch zu erforschen ist.[45] Brunner selbst hat dazu allerdings keinen Beitrag geleistet.

V.

Dieser Ansatzpunkt allerdings spielte für den sicherlich bekanntesten konservativen Parlamentarismuskritiker in der Weimarer Republik, den Berliner Staatsrechtslehrer *Carl Schmitt (1888–1985),* eine zentrale Rolle.

---

41 *Otto Brunner,* Abendländisches Geschichtsdenken, in: ders., Neue Wege der Verfassungs- und Sozialgeschichte, Göttingen-Zürich 1968, 26–44, hier 40.

42 *Blänkner,* „Staatsbildung“ (Anm. 36), 119 ff.

43 *Gadi Algazi,* Herrengewalt und Gewalt der Herren im späten Mittelalter. Herrschaft, Gegenseitigkeit und Sprachgebrauch, Frankfurt a. Main 1996.

44 Vgl. dazu Metamorphosen des Politischen, hrsg. v. *Andreas Göbel / Dirk van Laak / Ingeborg Villinger,* Berlin 1995.

45 Dies verweist auf die Notwendigkeit einer Charakterisierung des frühneuzeitspezifischen Charakters des Politischen, der auch nicht voraussetzungslos mit den Kategorien des 19. und frühen 20. Jahrhunderts beschrieben werden kann. Wichtige Anregungen dazu kommen aus der angelsächsischen Diskussion eines Konzeptes der politischen Sprache sowie aus der politikwissenschaftlichen Diskussion um die Existenz und Bedeutung einer Theorie der Institutionen.: *Quentin Skinner,* The Foundations of Modern Political Thought, 2 Bde., Cambridge 1978; Meaning and Context: Quentin Skinner and His Critics, hrsg. v. *James Tully,* Princeton 1989; Institutionen und Ereignis. Über historische Praktiken und Vorstellungen gesellschaftlichen Ordnens, hrsg. v. *Reinhard Blänkner / Bernhard Jussen,* Göttingen 1998.

In seiner Schrift zur politischen Theologie von 1922[46] hat er in Anlehnung an den französischen konservativen Staatsdenker Bonald die These von der *Analogie politischer und religiöser Vorstellungen* formuliert. Die Prinzipien religiöser und politischer Gemeinschaften seien identisch: „Das metaphysische Bild, das sich ein bestimmtes Zeitalter von der Welt macht, hat dieselbe Struktur wie das, was ihr als Form ihrer politischen Organisation ohne weiteres einleuchtet."[47] Daraus folgt, daß „alle prägnanten Begriffe der modernen Staatslehre [...] säkularisierte theologische Begriffe"[48] seien. Historischer Wandel wird, so Schmitt, sichtbar in den unterschiedlichen Entsprechungen zwischen politischen und religiösen Vorstellungen: dem Deismus entspricht der Royalismus, der die Souveränität in der Person des Monarchen präsentiert sieht; dem Atheismus entspricht die Demokratie, die als Souverän nur das Volk kennt.[49] Die Richtung der Entwicklung, die sich in Europa seit den Konfessionskriegen des 16. / 17. Jahrhunderts beobachten läßt, charakterisiert Schmitt als „Neutralisierung" einerseits, als „Verlust an Transzendenzbewußtsein" andererseits.[50] Die kulturellen und geistigen Gebiete, die ihre Zentralstellung einbüßen, werden neutralisiert; dazu gehört auch die Existenz unterschiedlicher sozialer und geistiger Repräsentanten einer Zeitphase: Den Theologen des 16. / 17. Jahrhunderts folgen die Gelehrten und Schriftsteller des 18. Jahrhunderts und diesen schließlich die ökonomischen Sachverständigen des 19. Jahrhunderts.

In ihrem Beitrag zu diesem Band betonen H. R. Otten und G. Meuter, daß diese Diagnose getragen ist von der Annahme einer existenziellen Krise der gesellschaftlichen und staatlichen Ordnung, die C. Schmitt zurückführt auf die Wirkung des *liberalen Rationalismus*. Als dessen politische Verkörperung gilt ihm der Parlamentarismus, so wie er seit dem Beginn des 19. Jahrhunderts zum Programm erhoben wurde.[51] Angesichts der Integrationsprobleme einer modernen Massengesellschaft erschien ihm der Parlamentarismus als völlig untaugliches Mittel zur Lösung der Krisenerscheinungen. In seiner 1923 publizierten Analyse der zeitgenössischen parlamentarischen Regierungsform kommt Schmitt zu dem Ergebnis, daß deren Verknüpfung zwar eine aus der Geschichte herleitbare Tatsache, keineswegs aber prinzipiell notwendig sei.[52] Der Zwang für alle staatlichen Ordnungen, ihre Legi-

---

46 *Carl Schmitt,* Politische Theologie, Berlin 1922 (1. Aufl.).

47 Ebd., 59 f.

48 Vgl. dazu *Günter Meuter / Henrique Ricardo Otten,* Das Recht der Neuzeit, in diesem Band, 144; das Zitat aus *Schmitt,* Politische Theologie (Anm. 46), 49.

49 *Meuter / Otten,* Das Recht der Neuzeit (Anm. 48), 142 f.

50 Ich folge hier den kompetenten Ausführungen von *G. Meuter* und *H. R. Otten* (Anm. 48), 139 – 145.

51 Vgl. dazu *Carl Schmitt,* Die geistesgeschichtliche Lage des heutigen Parlamentarismus, Berlin 1923.

52 Vgl. dazu im einzelnen *Tanner,* Verstaatlichung (Anm. 22), 52 – 59.

timität aus ihrer Eigenschaft als demokratische Gemeinwesen herzuleiten, erweise sich angesichts dieser Historisierung als unzulässig. Weder die Legitimität des demokratischen Prinzips noch diejenige des monarchischen Prinzips sei voraussetzungslos gegeben. Der politische Streit seiner Zeit wird, so Schmitt, um die Frage geführt, wer sich mit dem Willen des Volkes identifizieren darf.

Die Lösung der Krise sah Schmitt in der „fundamentalpolitischen Überwindung des Liberalismus“[53], in der Abkehr vom neutralen Staat, die er gleichsetzte mit der Hinwendung zum totalen als entscheidungsfähigen Staat. In dieser Hinsicht fand die politische Theorie des Th. Hobbes Schmitts Interesse, der die Legitimität des Souverän als nicht mehr rechtfertigungspflichtig beschreibt, solange er sich in einem festen Kreis der Rechtmäßigkeit bewegt. Mit der Hobbesschen Neutralisierung des konfessionell gebundenen Staates aber begann jener fundamentale Neutralisierungsprozeß, der den neutralen Rechtsstaat produzierte, jene abzuschließende Epoche, die mit der Konfessionsspaltung des ausgehenden 16. Jahrhunderts eingesetzt hatte. Schmitt hat für diese Zeitphase keine Bezeichnung geprägt, die derjenigen von Brunner oder von Troeltsch vergleichbar wäre; als Einheit in der Absetzung vom liberalen Staat aber ist sie in seinem Geschichtsdenken sehr präsent, sind die Anklänge an Brunners Deutungsmuster offensichtlich. Nicht durch Neutralsierung ist der zentrale Begriff des Politischen geprägt, sondern durch die äußerste Intensität der *Gegensätze* einzelner Epochen. In ihnen nimmt der transzendent gebundene totale Staat Partei.

VI.

Der Gang durch die unterschiedlichen Ansätze der Zeitgenossen zur Charakterisierung der beginnenden Neuzeit bestätigt einen gemeinsamen Ausgangspunkt in einer „krisenhaften Zeitdiagnostik“, die ganz bestimmte Themen mit Hilfe vergleichbarer Denkfiguren oder Deutungsmuster analysierte. Dazu gehörte neben der Analyse des „Zustandes und der Zukunft des Kapitalismus“ v.a. das Problem der „gesellschaftlichen Desintegration“ und die damit verwandte „Krise des Staates“.[54] Es versteht sich von selbst, daß die Diagnosen im einzelnen sehr unterschiedlich ausfielen; in der Annahme eines Wertechaos, eines fehlenden Wertekonsens u.ä. aber waren sich

---

53 *Meuter / Otten,* Das Recht der Neuzeit (Anm. 48), 164.

54 Es ist beeindruckend die Übereinstimmung dieser Topoi mit denjenigen der historisch arbeitenden Soziologen zu sehen, die sich als eigene Gruppe seit den zwanziger Jahren identifizieren lassen und zu denen neben den Brüdern Max und Alfred Weber, Georg Simmel, Ernst Troeltsch, Werner Sombart, Franz Oppenheimer, Hans Freyer, Norbert Elias, Karl Mannheim u. a.m gehörten; siehe deren ausführliche Würdigung durch *Kruse,* Zeitdiagnostik (Anm. 13), bes. 391–394.

Theologen, Historiker, Juristen und Soziologen einig. Der zumeist unscharfe Begriff der Kultur diente v. a. bei den Theologen als Lösungsangebot. In der Mehrzahl der hier skizzierten Fälle war die Behauptung jenes „Wertechaos“ verbunden mit einer historisch argumentierenden Liberalismuskritik. Deren methodischer Zugriff lag in der Historisierung aller staatlich-gesellschaftlicher Legitimitätsansprüche mit der Folge einer auch aktuell politischen Kritik an der Weimarer Verfassungsordnung.

Für die gegenwärtige Frühneuzeit-Forschung ist dieser Zusammenhang in doppelter Hinsicht aufschlußreich.

1. Die Historisierung politischer Legitimität führt zur Relativierung der Maßstäbe, mit deren Hilfe historischer Wandel gemessen und zugleich bewertet wird. Weder kann das Moderner-Werden von Gesellschaften im Sinne einer Annäherung an ein als wesenhaft beschriebenes Ideal von Zivilisation, liberalem Verfassungsstaat oder Demokratie voraussetzungslose Gültigkeit beanspruchen.[55] Noch kann die Charakterisierung der Frühen Neuzeit als ungeschiedene Einheit des Vor-Liberalen oder „Vor-Neutralisierten“ voraussetzungslose Akzeptanz erwarten. Die Analyse von historischem Wandel darf nicht gleichgesetzt werden mit dem Evolutionismus, den das 19. Jahrhundert hervorgebracht hat, aber sie kann auch nicht verzichten auf eine reflektierte Theorie der Entwicklung, die sich ihrer jeweiligen Zeitbindung bewußt bleibt.[56]

2. Unter dieser Voraussetzung muß die wechselseitige Verzahnung verschiedener Teilgebiete historischer Realität, insbesondere aber die Verflechtung von Religion und Politik, als *Charakteristikum* der Epoche anerkannt werden. Es geht um deren Analyse, nicht um die Beschreibung der Trennungsprozesse als Weg in die Moderne. Als wesentliches Element solcher Analyse kann die These von der Analogie politischer und religiöser Vorstellungen gelten, selbst wenn die von C. Schmitt formulierten konkreten Annahmen dem gegenwärtigen Kenntnisstand nicht mehr entsprechen. Denn erst diese Annahme ermöglicht in ihrer konsequenten Historisierung die endgültige Abwendung von der Vorstellung, daß es stets einen gesonderten

---

55 Vgl. dazu einerseits die Diskussionen um das Deutungsmuster „Zivilisationsprozeß“ bei Norbert Elias zuletzt mit umfangreichen Nachweisen: *Gerd Schwerhoff,* Zivilisationsprozeß und Geschichtswissenschaft. Norbert Elias' Forschungsparadigma in historischer Sicht, in: HZ 226 (1998), 561–605. Andererseits ist zu verweisen auf die dichte Diskussion um den „modernen“ Charakter des absoluten Staates, dokumentiert u.a bei *Reinhard Blänkner,* Absolutismus und frühmoderner Staat: Probleme und Perspektiven der Forschung, in: Frühe Neuzeit – Frühe Moderne? (Anm. 4), 48–74; Der Absolutismus – ein Mythos? Strukturwandel monarchischer Herrschaft, hrsg. v. *Ronald G. Asch / Heinz Duchhardt,* Köln / Weimar / Wien 1996; *Martin van Gelderen,* Holland und das Preußentum: Justus Lipsius zwischen niederländischem Aufstand und brandenburg-preußischem Absolutismus, in: ZHF 23 (1996), 29–56.

56 An dieser Stelle hat die Kritik an der Modernisierungstheorie ihren systematischen Ort.

Bereich des Politischen gegeben habe[57], eine Vorstellung, die dem Trennungsdenken des 19. Jahrhunderts ebenso verhaftet ist wie die Vorstellung von der Dominanz des Staates und der Unterordnung der Religion unter dessen Zwecke.

57 Vgl. dazu auch die Bemerkungen von *Blänkner,* „Staatsbildung", in diesem Band, 125.

Reformation und deutsche Modernität – Paul Joachimsen

Von Notker Hammerstein, Frankfurt am Main

„Unser deutsches geistiges Leben hat sich seit nun fast vierzig Jahren, mindestens seit 1890, in einem merkwürdigen Erregungszustand befunden“, schrieb 1926 Paul Joachimsen. „Damals zuerst machten sich die gewaltigen Veränderungen, die unser Emporsteigen zur Großmacht und die Wandlung zum Industriestaat in der Struktur des Volkskörpers hervorgebracht hatten, auch in der Volksseele, wenigstens soweit sie sich in bewußter Geistigkeit auszusprechen strebte, bemerkbar. [...] Die Jungen suchten neue Horizonte und neue Werte. Sie suchten sie z. T. in der Fremde, bei Skandinaviern, Russen, Franzosen. Aber es war selbstverständlich, daß diese, wie sie aus fremden Kulturen entsprossen waren, höchstens die Grenzprobleme unserer eigenen Kultur beleuchten konnten. Der erste einheimische Autor, der das deutsche Geistesleben vorwärtsriß, wurde Friedrich Nietzsche, und er kam in der Tat von einem deutschen Mittelpunktsproblem her, von dem Problem der Persönlichkeit [...]

Schon die Jugend, die in den Krieg zog, und noch mehr die, welche aus ihm zurückkam, hatte ein anderes Ideal der deutschen Persönlichkeit. Sie sah die Persönlichkeit nicht mehr als etwas aristokratisch-isoliertes an. Sie fand sie aufs tiefste verwurzelt im Volkstum. Und damit gewann eine andere Macht, die schon einmal das deutsche Leben beherrscht hatte, aber dann fast erstorben zu sein schien, herrschende Bedeutung: die Romantik. Sie schien dem doppelten Drang der heraufkommenden Generation, dem nach Persönlichkeit und nach Gemeinschaften idealer Weise zu genügen. Sie fand ihr Ideal nicht mehr in der Fremde, sondern im eigenen Volk ... Wir haben eine erstaunliche Wiederbelebung dieser Volksvergangenheit gesehen und stehen noch in ihr. Sie ist umso stärker, je gefühlsmäßiger, je unbeschwerter von wirklichem Wissen sie zu sein pflegt. Sie ist, das dürfen wir ohne Rückhalt sagen, in dieser gefühlsmäßigen Unbedingtheit eine nicht geringere Gefahr für unser Volk wie der Individualismus Nietzsches.“[1]

---

1 *Paul Joachimsen,* Renaissance, Humanismus und Reformation (zuerst 1925), jetzt in: ders., Gesammelte Aufsätze. Beiträge zur Renaissance, Humanismus und Reformation; zur Historiographie und zum deutschen Staatsgedanken Bd. 1, Aalen 1970, 125 f.

In solcher, nicht eben häufiger, aber unbedingter Direktheit meldet sich ein scharfsinniger Mahner zu Wort, der viele seiner zeitgenössischen Analytiker und Theoretiker einer Krise, eines eigentümlich Deutschen, einer Sonderrolle und ähnlichem nicht widerspricht, aber Ungenauigkeit, historische Bequemlichkeit, fragwürdige Begrifflichkeit und Unschärfe des Gedankens vorhält. Nur selten sucht Joachimsen dies theoretisch und in direkter Nennung der Kontrahenten anzufechten, lieber verweist er darauf, daß allein saubere historische Ableitung, klare methodische Bestimmtheit und sorgfältige Analyse der geschichtlichen Entwicklung die Schlüssel zur geistigen Analyse der Gegenwart an die Hand gäben. Durchaus selbst von den Unsicherheiten und Unwägbarkeiten im Zuge des verlorenen Ersten Weltkrieges berührt, von der wankelmütigen Weimarer Situation wenig erbaut, unterstellt er unerschrocken, daß allein klare historische Urteilsfindung angemessene Standortbestimmung erlaube und damit auch Hilfsmittel an die Hand zu geben in der Lage sei. Er vertraute einer zutiefst liberalen, toleranten, konsenssuchenden Haltung, hielt nicht das geringste von historischer Panikmache und willkürlicher Wertsetzung, wie sie so viele aufgeregte Zeitgenossen kultivierten. Zugleich war er von dem unvermeidbaren und notwendigen Gegenwartsbezug jeder Historie, ihrer vorgegebenen Gegenwärtigkeit überzeugt, hielt sie für so selbstverständlich, daß diese Selbstverständlichkeit und Bedingung jeder Geschichtsschreibung erst gar nicht diskutiert zu werden brauchte. Am Gegenstand, nicht in wohlfeiler Polemik oder abstrakter Theorie, wollte er der Aufgabe des Historiographen gerecht werden, und damit die erstrebte Gegenwarts- und Standortbestimmung leisten.

Das war nicht immer so gewesen.[2] Begonnen hatte der kantige aber hochbegabte jüdische Preuße evangelischer Religion in der sattgelehrten Selbstgewißheit und wissenschaftspositivistischen Souveränität des Kaiserreichs. Im März 1867 in Danzig als Sohn eines wohlhabenden Holzgroßhändlers geboren, studierte er ab 1884 an den Universitäten Heidelberg, Leipzig und München. Durch seine Münchner Lehrer – Außenseiter in der Zunft wie alsbald auch er, durch Karl Theodor Heigel und Hermann Grauert also – war er zum Studium spätmittelalterlicher Stadtchronistik, dem des deutschen Humanismus im Übergang vom Mittelalter zur frühen Neuzeit angeregt worden. Früh eignete er sich stupende Quellenkenntnis an bei zugleich breiter Übersicht über die einschlägige Literatur und die historiographische Entwicklung seit der Aufklärung.

---

2 Zu Joachimsens Leben und Werk gibt es keine umfangreichen Darstellungen. Außer Otto Schottenloher, der sich um den Nachlaß hoch verdient gemacht hat – vgl. etwa die Ausgabe Joachimsens: Die Reformation als Epoche der deutschen Geschichte, München 1951, insbes. 287 ff. – grundlegend *Ulrich Muhlack*, „Deutsche Neuzeit". Zur Historiographie Paul Joachimsens, in: ZHF 1 (1974), 88–115.

1889 promovierte er mit einer Arbeit über Gregor Heimburg. Da das väterliche Geschäft zusammenbrach, konnte er seinen Wunsch, die akademische Laufbahn einzuschlagen, nicht wahr machen. Darum legte er 1894/95 das bayerische Staatsexamen in den philologisch-historischen Fächern ab und trat in den Schuldienst ein. Über Stationen in Augsburg, Hof, Nürnberg kam er 1903 ans Münchner Wilhelms-Gymnasium. Aufgrund neuerlicher Kontakte mit der Universität konnte er sich 1908 mit einer Arbeit ‚Geschichtsauffassung und Geschichtsschreibung in Deutschland unter dem Einfluß des Humanismus' habilitieren. 1916 wurde Joachimsen Honorarprofessor der Münchner Universität mit Lehrauftrag für Geschichtsdidaktik. 1926 wurde er Mitglied der Historischen Kommission bei der Bayerischen Akademie der Wissenschaften, nachdem er ein Jahr zuvor endgültig aus dem bayerischen Schuldienst hatte ausscheiden und sich ganz seinen gelehrten Studien hatte widmen können. Er leitete hinfort die neu eingerichtete mittlere Serie der Reichstags-Akten aus der Zeit Maximilians I. Zugleich übertrug ihm die Deutsche Akademie ihre historisch-kritische Edition von Leopold von Rankes ‚Deutscher Geschichte im Zeitalter der Reformation' und berief ihn in die historische Sektion.

Im Jahre 1929 verlieh die Theologische Fakultät der Ludoviciana zu Gießen Joachimsen die Ehrendoktorwürde. Den uneingeschränkt befürworteten Antrag hatte Heinrich Bornkamm gestellt. Darin hieß es u. a., Joachimsen gehöre „zu den um die deutsche Reformationsgeschichte meist verdienten gegenwärtigen Historikern", wobei zugleich auf seine vielfältigen grundlegenden Arbeiten, auch zum Humanismus, verwiesen wurde. Am Tag der 400-jährigen Gedenkfeier der Protestation von Speyer sollte dann die Ehrenpromotion erfolgen. Im überreichten Diplom formulierte die Fakultät, sie ernenne Joachimsen zum Doktor der Theologie, „den geistvollen Erforscher von Humanismus und Reformation, den großzügigen Deuter der Sozialethik des Luthertums, den ernsten Denker, der die reformatorische Gedankenwelt der Gegenwart weiterzugeben weiß".[3] Am 25. Januar 1930 starb Joachimsen in München, ohne es je zu einem Extraordinariat, geschweige denn einem Lehrstuhl gebracht zu haben.[4]

---

3 Universitätsarchiv Gießen, Theol. 09. Ich verdanke diese Angaben Frau Dr. Felchow.

4 Die vergleichsweise knappen biographischen Angaben teile ich hier mit, weil sie vielfach unbekannt sein dürften. Übrigens haben recht unterschiedliche, aber ihrerseits ausgeprägte Personen bei Joachimsen studiert – und dies vermerkt. So etwa der einflußreiche Vertreter eines Reform- bzw. Linkskatholizismus und mehrfache Direktor der Akademie der Arbeit in Frankfurt/M, der geistige Mentor Walter Dirks: Ernst Michel. Margret Bovery wiederum schreibt in ihrer Autobiographie: „Einen hohen Ruf hatte bei den ernsthafteren Studenten Paul Joachimsen, der Verfasser eines bewunderten und gefürchteten Buches ‚Geschichtswiederholungsfragen'. Er kam aus dem Lehrfach, wurde nicht Ordinarius. Man nannte ihn einen ‚preußischen Juden', das sollte heißen, daß er streng und patriotisch war. Die Strenge kam zum Ausdruck darin, daß in seinem Seminar wirklich gearbeitet wurde. Er nahm nur zwölf, höch-

Seine Nähe zu Ranke, seine Verehrung für den Großmeister deutscher Geschichte, bestimmte ihn auch darin, die deutsche Geschichte als Teil der allgemeinen europäischen zu begreifen. Die europäischen „Nationen" sah er als die „dauernden Mächte" an, „die das geschichtliche Werden bestimmt haben und bestimmen werden". Dies formulierte er zwar erst nach dem Kriegserlebnis, als er sich gegen den „wissenschaftlich gebärdenden Dilettantismus" seiner Zeit wandte, „der von Kulturuntergängen oder -aufgängen phantasiert, denen er beizuwohnen glaubt"[5] und der eben nichts von dieser Grundgegebenheit der Geschichte begriffen habe, auf die etwa in jüngerer Zeit – und ich zitiere im Interesse einer gewissen Aktualität einen nichtdeutschen Analytiker – Alain Finkielkraut hingewiesen hat.[6] Danach sei es eine „schlichte Feststellung: Wir entscheiden ebensowenig über unsere Gemeinschaftszugehörigkeit wie über die Sprache, die wir sprechen. Menschliche Schöpfungen wie Sprache oder Nation sind nicht eigentlich Menschenwerk, da sie nicht zu den hervorgebrachten Dingen gehören. Unsere Anfänge sind von Passivität und Undurchdringlichkeit gezeichnet. Leben bedeutet, hineingeboren zu sein in einen Zusammenhang, den wir nicht gewählt haben. In ihrer roten wie in ihrer braunen Variante hat die revolutionäre Leidenschaft des 20. Jahrhunderts sich aufgelehnt gegen eine solche Bestimmung des Menschlichen. Mit der Behauptung, alles sei politisch und darum möglich, bot sie die Freiheit des Menschen zum Kampf auf gegen seine Bedingtheit". Ein wenig später heißt es dann: „Die Nation gehört in den Rang der unmittelbaren Erfahrungswirklichkeit, der Kosmopolitismus in jenen der Werte und Normen und der Arbeit der Nationen an sich selbst [...] Kosmopolit sein heißt aber zuallererst: Wissen, daß Kosmopolitismus keine Gegebenheit ist, sondern ein Ideal".

Aber wieder zurück in die unbelastete, unbeschwert zeitbezogene, gelehrte Welt des Kaiserreichs. Die Auseinandersetzung mit dem Humanismus war Joachimsen gleichbedeutend mit dem Aufspüren eines ersten Bewußtwerdens der Deutschen. Nicht nur in der Bezeichnung Heiliges Römisches Reich deutscher Nation komme das im 15. Jahrhundert zum Ausdruck, son-

---

stens vierzehn Leute auf, man mußte sich in seiner Wohnung vorstellen. Ich war weit unter seinem Standard, und er hat mich wohl nur genommen, weil ich bei seinen Fragen einen Namen wußte, der damals noch wenig bekannt war: Erich Rothacker (bei dem später Habermas promovierte). Für den Doktor entschloß ich mich, zu Hermann Oncken zu gehen". – Und Alexander Mitscherlich schreibt in einem seiner Lebensläufe – aus dem Jahr 1965, U.A. Frankfurt – „nach dem Abitur von 1928 bis Sommersemester 1932 Studium der Geschichtswissenschaft, Philosophie und Literaturwissenschaft. Doktor-Arbeit bei Prof. Paul Joachimsen, München, über die Luther-Darstellungen im 19. Jahrhundert. Nach dem Tode von Prof. Joachimsen [...] weigerte sich sein Nachfolger (Prof. Karl Alexander von Müller), die Arbeit seines jüdischen Vorgängers zu übernehmen. Abbruch des Studiums".

5 *P. Joachimsen,* Zur historischen Psychologie des deutschen Staatsgedankens (zuerst 1922), jetzt Ges. Aufsätze 1 (Anm. 1), 549 ff., hier 550.

6 *Alain Finkielkraut,* Warum der Westen versagt hat, in: FAZ 28. Juli 1994.

dern auch in vielen humanistischen Gehversuchen, die eine eigenständige Deutschheit postulierten, eine Art „nationale Tendenz“ erkennen ließen. Das Aufspüren eines Volksgeistes – längst vor der Romantik also – und die unterstellten Anfänge deutscher Identität in germanischer Urzeit verwiesen darauf, wie ungefüg und ungeordnet dies sich immer noch universalistisch verstehende Staatsgebilde gewesen sei. Entsprechend lange habe es gebraucht, bis es sich selbst recht begreifen lernte. Dies sei eigentlich erst in der Zeit der deutschen Klassik, des Neuhumanismus und des deutschen Idealismus geschehen. In ihr sah Joachimsen, wie die meisten seiner Zeitgenossen die Grundlagen noch bzw. gerade auch für das Kaiserreich, überhaupt für das moderne Deutschland. Wenn auch die klassischen Werte bei Manchen inzwischen in Mißkredit geraten seien – die allgemeine „Krisenstimmung“ stehe dafür – hätten sie doch dauerhaft, was Joachimsen nachweisen möchte, wichtige und letztlich entscheidende Positionen festgelegt, die unverrückbar mit dem deutschen Selbstverständnis verbunden seien. So seine anfänglichen kaiserzeitlichen Überzeugungen.

Nun: auch für Joachimsen waren die Erfahrungen des Ersten Weltkrieges, die die Krisenbeschwörungen des Kaiserreichs im nachhinein in einem andern Licht erscheinen ließen, eine Art tiefer, die gewohnte Denk- und Lebensweise grundlegend erschütternder Einbruch, Anlaß entschieden schärfer als bisher politisch-historisch zu denken und zu argumentieren. Wenn er selbst auch nicht zu den „Mandarinen“ gehörte und also entschieden weniger auf Gehör stieß, so nahm er doch unverdrossen und recht entschieden an der allgemeinen Diskussion der Zeit teil.[7] Was beispielsweise „deutsche Besonderheit“ bedeuten könne, was die „Krise des Historismus“ meine bzw. meinen könne, was die freiheitsfeindliche Grundhaltung des Kaiserreichs – Deutschland im Ersten Weltkrieg von seinen Gegnern immer wieder vorgeworfen – beinhalte, was überhaupt die Unterschiede der europäischen Staatenwelt konstituiere und ähnliches mehr, wurden ihm entscheidende und diskussionswürdige Fragen. Freilich seien sie ausschließlich aufgrund sorgfältiger und überzeugender historischer Analyse zu beantworten und nicht, wie er indirekt aber deutlich schrieb, auf die oberflächliche Weise, wie sie die zeitgenössische „Omnibus-Philosophie“ handhabe, wo jeder meine aufspringen und mitreden zu können.[8] Joachimsen zielte zwar auch auf Nietzsche, meinte aber vorab Dilthey und Troeltsch – Gelehrte, die er sehr ernst nahm und schätzte – und dachte zugleich an Männer wie Oswald Spengler,

---

7 Hierzu vgl. jetzt u. a. *Friedrich Tenbruck,* Wie kann man die Geschichte der Sozialwissenschaften in den 20er Jahren schreiben? in: Geisteswissenschaften zwischen Kaiserreich und Republik, hrsg. von Knut Wolfgang Nörr / Bertram Schefold / dems., Stuttgart 1994 23 ff.; dort auch weitere einschlägige wichtige Beiträge.

8 Diesen Terminus benutzte *Karl Vossler* im Briefwechsel mit Benedetto Croce, Berlin / Frankfurt a.M. 1955 – zur Charakterisierung von Spenglers Untergang des Abendlandes. „Sein großer Erfolg in Deutschland hängt wohl damit zusammen, daß

Moeller van den Bruck, Wilhelm Stapel, Werner Elert und vielleicht sogar Carl Schmitt. Vieles was da geschrieben und geäußert werde erschien ihm außerordentlich windig. „Man spricht von dem gotischen Menschen des Mittelalters, indem man die eigentümlichen Züge des deutschen Menschen zu entdecken glaubt: das Unendlichkeitsstreben, das nur gegen das Göttliche und das Naturhafte eine Begrenzung sucht [...], in letzter Linie, – ich gebrauche hier Formulierungen von Troeltsch – ein Irrationalismus, der den Lebensgehalt aus unbegrenzten, überrationalen Tiefen und Bewegtheiten herausholt, ihn dabei aufs Stärkste jedesmal individualisiert und ihn doch in einer göttlichen Lebenseinheit begründet weiß. – Was hier geschildert wird, das ist nicht der Mensch des Mittelalters, der gotische Mensch, am wenigsten in irgendeiner deutschen Gestaltung. Es ist überall bei einem Gerede geblieben, wo man ihn aufzuzeigen gesucht hat".[9] Ebenso sei es „Überhebung, wollten wir glauben, daß Luther nur aus irgendeiner recht eigentlich germanischen Frömmigkeit möglich gewesen sei. Wer das tut, verwechselt Ursache mit Wirkung".[10]

Gleichermaßen wie die unterstellten germanischen Ursprünge der Deutschen, wie die Vorstellung eines urgermanischen Volkstums, das im deutschen Staat und Kaisertum sich realisiert habe, seien solche Auffassungen bestenfalls Mythen, historisch allemal ungesichert, ja falsch. Sie verstellten den Einblick in die wahren Verhältnisse. Da gelte es, wie Joachimsen immer wieder sagte, in der Erklärung des deutschen Staatsgedankens – nicht des deutschen Staats – also im Aufzeigen der politisch-sozialen Bedingungen, der politisch-sozialen Realitäten wie zugleich ihrer ideellen mentalen Spiegelungen, in ihrer Selbstreflexion das Selbstverständnis der Deutschen herauszupräparieren, zu erkennen und zu beschreiben. Auf diese Weise entschlüssele sich, was das Moderne ausmache, wann der Beginn der „Früh-Moderne" anzusetzen sei und auf welche Art sich der deutsche Staatsgedanke geformt habe.

Für das hiesige Vorhaben bedingt das im Folgenden, die Eigentümlichkeiten des deutschen, aber auch des westeuropäischen Staatsgedankens aufzuzeigen und zu erklären. Denn allein in einer europäischen Perspektive könne – wie Joachimsen nie müde wurde zu postulieren – die Stellung der einzelnen Staaten, ihre Entwicklung zureichend erkannt und beschrieben werden. Gegenwärtig und zeitangemessen, wie eine solche historische Fragestellung immer nur sein könne, impliziere das, daß vor allem die

---

es in Deutschland ein Massenpublikum für Halbphilosophie gibt, wie sonst nirgends auf der Welt. Früher verschlangen diese Leute Haeckel, heute fressen sie Spengler... Für Massenbeförderung braucht man eben eine Omnibus-Philosophie", München, 30. Dezember 1919, 249.

9 *P. Joachimsen,* Ges. Aufsätze 1 (Anm. 1), 142.

10 Ebd., 137.

virulente Diskussion über das moderne Deutschland und seine jüngste Vergangenheit von daher Aufschluß erfahre und präzise analysiert werden könne.

Suche man nach dem Beginn der Moderne, so war in Fortführung Rankes Joachimsens feste Überzeugung, werde man auf die frühe Neuzeit (wie wir heute sagen) verwiesen. Dort müßten der Punkt bzw. die Kräfte und Motive aufgesucht werden, die zur Ausbildung des neueren gegenüber einem älteren Europa geführt hätten: zu der der einzelnen Staatswesen. Das Moderne erscheine u. a. darin auf, daß die ideelle Einheit der *res publica christiana* des Mittelalters, die *unio imperii et ecclesiae* überwunden bzw. aufgebrochen worden seien. Wodurch, wann und weshalb, dies stehe im einzelnen zu begründen, nicht jedoch der Umstand, daß das Mittelalter insoweit tatsächlich keine Neuzeit gewesen sei.

Im Blick auf die Anfänge der Moderne gelte es zu beschreiben, was die – bei der gemeinsamen europäischen Geschichte – unterschiedlichen Verlaufsformen der einzelnen Nationalgeschichten bestimme und ausmache. Nur wenn präzise gefaßt und charakterisiert werde, worin diese Eigentümlichkeiten bzw. die Bedingungen der verschiedenen Formen eines Staatsdenkens in Europas, der Auffassungen und Lebensformen der europäischen Nationen bestünden, könne eine zuverlässige und relevante Analyse auch der zeitgenössischen Probleme erzielt werden. Und daran hielt Joachimsen fest: die europäischen Staaten bzw. Nationen schauen auf eine bei aller Gemeinsamkeit und Vergleichbarkeit unterschiedliche Geschichte zurück. Insoweit nahm auch er teil an der Diskussion eines „deutschen Sonderwegs", die während der Weimarer Zeit geführt wurde. Sie sollte übrigens in den 1970er Jahren nochmals aufgenommen werden, was hier aber nicht zu erläutern steht.

Joachimsen dachte bei seiner Beschreibung des Besonderen weder an eine wie immer auch geartete Wertung dieser Sonderrolle, noch begriff er die Geschichte Deutschlands vorab als eine solche. Daß die europäischen Staaten / Nationen unterschiedlich konstituiert seien, liege auf der Hand. Ebenso wie ihre Sprachen seien auch ihre Staatsgedanken, ihre Geschichten zu unterscheiden. Im gemeinsamen Verlauf, in Entgegensetzung und Angleichung, im ständigen Aufeinanderbezogensein hätten sie eine je eigene, historisch erklärbare geschichtliche Entwicklung genommen, die sie zu dem gemacht habe, was sie gegenwärtig bestimme und leite. Jede dieser Geschichten sei eine individuelle wie gemeinsame zugleich. Eine Wertung bzw. Bewertung sei daher unsinnig und unhistorisch, da sie alle als solche in ihrer jeweiligen Ausprägung und Abwandlung das moderne Europa geschaffen hätten. Um eine politisch tragfähige und historisch angemessene Einsicht in die zeitgenössischen Schwierigkeiten, Aufgaben, Probleme erhalten zu können, sei freilich eine begrifflich klare und saubere, eine historische Analyse eben dieser (einzelstaatlichen) Entwicklungen unumgänglich. Insoweit komme der Diskussion über den Beginn der Moderne, der frühmodernen Nationen und ihrer Bedingungen sowie Anfänge große Bedeutung zu.

Das mag durchaus an die derzeitige breit geführte Diskussion insbesondere der Reformationshistoriker gemahnen, was allgemein – bzw. welche Konfession – zur Modernisierung besonders beigetragen habe. Da wird in Ablehnung der älteren Troeltschschen These festgestellt, daß es „keine wesensmäßig ‚modernisierend' wirkende Konfession" gebe, wie vor kurzem Frau Schorn-Schütte formulierte.[11] Die Frage nach der Modernität, dem Beginn der Moderne, hat also inzwischen die Frage nach der Rolle der Konfessionen übernommen und, um es neuerdings mit Frau Schorn-Schütte zu sagen, „sind auch die Vorstellungen von Reformation und Gegenreformation [...] als zeitlich aufeinanderfolgende Phasen der Geschichte [...] nicht mehr zu halten".[12] Diese nicht zuletzt auf die neuprotestantische Diskussion[13], auch auf Troeltsch[14] zurückverweisende Position, hat eigentlich den Blick – und darin anders als die Älteren – auf das Heilige Römische Reich, das Luthertum bzw. den Katholizismus gerichtet. Eher als ergänzende Folie – aber notwendige Außenposition – figuriert dann der Calvinismus. Die gesamteuropäische Konstellation verbleibt solcherart zumeist freilich undeutlich im Hintergrund.

Ganz anders die ältere Diskussion. Sie hatte gern Luthers „Pathos des Gehorsams" dem calvinistischen „Pathos der Freiheit" gegenübergestellt und beide für moderner als den Katholizismus proklamiert. Indem inzwischen dem Luthertum wesentliche Momente des früher dem Calvinismus, insbesondere dessen Widerstandslehre, zuerkannten Fortschrittlichkeit zugemessen und auch die gegenreformatorische katholische Bewegung als staatsformende, sozialdisziplinierende und modernisierende Bewegung charakterisiert wird (oder wie immer solche Epithetha lauten mögen), wird das Zeitalter der Reformation insgesamt in eines der Konfessionalisierung eingeebnet, das die Reformation und die frühe Gegenreformation umfaßt (ein wenig holzschnitthaft formuliert!).[15] Modern sind die Konfessionen – nicht eine vorab sondern inzwischen alle auf dem Boden des Reichs. Und es wird im allgemeinen auch nicht mehr wie früher gern angeführt: Renais-

---

11 *Luise Schorn-Schütte,* Ernst Troeltschs „Soziallehren" und die gegenwärtige Frühneuzeitforschung, in: Ernst Troeltschs Soziallehren, hrsg. von F. W. Graf/T. Rendtorff, Gütersloh 1993, 133–151, hier 138.

12 Ebd., 140.

13 *Walther von Loewenich,* Luther und der Neuprotestantismus, Witten 1963.

14 Vgl. u. a. *H. Fischer,* Luther und seine Reformation in der Sicht Ernst Troeltschs, in: Neue Z. f. System. Theologie 5 (1963), 132 ff.

15 Um nur einige jüngere einschlägige Arbeiten zu nennen, verweise ich auf die Aufsatzsammlungen (mit jeweils weiteren Literaturangaben) Die lutherische Konfes-

sance, Humanismus und Reformation seien die historischen Ereignisse, die den Beginn der Moderne markierten.

Ganz anders Joachimsen. Es mag daher auch für die heutige Diskussion nicht unnütz sein, seine Position, seine Argumente ins Gedächtnis zurückzurufen. In seiner großen Abhandlung über den deutschen Staatsgedanken[16] von 1922 verweist er eingangs auf die Gründe, die Ranke seinerzeit zur Abfassung der Großen Mächte in der Historisch-Politischen Zeitschrift veranlaßt haben. Denn bekanntlich sei Rankes Aufsatz bald nach der Juli-Revolution veröffentlicht worden. Joachimsen schreibt: „Er sollte einige Irrtümer über den Bildungsgang der modernen Zeiten, die sich fast allgemein verbreitet hatten, erschüttern, und Ranke hoffte damit, dem Weltmoment, in dem man sich befinde, deutlicher und unzweifelhafter, als es gewöhnlich geschehen möchte, zur Erscheinung zu bringen. Die Irrtümer bestanden in den vulgären Auffassungen des historischen Geschehens, wie sie damals Liberalismus und Romantik, jeder von seiner Seite aus, vertraten. Nach diesen zerfiel das ganze Europa in das Lager des demokratischen Fortschritts und die letzten Verteidigungswerke der mittelalterlichen Gebundenheit [...] Ranke sieht das durch die geschichtliche Betrachtung nicht bestätigt". Vielmehr habe er in den großen Mächten, ihrem Gegensatz wie auch ihren Vereinigungen, das neue Prinzip der „Nationalität" erkannt, das zugleich „moralische Energien" beinhalte. Das gelte immer noch, selbst für seine Zeit, zu der Joachimsen den Bogen schlägt. „Soweit der Weltkrieg Kulturkampf war, hatte er im Gegenteil bei allen Beteiligten zu einer geistigen Bestandaufnahme geführt, und ihr Ergebnis ist schon jetzt die Erkenntnis der grundsätzlichen Verschiedenheit der großen, staatlichen Mächte der Welt nach ihrem Wesen und ihren Bedingungen".[17]

Diese Verschiedenheit zu erklären setze voraus, die europäische Geschichte, ihre Entwicklung ab dem Beginn der Neuzeit zu analysieren und ihren weiteren Fortgang zu verfolgen. Drei Momente, Kräfte, bzw. Phänomene sind es nun für Joachimsen, die den Beginn der Moderne bewirkten und sie heraufführten. Es sind das: Renaissance, Humanismus und die Reformation (so auch der Titel eines wichtigen Aufsatzes)[18], die auf je eigene Weise die unterschiedliche Modernität europäischer Staatswesen – besser

---

sionalisierung in Deutschland, hrsg. von *Hans Christoph Rublack*, Gütersloh 1992; Die reformierte Konfessionalisierung in Deutschland – Das Problem der „Zweiten Reformation", hrsg. von *Heinz Schilling*, Gütersloh 1986; *ders.*, Alternative Konzepte der Reformation und Zwang zur lutherischen Identität, in: Wegscheiden der Reformation, hrsg. von G. Vogler, Weimar 1994, 277 ff.; *Wolfgang Reinhard*, Gegenreformation als Modernisierung? in: ARG 68 (1977), 226–252; *ders.*, Zwang zur Konfessionalisierung, in: ZHF 10 (1983), 258 ff.; *Paul Münch*, Zucht und Ordnung, Stuttgart 1978.

16 Zur historischen Psychologie des deutschen Staatsgedankens, Ges. Aufsätze 1 (Anm. 1), 549–620.

17 Ebd., 549 f.

Nationen – begründeten. In ihrer Verschränkung ebenso wie in ihrer Entgegensetzung, in ihren Gemeinsamkeiten aber auch Divergenzen stellten sie zugleich etwas Neues dar, unterschieden die neuere Geschichte begrifflich klar von der mittelalterlichen.

Die Renaissance – um mit ihr zu beginnen – sei „für den Wissenschaftler jedenfalls nicht so einfach wie es scheinen möchte" zu definieren. Für den Historiker müsse sie schlicht als eine Phase der italienischen Geschichte gelten und dementsprechend beschrieben werden. Zugleich könne sie recht allgemein als ein „Zeitalter des Individualismus" bezeichnet werden. „Aber es fragt sich, ob wir damit nicht ein Unbestimmtes durch ein anderes ersetzen", fügt Joachimsen hinzu. Schließlich habe es immer Individuen gegeben und daher müsse man in solchem Falle, wie bei jedem historischen Begriff, erklären, wem und was er entgegengesetzt sei. Dieser Gegensatz sei die „organische Einheit des priesterlich-christlichen Staates des Abendlandes (gewesen), die sich zu einer Kulturgemeinschaft der abendländischen Völker mit transzendenter Wertsetzung geformt hatte". Im Italien des 13. Jahrhunderts, „dem Lande, in dem weder die Gotik noch die Scholastik jemals vollständig heimisch geworden ist", sei er entstanden. Wenn der Individualismus auch nicht unbedingt etwas Neues gewesen sei, so zeichne er sich eben unverwechselbar gegenüber allem Früheren dadurch aus, „daß das Individuum seinen Lebenskreis als etwas vernunftgemäß zu ordnendes betrachtet".[19]

„Das ist also das erste Zeichen des Individualismus der Renaissance, daß er einen Lebenskreis abzustecken sucht, der rationell, vernunftgemäß geordnet werden kann". Vorbei sei es mit der „Orientierung des menschlichen Strebens an einem wie immer gearteten transzendenten Zweck". Wie das Individuum so sei auch die politische und soziale Gemeinschaft wie ein

---

18 Jetzt in Ges. Aufsätze 1 (Anm. 1), 125–148.

19 Ebd., 128. Joachimsen zeigt, daß es auch vor der Renaissance eine Art Individualismus gegeben habe, der aber eben nicht seinen „Lebenskreis nur nach den Bedürfnissen (des) individuellen Daseins" gestaltet habe. Es sei schon merkwürdig, um nicht zu sagen absurd, daß inzwischen selbst bei denen, „die in den primitiven Gemeinschaftsformen der Urzeit" gelebt hätten, ein vergleichbarer Individualismus gesucht werde. „Das ist der Grund, warum man in den Recken der Sage, den Berserkern der nordischen Urzeit, den Helden der Edda jetzt die Renaissance-Züge sucht und zu finden glaubt. Mit Unrecht. Denn das Auszeichnende des Individualismus der Renaissance ist, daß das Individuum seinen Lebenskreis als etwas *vernunftgemäß* zu ordnendes betrachtet. Wollen wir den Unterschied des einen von dem andern sehen, so betrachten wir die Helden Shakespeares. Sie stehen zwischen diesen beiden Welten [...] Wie Shakespeare zwischen den Zeiten steht, so stehen auch seine Helden zwischen dem egoistischen Naturtrieb der Urzeit und dem Individualismus des Renaissance-Zeitalters, der sich eine Welt nach sich selbst und für sich selbst zurechtzimmern möchte. Das ist also das erste Zeichen des Individualismus der Renaissance, daß er einen Lebenskreis abzustecken sucht, der rationell, vernunftgemäß geordnet werden kann". Damit sei das menschliche Streben überhaupt nicht mehr „an einem wie immer gearteten transzendenten Zweck" orientiert geblieben.

„vernunftgemäß begreifbares Kunstwerk", in seiner Eigengesetzlichkeit und Eigengerechtigkeit verstanden worden.[20] In den italienischen Stadtstaaten hätten die Kräfte des Individuums in beständigem Wettbewerb miteinander gelegen, seien zugleich aber immer aufs Gemeinwesen bezogen geblieben. Rechenhaftigkeit, rationale Durchbildung der Gesellschaft, Tüchtigkeit, „Selbstverwirklichung" (neudeutsch gesprochen) seien typische Merkmale gewesen. Der Bereich, der davon nicht erfaßt werden konnte, der also rationalem Kalkül entzogen blieb, sei der Fortuna zugeordnet worden. Was diesem dieseitsgewandten, erfolgsorientiertem, individualistischem System gemangelt habe, sei allerdings eine „ideenhafte Begründung und Rechtfertigung" gewesen. Die sei ihm mit dem Humanismus zugewachsen, der ja nicht zu Unrecht jeweils gemeinsam mit der Renaissance genannt werde, wenngleich beide Begriffe deutlich zu scheiden seien.[21]

„Der Humanismus ist die Wiederbelebung des Klassischen Altertums". Gewiß sei es klar, „daß das Altertum nie tot war". Das Mittelalter habe aus ihm geschöpft, jedoch sei die Art der Verwertung der Antike eine grundlegend andere gewesen. Für den Humanismus war die Alte Welt untergegangen, mußte wiederbelebt werden, für das Mittelalter war und blieb sie Teil der eigenen Tradition. Insoweit konnte es einen solchen Humanismus im Mittelalter nicht geben, was häufig übersehen werde. Das ganze sei „kein Stoffproblem, sondern ein Formproblem. Es handelt sich um die Formung der Lebensinhalte nach einem Maßstab, der einer mit Bewußtsein distanzierten (man könnte auch sagen untergegangenen) Welt, eben der Antike, entnommen sind. Der Humanismus hat die normative Auffassung des Altertums begründet, die zwei Jahrhunderte lang der stärkste Antrieb des Fortschritts der Bildung geworden ist".[22]

Der Renaissance hat er vor allem den Begriff einer Gesellschaft vermittelt, „die nur aus sich selbst, durch reine Konvention, die Gesetze ihres Tuns und Lassens" lebe. „Es ist die erste moderne Gesellschaft, die wir kennen".[23] Zugleich sei ein neues Persönlichkeitsideal entstanden: „Der Glaube an die Würde des Menschen". Es liege am Einzelnen, an seinem Willen, seinem Bildungsstreben, diese Verpflichtung bzw. Möglichkeit zu realisieren. Freilich, der Mensch könne und müsse sich – gemäß seiner Bestimmung – zu dieser Würde bilden, wie es manche vorlebten und viele erstrebten. Der Zwist zwischen *ratio* und *fortuna* könne insoweit geschlichtet werden. Der Mensch der Renaissance habe in der Übernahme humanistischer Ideale, die ästhetisch und ethisch zugleich verstanden wurden, tragfähige Mittel zur

20 Ges. Aufsätze 1 (Anm. 1), 128 f. (Renaissance, Humanismus und Reformation).
21 Ebd., 131.
22 Ebd., 132.
23 Ebd., 133.

Meisterung seines Lebens und dem seiner Mitwelt gefunden. Eine Art (früh-)idealistische Lebensphilosophie, nur eben in humanistischer Prägung, sei das Ergebnis gewesen. Das habe ermöglicht, eine Übereinstimmung der Meinungen und „moralischen Anschauungen" und damit eine der Gesellschaft selbst herzustellen.[24]

Dieser Humanismus blieb nun bekanntlich nicht auf Italien beschränkt, sondern ergriff von dort aus fast ganz Europa. Nicht zuletzt durch das Wirken Erasmus' hat er allenthalben in der gebildeten Welt Aufnahme gefunden, die Idealvorstellungen von einem friedlichen, sittlichen, gebildeten und menschenwürdigen Leben mitbestimmt. Indem die führenden Geister der Zeit nach 1500 fast alle von diesen Idealen ergriffen waren, suchten sie nicht nur die in Italien damit einhergehenden Renaissance-Vorstellungen zu übernehmen und in ihren Heimatländern umzusetzen, sondern förderten auf eigentümliche Weise bereits vorhandene Bestrebungen und Wünsche nach Reform des kulturellen, wissenschaftlichen, religiösen und politischen Lebens. Im Reich sei dies nicht zuletzt der aufbrechenden Reformation zugute gekommen. Joachimsen begreift sie ganz wesentlich als das Werk eines Einzelnen, eben Luthers und rückt sie in die Nähe einer Art „Revolution".

Ohne nun seine höchst differenzierte, in glänzender Kenntnis der Theologie geführte Erörterung zu Luther und den wichtigsten Punkten von dessen Reformation näher darzulegen – viel verdankt er offensichtlich Karl Holl –, darf ich sogleich auf die in unserem Zusammenhang wichtigsten Gesichtspunkte kommen. Gewiß habe auch Luther den frühneuzeitlichen Individualismus gestärkt. Das Prinzip *sola fide* könne sich nur auf den Einzelnen beziehen, es sei jedes Einzelnen' Unterpfand der göttlichen Gnade. Darin liege die „Gewißheit des Angenommenseins durch Gott, nicht in der Zugehörigkeit zu einer verfaßten Gemeinschaft, nicht in der Teilhaberschaft an Gnaden, die diese Gemeinschaft auszuteilen sich berufen glaubt, nicht in der Verrichtung von Werken, die sie vorschreibt. Nicht einmal in der Gemeinschaft mit anderen, die denselben Glauben errungen haben".[25] Dank des Bibelerlebnisses, also der Auslegung der Römer-Brief-Stelle: „Die Gerechtigkeit Gottes wird im Evangelium enthüllt, denn der Gerechte wird seines Glaubens leben", habe Luther die Möglichkeit gewonnen, sein Glaubenserlebnis andern mitteilbar zu machen. In der Überwindung seiner Sündenangst, der neuen Glaubensgewißheit und einer neuen Theologie habe Luther nicht nur die alte Kirche stürzen, sondern auch – als er im Ablaßstreit an die Öffentlichkeit trat –, den Deutschen als berufener Anführer und Sprecher der erhofften *reformatio in capite et membris* erscheinen können. Luther sei es dabei nicht im geringsten um diese Welt gegangen, sondern

---

[24] Ebd., 557 f. (Zur historischen Psychologie des deutschen Staatsgedankens).

[25] Ebd., 138.

vielmehr darum, dem christlichen Menschen und seiner Freiheit Raum zu machen in dieser Welt.

Mich auf das Wesentliche beschränkend, darf ich sofort zu den entscheidenden Folgen der Reformation springen, wie sie Joachimsen sieht. Er verfolgt ihren Gang auf zwei Wegen, einmal im Kampf um den Begriff der christlichen Freiheit, den Luther selbst geführt habe. Daneben und zugleich sei der Kampf um das Evangelium geführt worden, den das deutsche Volk – repräsentiert von seinen Fürsten und Gelehrten – durchgefochten habe. Im Grunde habe sich die Entwicklung zusehends von dem einsamer werdenden Luther getrennt. „Luthers Kampf um die christliche Freiheit schloß vorläufig und von außen gesehen mit einer Anzahl von Bekenntnisformeln, in denen, je länger je mehr, der Glaube nicht mehr Vertrauen, sondern das Fürwahrhalten einer Lehre bedeutete". Der Kampf ums Evangelium sei im Augsburger Religionsfrieden paritätisch besiegelt worden. „Wir können hinzufügen, daß die Bemühungen um eine Organisation der evangelischen Gemeinde zu einer Kirchenreform geführt hatte, deren wichtigste Bestandteile das Konsistorium der Geistlichen des Landes wurden. Das hieß aber nichts anderes, als daß man an Stelle des einen Papstes eine ganze Anzahl kleiner Päpste bekommen hat, die sich wenigstens auf das Verfluchen ebenso gut verstanden". Ferner sei das deutsche Volk hinfort in zwei Hälften zerrissen geblieben. Aber nicht das sei der Grund dafür, daß die Reformation einen so bestimmenden Einfluß auf die deutsche Geschichte genommen habe. Wäre es nur diese, auch anderen europäischen Völkern vertraute Erfahrung gewesen, brauchte sie „im Denken der Menschen von heute keine lebendige Rolle mehr" zu spielen. Die Reformation habe eben darüber hinaus ein noch anderes und eigentlich bleibendes Ergebnis gezeitigt. Dies habe als erster Ranke gesehen und historisch dargestellt: „der deutsche Geist (ist damals) zu seiner Mündigkeit gekommen und als ein selbständiges und eigentümliches Gebilde in den großen Zusammenhang der abendländischen Kultur ein- und hervorgetreten".[26] Das bedeute: All das, was deutsch im politischen, geistigen, religiösen, sozialen Denken und Handeln genannt werden kann, ja muß, nahm damals seinen eigentlichen Anfang. Gewiß sähen dies seine gelehrten oder publizistischen Zeitgenossen zumeist anders. Da werde der „gotische Mensch des Mittelalters" bemüht, sein „Unendlichkeitsstreben", eine sich bildhaft ausdrückende Phantasie und anderes. Joachimsen meint damit (und er nennt sie in einem Nebensatz) vor allem Arbeiten Troeltschs und er fügt hinzu, all dies habe nirgends eine plausible und historisch eindeutige Begründung finden können.

Ganz anders sei dies jedoch, wenn der „deutsche Geist" durch die Reformation geformt und geprägt verstanden werde. Da träten seine Besonder-

---

26 Ebd., 142.

heiten und Unterscheidungsmerkmale plastisch und evident hervor. Fraglos sei er – und damit die deutsche Geschichte – durch die Reformation in eine Art tumultuarische Diskontinuität geraten. Das erkläre die deutsche Entwicklung wie auch, daß sie sich insoweit deutlich von der solcher Länder unterscheide, die im Zeichen von Renaissance und Humanismus ihre „Nationalität", ihren „Staatsgedanken" gefunden und ausgebaut hätten.

Für Joachimsen stand es also fest, daß „ein großer Teil der Wesenszüge des deutschen Menschen [...] erst auf der Problemstellung, zu der Luther selbst als seiner eigensten Entwicklung getrieben worden ist" beruhe. „Es ist wiederum eine in aller Geschichte einzigartige Erscheinung, daß ein einzelner Mensch so den Geist seines Volkes geformt hat. Und das gilt nicht nur für den evangelischen Teil des deutschen Volkes. Wie Luthers deutsche Bibel die Sprache Gesamtdeutschlands bestimmt hat, so auch sein Geist den deutschen Geist überhaupt. Damit ist die deutsche Entwicklung in einen vollen Gegensatz zu der geistigen Entwicklung getreten, die wir aus der Renaissance abgeleitet haben"[27], folgert Joachimsen. Man erkenne das leicht am unterschiedlichen Begriff der Persönlichkeit.

Indem Luther das Verhältnis des Menschen zu Gott allein auf den Glauben gründe – seine Rechtfertigung durch den Glauben –, konnte er dem menschlichen Willen keinen eigenständigen, schon gar nicht einen freien Raum belassen. Damit war zugleich eine entschiedene Verneinung der Welt der Renaissance, die eben die freie, eigenverantwortliche bzw. eigenmächtige Teilhabe des Einzelnen voraussetze, gesetzt. Indem Luther sodann das Verhältnis zur Welt zweifach festlegte, als eines des geistlichen und eines des natürlichen Menschen, stehe dem Reich des Glaubens das der Vernunft gegenüber. Luthers Vorstellung der Person, sein Begriff religiöser Individualität seien folgerichtig dem der Renaissance „völlig entgegengesetzt". „Wir sagten, das Ausgezeichnete der Renaissancekultur ist es, daß sie den Bezirk des individuellen Begehrens und Strebens vernunftgemäß durchdringt. So weit die Vernunft reicht, nur so weit sie reicht, ist der Lebensbezirk des Renaissance-Menschen mit der Sicherheit umhegt, die er für sein Leben braucht".[28] Für Luther hingegen gab es Sicherheit nur im Glauben. Die Vernunft blieb ihm die kluge Hure, die allenfalls dann, wenn sie christliche Vernunft werde, positiv wirksam sein könne. Ansonsten beschrieb ihr Lebensbereich das, was für den Renaissance-Menschen das Reich der Fortuna charakterisierte.

Luther konnte folgerichtig auch nicht den optimistischen Glauben der Humanisten an die Vervollkommnungsfähigkeit des Menschen teilen. Dar-

---

27 Ebd., 143.

28 Ebd., 143.

um stimmte er auch nicht mit den Vorstellungen, die in diesem Umfeld politisch-sozial wirksam wurden, überein, „daß die menschlichen egoistischen Triebe, wenn sie nur durch die Vernunft aufgehellt würden, von selbst sich zu einem Gemeinschaftsgefühl läutern müßten". Welt und Mensch seien böse, es sei denn der Gläubige wisse sich in Gottes Gnade. Dem habe die Ordnung in der Welt Rechnung zu tragen. Folgerichtig bedürfe es daher des Zwanges, damit die Menschen in ihrem Gemeinwesen nicht ihren egoistischen, ihren bösen Trieben folgten. Dafür habe Gott die Obrigkeit bestellt. Die führe das Schwert – als Amt bzw. Beruf so wie Bäcker und Schreiner die ihren – und alle aus christlicher Liebespflicht. Es sei Dienst insofern am Nächsten, wenn die Obrigkeit strafe, das tue, was ihres Amtes sei. „Aus dieser Auffassung Luthers von der christlichen Obrigkeit hat sich die deutsche Auffassung vom Staate entwickelt, vom Staate, dessen erste Gegenstände nicht wie bei dem Staat der Renaissance, Politik und Wirtschaft, sondern Religion und Recht sind. Dieser Staat steht in unserem Denken genau da, wo in dem System der Renaissance die Gesellschaft steht. So dürfen wir sagen: Renaissance und Reformation sind Gegensätze, sie sind es überall, in ihrer Auffassung der Persönlichkeit, des Staates und der Gesellschaft".[29]

Noch ein weiteres komme hinzu, was diesmal auf die Humanisten zurückverweise, deren Auffassung aber über und durch die Reformation hindurch bestehen geblieben sei. Danach werde die Ordnung des Gemeinwesens, der Staat, gern als eine Erscheinungsform des deutschen Volksgeistes begriffen. Das gebe ihm besondere Würde, die zugleich als ethische Verpflichtung seiner Angehörigen verstanden wurde. Das deutsche Gemeinwesen sei demnach nicht als eine freie, gesetzte Schöpfung von Individuen begriffen worden, nicht als ein freier, vielleicht sogar zufälliger Zusammenschluß Vieler zur Sicherung der Lebenswelt, wie es die Vorstellungen der Renaissance-Gesellschaft unterstellte. Anders als dort sei dem Staat – so wie ihn die Deutschen verstanden – also immer auch eine sittliche Komponente zugesprochen worden. Er hatte mehr als nur bloße menschliche Bedürftigkeit zu befriedigen. In dieser seiner volkstumhaften Begründung und Wurzel eigne ihm insoweit etwas „Heiliges", Verpflichtendes und Zeitloses im deutschen Verständnis. Zugleich werde aber das Individuum nur insoweit als frei begriffen, als es nicht ganz in diesem Staat, dieser Gemeinschaft aufgehe, sondern sich eine subjektivistische Unmittelbarkeit bewahre. Anders als in der Renaissance-Gesellschaft, in der die Person sich erst im Eingehen in diese Gesellschaft konstituiere und frei werde, suche das lutherische Individuum immer, da religiös konstituiert, unmittelbar, unvermittelt, frei von der Gemeinschaft, insoweit entschieden subjektivistisch zu verbleiben. Allein für

---

29 Ebd., 144.

sich baue dies Individuum ein transzendentales System, in die es alle sozialen und politischen Werte einzuschmelzen in der Lage sei. Das sei der Vorstellung einer auf Konsens beruhenden Gesellschaft erneut konträr. Allenfalls über die Gemeindebildung, die in Deutschland aber nicht zustande gekommen sei, wäre von dieser religiösen Option aus ein Eingehen in eine Gesellschaft / Gemeinschaft möglich gewesen, so wie es im angelsächsischen Bereich etwa die Dissenters vorexerzierten.[30] Aber dazu kam es in Deutschland nirgends, übernahmen doch die Obrigkeiten Ordnungsaufgaben und Lenkungsfunktion.

Die Vorstellung eines deutschen Volkstums sei also nicht erst mit der Romantik aufgekommen. Bereits die Humanisten hätten diese Vorstellung entwickelt und dem Volkstum in ihrem Denken zugleich den Platz dort eingeräumt, wo die Renaissance die Gesellschaft ansiedelte. Sie hätten darüberhinaus einen „Urzustand" konstruiert, in dem dies Volkstum geformt und gebildet worden sei. Diese deutsche „Urbedingtheit" müsse freilich als etwas noch immer Verborgenes angesehen werden, das zu finden stehe, um die zeitgenössischen Probleme – wie die Humanisten meinten – lösen zu können. Die Hinwendung zu einer historischen Methode resultierte aus dieser Überzeugung. Die Historie gebe den Schlüssel des eigentlichen Verständnisses der Dinge an die Hand. So wie später die Klassik dem Volksgeist zugetraut habe, aus sich heraus etwa das Recht zu schaffen, so hätten bereits die Humanisten eine Urveranlagung und -bestimmung der Deutschen zu Kulturschöpfungen, zur Staatsbildung und zur Tugend – alle in den Anfängen des Volkstums beschlossen – postuliert. Nicht eine Gesellschaft frei wirkender Individuen, die einem *consensus opinionum* folgten, sei das Heilige Römische Reich deutscher Nation zu danken, sondern allein der historisch erwachsenen Kraft des allgemein Deutschen, gleichsam einem göttlichen Plan. Von dieser Unbedingtheit sei jeder Deutsche bestimmt, war die Meinung.

Luther habe dann diese humanistischen Vorstellungen und historischen Ableitungen in einen neuen, religiösen Begründungszusammenhang gebracht. Danach sei der Einzelne seit den Anfängen zwar auch urbestimmt, aber allein auf Gott verwiesen. Eine „Gesellschaft", besser: die äußere Welt erfahre er allenfalls als verderbte, zudem nur als sekundär wichtige. Nicht die Vernunft oder allgemeine Prinzipien oder gar Absprachen konstituierten das Gemeinwesen, sondern chaotische, subjektivistische Regellosigkeit, die aber den Einzelnen auf seine wahre Bestimmung und persönliche Glaubensgewißheit verweise. Der daraus resultierende deutsche Individualismus sei insoweit, wie Joachimsen anmerkt: „aus einer rein religiösen Einstellung geboren [...], nicht wie der westliche aus einer politischen und sozialen.

30 Ebd., 561 f.

Man kann von ihm sagen [...], daß er lediglich gegen das Göttliche und gegen das Naturhafte determiniert ist".[31] Seine Unmittelbarkeit zu Gott erlaube kein Sichgenügen in einem konsensfähigen, nicht zu „hinterfragenden" (so die neudeutsche Version) Leben in Gemeinschaft, wie das in dem von Renaissance und Humanismus geprägten Staatswesen der Fall gewesen sei. Die Reformation habe bei uns diese Entwicklung ein für allemal abgeschnitten und ersetzt. Aber sie habe unsere Moderne begründet, geformt und mitbestimmt.

Die universalistische Bezeichnung des deutschen Staatswesens der Frühen Neuzeit – Heiliges Römisches Reich deutscher Nation[32] –, das entsprechende Selbstverständnis der Deutschen, die großartige Ausformung dieses Denkens schließlich in Klassik und Neuhumanismus, im deutschem Idealismus – als Kosmopolitismus, als Weltbürgertum – erscheinen zu Recht als herausragende und bedeutsame Momente der europäischen Geschichte. Sie ruhen auf einem Staatsverständnis auf, das nicht vorab in einer gesitteten, in ungefragter Übereinkunft aufruhenden gesellschaftsbezogenen Überzeugung gründet. Es sind noch immer ältere, teils mittelalterliche Wurzeln, es sind christlich-universalistische Vorstellungen, die dieses Denken bestimmen. Das bedingt Stärke und (politisch-soziale) Schwäche zugleich.[33] Darin unterscheidet sich nämlich der deutsche Staatsgedanke grundlegend von dem westeuropäischen, der weniger von der Reformation als vielmehr – um es zu wiederholen – von Renaissance und Humanismus geprägt ist. Italienische, französische und englische Renaissance-Gesellschaft erscheinen insoweit vergleichbar, daß sie „rational (sind), empirisch begriffen (werden), den einzelnen Menschen als ein Naturobjekt erfassen, das aber bewußt einer Gesamtheit einzufügen ist. Diese Gesamtheit ist durch den Gedanken eines naturgemäßen *consensus omnium* verbunden, der sich aus der undog-

---

31 Ebd., 580 f.

32 *Notker Hammerstein*, Das Römische am Heiligen Römischen Reich deutscher Nation in der Lehre der Reichspublizisten, in: SZRG, Germ. Abt. 100 (1983) 119–144; vgl. ferner den Artikel „Reich", in: Geschichtliche Grundbegriffe. Histor. Lexikon zur politisch-sozialen Sprache in Deutschland, Bd. 5, hrsg. von *Otto Brunner* u. a., Stuttgart 1984, 456 ff.

33 „Es ist richtig: Wenn wir Deutschen heute den Staat als sittliche Persönlichkeit, nicht bloß als eine Verwaltungsmaschine, oder als einen Beauftragten der Gesellschaft ansehen, wenn wir die sozialen Kämpfe nicht als Widersinn gegen das Ideal eines humanitären Paradieses, sondern als notwendigen Bestandteil des von Gott gesetzten tragischen Kampfes des Menschen auf Erden betrachten, wenn wir das Verhältnis von Persönlichkeit und Volk zur Staatsgemeinschaft anders bestimmen als das von Atomen, die ein Ganzes bilden sollen, wenn Bildungsfragen bei uns viel mehr Gewissensfragen als bloße Fragen des praktischen Lebens sind, so verdanken wir das alles der Reformation. In der Lehre Luthers von der christlichen Obrigkeit, von Welt- und Gottesreich, von der Freiheit des Christenmenschen, von dem Gegensatz von Vernunft und Gnade finden wir die Grundlage zu all diesem". *P. Joachimsen,* Die Bedeutung der Reformation für die Gegenwart, in: Ges. Aufsätze 1 (Anm. 1) 537–548, 546.

matischen Betrachtung der Natur und des geselligen Lebens ergeben muß. Aus diesem Konsensus folgt als Wichtigstes die Übereinstimmung der moralischen Anschauungen, die aber weder das Gebiet der Kirche noch des Staates berühren, d. h. also nur die Beziehungen der Glieder der Gesellschaft zueinander, aber keine zu den obersten Prinzipien der gesellschaftlichen Ordnung. Diese werden vielmehr als bestehend vorausgesetzt. Sie machen die gesellschaftliche Bildung erst möglich und finden in ihr ihre Ergänzung. Sie motivieren die Staatsidee von einem scheinbar selbständigen, in Wirklichkeit aus sich selbst hervorgegangenen Prinzip aus".[34]

Es werde also nicht eine gleichsam von Gott gegebene Unbedingtheit, eine nicht mehr abzuleitende Wesenheit, eine naturhafte Eigentümlichkeit des jeweiligen Staats unterstellt oder erwartet. Darauf komme es überhaupt nicht an, jedoch darauf, faktisch eine Übereinstimmung der Meinungen zu erreichen, einen *consensus opinionum* als Grundlage des (staatlichen) Zusammenlebens. Sollten die Mitglieder eines solchen Gemeinwesens einer gemeinsamen Täuschung unterliegen, was Voraussetzungen, Grundlagen, Bedingungen ihres Staates bildeten, könnten sie gleichwohl gut miteinander auskommen. „Damit ist der westliche Nationalismus geschaffen. Er setzt Nation und Gesellschaft gleich, d. h. er setzt den Begriff der Nationalität bereits in ein nicht naturhaftes Element. Die Angehörigen dieser Nation fühlen sich nur in ihrer Gesittung zu Hause".[35]

In Deutschland sei das ganz anders. Hier blieb die Frage nach einer „Wesenheit", nach einer letzten Begründung von Staat und Nation bestimmend. Der Staat war und blieb ein Wert an sich, vor und neben dem Einzelnen, den er freilich eigentümlich mitformierte. Das Individuum betrachtete sich andererseits nie als Teil einer nur in Übereinstimmung gesicherten Gesellschaft. Es begriff sich jeweils als *ineffabile*, unverwechselbar eigen, als vorab subjektivistisch gerechtfertigt, als unmittelbar zu Gott. Soweit es Teil an der Gemeinschaft hatte, war das andererseits nur in einem Staat denkbar, der die von Natur gegebene Uridee der Deutschen verkörperte und in dem das deutsche Individiuum sich sittlich veräußerte. Ihm gehöre der Einzelne allerdings immer nur auch an, aber eben eigentümlich unverwechselbar zugleich.

Die Reformation, das überragende Wirken Martin Luthers also, beschloß für Deutschland nicht nur die Zeit des Mittelalters, sondern legte das Heilige Römische Reich deutscher Nation in der Frühen Neuzeit auf ein rational nur schwer beschreibbares, ein „tumultuarisches" – wie Joachimsen sagte – naturhaftes Staatsverständnis fest. Von daher wurde auch die deutsche Mo-

---

34 Ebd., 557.
35 Ebd., 558.

derne mitbestimmt, die noch in der Weimarer Republik zu so vielen Irritationen, Unsicherheiten im Umgang mit der eigenen Geschichte und begrifflichen Unklarheiten, was das Zusammenleben im modernen Staatswesen verlange, beitrage.

Altprotestantismus und moderne Welt: Ernst Troeltschs „liberale" Deutungsmuster der nachreformatorischen Geschichte

Von Luise Schorn-Schütte, Frankfurt am Main

I. Einleitung

Ernst Troeltsch findet wieder Interesse. Angesichts der gegenwärtigen Debatten um den Charakter historischer Realität als Konstruktion[1] ist dies einleuchtend. Denn gerade sein Werk ist nur zu verstehen als Ergebnis der elementaren Relativitätserfahrung der Jahrhundertwende, die ihrerseits ein Ergebnis der Historisierung aller wissenschaftlicher Erkenntnis war.[2] W. Dilthey hatte jene zu Beginn des neuen Jahrhunderts als „Anarchie der Werte" charakterisiert. Troeltsch wollte diesen „Werterelativismus" durch eine „neue(r) Vermittlung von Normativität und Geschichte"[3] überwinden. Dabei galt sein Hauptinteresse der Bedeutung, die die „christliche Tradition in den Integrationskrisen der modernen Kultur"[4] noch haben könnte. Seine zeitgebundene Erkenntnisabsicht bestritt Troeltsch demnach nicht. Sie führte ihn zur Einsicht in die kulturelle Partikularität der christlichen Tradition, zur Charakterisierung des Christentums als eine Religion unter Religionen. Mit Hilfe des Begriffs der „Kulturwerte" – eine Rezeption der Begrifflichkeiten der südwestdeutschen Schule des Neukantianismus – versuchte er solche Verbindlichkeiten zu benennen, die der christlichen Tradition immanent seien. Die „Krise des Historismus" bestand für Troeltsch gerade darin, daß es eine eindeutige, für alle verbindliche Ethik nicht mehr gab, die die Vielzahl der Sinndeutungen hätte integrieren können.

---

1 Vgl. als wichtige Anregungen für die gegenwärtige Debatte *Peter L. Berger / Thomas Luckmann,* Die gesellschaftliche Konstruktion der Wirklichkeit. Eine Theorie der Wissenssoziologie, 1. Aufl. Frankfurt a.M. 1969; *John R. Searle,* Die Konstruktion der gesellschaftlichen Wirklichkeit. Zur Ontologie gesellschaftlicher Wirklichkeit, 1. Aufl. Hamburg 1997; jüngst als zusammenfassender, aber nicht befriedigender Versuch *Richard J. Evans,* Fakten und Fiktionen. Über die Grundlagen historischer Erkenntnis, Frankfurt a.M. / New York 1998.

2 Vgl. dazu ausführlich meine Einleitung zu diesem Band.

3 *Friedrich Wilhelm Graf / Hartmut Ruddies,* Religiöser Historismus, in: Profile des neuzeitlichen Protestantismus, hrsg. von dens., Bd. 2.2., Gütersloh 1993, 295–335, hier 310.

4 Ebd.

Vor dem Hintergrund des Zerfalls der Kulturwerte, die für die alteuropäischen Gesellschaften fraglos gültig gewesen waren, traten diejenigen Werte in den Vordergrund, die der „gesellschaftlichen Modernisierung"[5] zuträglich waren. Damit war die Zäsur zwischen der alteuropäischen und der „modernen" Kultur markiert, die Troeltsch im Hinblick auf den Protestantismus als diejenige zwischen Alt- und Neuprotestantismus bezeichnet hat. Bereits für die Zeitgenossen wirkte diese Differenzierung herausfordernd, stellte sie doch den neuzeitbegründenden Charakter der lutherischen Reformation ebenso grundsätzlich in Frage wie die Fähigkeit der lutherischen Sozialethik, in der Konfrontation mit dem modernen Kapitalismus eigenständige Lösungsangebote zu formulieren.[6] Diese Verknüpfung der ideologie- und kulturpolitischen Debatte im Kaiserreich mit der innerwissenschaftlichen Epochendiskussion war die Basis, auf der die historisch argumentierenden „Soziallehren" von Troeltsch entstanden sind. Für die hier interessierende Frage nach der Charakterisierung einer eigenständigen Epoche der Frühen Neuzeit ist dieses Werk bedeutsam; die folgenden Ausführungen stützen sich vornehmlich auf sie.

In einem knappen *ersten* Teil geht es um die methodischen Grundpositionen von Troeltsch, die die Voraussetzung bilden für die inhaltliche Bestimmung des Charakters der Moderne und deren Wandlungspotential durch ihn. Diese werden im *zweiten Teil* beschrieben. In einem *dritten Teil* schließlich geht es um die Bewertung dieser Deutungen durch die Zeitgenossen und ihre Plausibilität im Lichte der gegenwärtigen Forschung.

II. Wertrelativismus und Kultursynthese

Die zeitgenössische Theologie war in Troeltschs Verständnis eine kulturhistorisch arbeitende Wissenschaft, deren Aufgabe darin bestand, den historischen Wandel der neuzeitlichen Frömmigkeitsformen zu analysieren. Im Rahmen einer „Sozialtheorie der Moderne"[7] sollten mit Hilfe historischer Analyse die Faktoren benannt werden, die dazu beigetragen haben, daß die gesellschaftliche Verfassung immer komplexer geworden ist. Die Religion und deren Wirkung auf den Gestaltwandel der Frömmigkeit gehör-

---

[5] Ebd., 314; dieser Begriff wurde von F. W. Graf ohne eine Enstprechung bei Troeltsch eingeführt.

[6] *Friedrich Wilhelm Graf,* Weltanschauungshistoriographie. Rezensionen zur Erstausgabe der „Soziallehren", in: Ernst Troeltschs Soziallehren, hrsg. von dems. / Trutz Rendtorff, Gütersloh 1993, 216–229, hier 225.

[7] *Volker Drehsen,* Neuzeitliche Konstitutionsbedingungen der Praktischen Theologie. Aspekte der theologischen Wende zur sozialkulturellen Lebenswelt christlicher Religion, Gütersloh 1988, 566.

ten, so Troeltsch, zu diesen Faktoren wesentlich hinzu. Dieses Konzept beruht auf einigen geschichtsstheoretischen Grundannahmen.

Die historische Analyse hat Orientierungsfunktion für die Gegenwart, der zeitgenössische Erklärungsbedarf ist legitimes Erkenntnisinteresse für die Erforschung der Vergangenheit. „So ist das Verständnis der Gegenwart immer das letzte Ziel aller Historie", formulierte Troeltsch 1906.[8] Diese Vorstellung beruhte auf der Einsicht in die Existenz eines wissenschaftlichen „Wertrelativismus", den Troeltsch in seinen frühen Aufsätzen noch mit dem zeitgenössisch negativ besetzten Begriff des Historismus qualifizierte, ihm aber in seiner Untersuchung zum Historismusproblem aus den frühen zwanziger Jahren[9] eine endgültig positive Wertung zuwies. Das Phänomen der „grundsätzlichen Historisierung allen unseren Denkens über den Menschen, seine Kultur und seine Werte"[10] war für Troeltsch zum elementaren Kennzeichen der Moderne geworden. „Historismus" war wesensmäßiger Bestandteil der modernen Welt, er war nichts anderes als der Prozeß der Bewußtwerdung des geschichtlichen Gewordenseins von Mensch und Welt.[11]

Diese positive Deutung ermöglichte Troeltsch die gedankliche Zusammenführung von Wertrelativismus und sogenannten „objektiven Kulturwerten", deren Formulierung er als Synthese von „geschichtliche[m] Erwerb und [...] lebendige[r] Gegenwart"[12] für möglich erachtete. Sie geschieht durch die Beziehung der in der Geschichte vorgefundenen, je zeitgebundenen Werte auf ein objektiv „gelten sollendes Wertsystem"[13], dessen Allgemeinverbindlichkeit aber auch Troeltsch nur als subjektiv gemeinte formulieren konnte. „Was aber die konkreten Inhalte der von Troeltsch beständig erstrebten Kultursynthese sein sollen, zeigt uns der Autor nicht."[14] Troeltsch hat diese Lücke nie beschönigt, seine Suche nach allgemeinverbindlichen Handlungsstandards oder moralischen Wertaxiomen bis zu seinem Tode als offen charakterisiert.[15] Aber das *Denkprinzip* der Verbindung

8 *Ernst Troeltsch,* Die Bedeutung des Protestantismus für die Entstehung der modernen Welt. Vortrag gehalten auf der IX. Versammlung deutscher Historiker zu Stuttgart am 21. 4. 1906, München / Berlin 1906.

9 *Ernst Troeltsch,* Der Historismus und seine Probleme, (= Gesammelte Schriften Bd. 3), Tübingen 1922, 4. Aufl. Aalen 1977.

10 *Annette Wittkau,* Historismus. Zur Geschichte des Begriffs und des Problems, Göttingen 1992, 40 mit Anm. 9.

11 Ebd., 150.

12 *Ernst Troeltsch,* Moderne Geschichtsphilosophie (1904), in: ders., Zur religiösen Lage, Religionsphilosophie und Ethik (= Gesammelte Schriften Bd. 2), 2. Aufl. Tübingen 1922, ND Aalen 1981, 709.

13 Ebd., 700.

14 *Karl Acham,* Geschichte und Sozialtheorie. Zur Komplementarität kulturwissenschaftlicher Erkenntnisorientierungen, Freiburg / München 1995, 181.

15 Ebd., 181 / 182. *F. W. Graf* (Anm. 6), 227, hat sicherlich zutreffend festgestellt, daß es für Troeltsch selbst eine solche letzte Grundbedingung aller Christentumsgeschichte gab: die für überweltlich erklärte Ethik Jesu.

von geschichtlicher Erfahrung und zeitgebundenem persönlichen Zukunftsentwurf, die Verbindung also von „Vernunft" und „Existenz"[16], von „Wissenschaft und Leben" schien ihm ein gangbarer Weg zur Überwindung der „Anarchie der Werte" zu sein. In der jüngeren Forschung ist dieser Ansatz zutreffend als Versuch bezeichnet worden, „kulturelle Kontinuität" zu erzeugen, was durch die Aktualisierung solcher „normativer Leitvorstellungen Alteuropas" geschehen solle, die gegenwartsrelevant seien.[17] Deren inhaltliche Festlegung war standortgebunden; der das ausgehende Kaiserreich und die frühe Weimarer Republik prägende Gegensatz zwischen „konservativem Kulturluthertum" und „liberalem Kulturprotestantismus"[18] bestimmte deshalb sowohl die inhaltlichen Beschreibungen von Ursprung und Charakter der Moderne durch Troeltsch als auch die Positionen seiner Kritiker.

III. Altprotestantismus und moderne Welt

Das Erklärungsziel historischer Forschung bestand für Troeltsch in der Beschreibung des Wandels der *Möglichkeiten* und der *Gestalt* von Religiosität in der neuzeitlichen Gesellschaft; diesen Wandel betrachtete er unter dem Aspekt wachsender Differenzierung, d. h. in Gestalt des Auseinandertretens verschiedener Bereiche historischer Realität. Funktionale Segmentierung erschien ihm als der einzig plausible Entwicklungsgang neuzeitlicher Geschichte. Bekanntermaßen betrachtete Troeltsch die Auflösung der christlichen Einheitskultur, in der die Kirche als „Quell aller politischen und rechtlichen Traditionen, aller Bildung, Kultur und Technik fungierte"[19], als entscheidende Zäsur zwischen Mittelalter und Neuzeit. Diese dem Mittelalter zugehörige Idee einer religiös-integrierten Gesamtkultur (*corpus christianum*) sei, so seine Analyse, dem neuzeitlichen Nebeneinander verselbständigter Lebensbereiche gewichen.[20] Der Weg vom einen zum anderen war für

---

16 Siehe dazu auch die Interpretation bei *Acham* (Anm. 13), 180–182.

17 So bei *Graf/Ruddies* (Anm. 3), 317 „Je schneller die Fortschrittsdynamik des modernen Kapitalismus traditionale Lebenswelten zerstöre, desto mehr müßten normative Leitvorstellungen Alteuropas aktualisiert werden, um Humanität bewahren zu können. Das theoretische Modell, in dem sich solche Suche nach gegenwartsrelevanten tradierten „Kulturwerten" vollzieht, bezeichnete Troeltsch als „europäische Kultursynthese".

18 Vgl. dazu ausführlich zuletzt *Gangolf Hübinger,* Kulturprotestantismus und Politik: zum Verhältnis von Liberalismus und Protestantismus im wilhelminischen Deutschland, Tübingen 1994; *Friedrich Wilhelm Graf,* Protestantische Theologie in der Gesellschaft des Kaiserreichs, in: Profile (Anm. 3), Band 2.1., Gütersloh 1992, 12–117.

19 *Drehsen,* Konstitutionsbedingungen (Anm. 7), 563.

20 Ebd.

Troeltsch allerdings nicht einfach als das „Moderner-Werden" der politisch-sozialen Ordnung beschreibbar, das seinen Anfang bei der Reformation genommen hätte. Aufgrund seines Begriffes von „moderner Welt" zog Troeltsch eine in diesem umfassenden Sinne innovatorische Modernität der Reformation gerade in Zweifel. „Grundlegend für die Moderne ist [...] das Prinzip der Autonomie"[21]; dadurch ist sie geschieden von der durch kirchliche Autorität gelenkten und auf Transzendenz orientierten Einheitskultur des Mittelalters. Unter dieser Voraussetzung hat die Reformation zwar durchaus einen modernen Grundzug, weil sie im Unterschied zur Aufklärung zur *religiösen* Freisetzung der Individuen führte; letztere bewirkte die *wissenschaftliche* Freisetzung von kirchlicher, politischer und geistiger Bevormundung und war damit ursächlich für die totale Autonomie. Die Reformation kam den Grundrichtungen der modernen Welt zwar entgegen, begründete sie aber nicht. Das belegt der Blick auf die im nachreformatorischen Protestantismus formulierten „Sozialtheorien" oder Soziallehren. Letztere sind für Troeltsch von aufschließender Bedeutung, da sich in ihnen die Wechselwirkung von Religion, Gesellschaft, Staat und Kultur greifen läßt.

Für alle religiösen Gemeinschaftsbildungen, die sich nach der Reformation differenzierten, galt unterschiedslos, daß in ihnen die Herrschaft einer religiösen Autorität bestehen blieb.[22] Ein wesensmäßiger Unterschied zur alten Kirche war demnach nicht entstanden! Dieser die Gruppierungen einende Grundzug hinderte allerdings die Entfaltung deutlich voneinander zu unterscheidender Gestaltungsformen nicht. In deren Beschreibung versuchte Troeltsch den Wandel der Frömmigkeitsformen zu greifen, um dessen Verständnis es ihm ging. Seit dem Mittelalter ließen sich *drei Typen der Sozialgestaltung* unterscheiden: das Kirchentum, das Sektenwesen und die Mystik.[23]

Während der „Sektentypus" sich durch eine auf sich selbst bezogene Denk- und Verstehensweise auszeichnete, die sich zugleich nach außen radikal abschloß (deshalb charakterisierte Troeltsch das Wesen des Sektentypus als „Radikalität"), ging es dem „Kirchentypus" um die Verbindung zur Welt, um die Vermittlung christlicher Tradition und Kultur in eine sich sperrende Welt hinein. Das Wesen des Kirchentypus war deshalb der „Kom-

---

21 *Wolfgang Reinhard,* Historiker, „Modernisierung" und Modernisierung. Erfahrungen mit dem Konzept „Modernisierung" in der neueren Geschichte, in: Innovation und Originalität (= Fortuna vitrea Bd. 9), hrsg. von Walter Haug / Burghart Wachinger, Tübingen 1993, 53–69, hier 57.

22 *Ernst Troeltsch,* Die Soziallehren der christlichen Kirchen und Gruppen (= Gesammelte Schriften Bd. 1), 1. Aufl. Tübingen 1912, 4. Aufl. Aalen 1961, 447 ff.; vgl. dazu *Hans-Georg Drescher,* Ernst Troeltsch. Leben und Werk, Göttingen 1991, 392.

23 Siehe zu dieser Einteilung und ihrer werkgeschichtlichen Einordnung *Drescher* ebd. 389 f. sowie *Arie L. Molendijk,* Zwischen Theologie und Soziologie. Ernst Troeltschs Typen der christlichen Gemeinschaftsbildung: Kirche, Sekte, Mystik (= Troeltsch-Studien Bd. 9), Göttingen 1996.

promiß". Demgegenüber war die Mystik organisationsüberschreitend, war eine universale Geistesgemeinschaft. Ihre Nähe zur Sekte lag in der gemeinsamen Möglichkeit, religiöse Individualität zu entfalten; der Mystik gelang dies über die Sekte hinausgehend ohne die enge organisatorische Bindung an eine Gruppe.

Die nachreformatorischen protestantischen Gruppierungen lassen sich diesen Typen der religiösen Sozialgestalt zuordnen. „Luthertum" (von Troeltsch für diese Zeitspanne als altprotestantisches Luthertum bezeichnet) und „Calvinismus" gehörten trotz aller Unterschiede zum Kirchentyp. Der Sektentypus umfaßte, so Troeltsch, sowohl das Täufertum des 16. Jahrhunderts als auch dessen Radikalisierung im England der ersten Hälfte des 17. Jahrhunderts, sowie den deutschen, englischen und nordamerikanischen Pietismus. Der Typus der Mystik blieb unklar; begrifflich wurde er identisch mit dem Spiritualismus, in der historischen Realität identifizierte Troeltsch zahlreiche Überschneidungen mit und Verbindungen zum Sektentypus.[24]

Das Beharren des Hauptstroms des Protestantismus im Kirchentypus war für Troeltsch der durchschlagende Beweis seiner Kontinuitätsthese. Der Protestantismus habe vor der Wahl gestanden, Sekte zu werden oder Kirche zu bleiben – die Entscheidung zugunsten des „Kompromisses" beließ ihn in den altkirchlichen Traditionen. Lediglich im Religiösen habe Luther das neue Prinzip der Gnaden- und Überzeugungsreligion entfaltet. Die Sozialgestalt des Luthertums ebenso wie des Calvinismus blieb kirchliche Zwangskultur. Die Unterschiede zwischen beiden, die Troeltsch in der bekannten Wesenhaftigkeit der Verbindung von Konfession und institutionalisierter Ordnung des Politischen betonte[25], fanden keine Entsprechung in der sozialen Verfassung der Konfessionen. Die dem Luthertum zugeschriebenen sozial-bewahrenden Grundzüge eigneten auch dem Calvinismus – ebenso wie der Alten Kirche, die Troeltsch durchaus in seine Überlegungen miteinbezog.[26] Zum Luthertum gehörte deshalb, so Troeltsch, ein spirituali-

---

24 Zur Entwicklung der Begrifflichkeiten im Werk Troeltschs sowie dessen Einbindungen in die zeitgenössische theologiegeschichtliche und soziologische Diskussion vgl. v.a. *Molendijk,* ebd., 35 – 84.

25 Die dazu vorhandene Forschungsliteratur ist umfangreich. Eine Sichtung der „Troeltsch-These" vor deren Hintergrund bei *Luise Schorn-Schütte,* Ernst Troeltschs „Soziallehren" und die gegenwärtige Frühneuzeitforschung. Zur Diskussion um die Bedeutung von Luthertum und Calvinismus für die Entstehung der modernen Welt, in: Ernst Troeltschs Soziallehren (Anm. 6), 133 – 151; sowie die kluge Analyse bei *Walter Sparn,* Preußische Religion und lutherische Innerlichkeit. Ernst Troeltschs Erwartungen an das Luthertum, in: ebd., 152 – 177, hier 158 / 159.

26 Vgl. dazu u. a. *Troeltsch,* Die Bedeutung des Protestantismus, (Anm. 8), 8. Eine knappe Charakterisierung der Wertung des Katholizismus durch Troeltsch bei *Luise Schorn-Schütte,* Das „Antimoderne Trient" im deutschen protestantischen Denken des 19. / 20. Jahrhunderts, in: Jahrbuch des italienisch-deutschen historischen Instituts zu Trient 1999 (im Druck).

stischer Kirchengedanke, die Konzentration auf die Freiheit des Individuums bei gleichzeitiger Zurückhaltung gegenüber einer aktiven Gestaltung der äußeren Lebensverhältnisse. Das wurde der Obrigkeit überlassen. Demgegenüber war der Calvinismus aktiv und weltgestaltend, eine kirchliche Organisationskraft war die Konsequenz, die sich auch den wirtschaftlichen Faktoren zuwandte und unter Einbezug der dem Protestantismus wesensmäßigen Askese eine Wirtschaftsethik begündete, die Troeltsch (mit anderen) als Grundlegung des Kapitalismus bewertete. Der aktive Grundzug führte zur Relativierung weltlicher Obrigkeit, womit dem Calvinismus die Öffnung gegenüber demokratischen Tendenzen leichter möglich war als dem Luthertum. Auch dem Sektenwesen bescheinigte Troeltsch diese Fähigkeit; es „habe die Demokratie mehr vorbereitet und ihr ein geistiges Rückgrat dargeboten als sie geschaffen."[27] Damit betonte er zugleich, daß die Herkunft demokratischer Ideen nicht dem Calvinismus allein zugeschrieben werden könne.

Seit der Mitte des 18. Jahrhunderts begann die wirkliche Auflösung der Einheitskultur und damit die „Neuzeit". Die Dominanz der Kirche endete, die Segmentierung von religiösen, sozialen, wirtschaftlichen und politischen Bereichen historischer Realität setzte sich durch, wobei Troeltsch Wert darauf legte, daß auch nach dieser Zäsur die Eigenständigkeit der Religion nicht verloren gegangen sei.[28] Das Ende der alteuropäischen Einheitskultur in der Mitte des 18. Jahrhunderts war der Beginn der Moderne, für das Luthertum sichtbar in der Ausbildung des Neuluthertums.

IV. „Weltanschauungshistoriographie"

Auch die zeitgenössischen Kritiker der „Soziallehren" haben die Bedeutung des Werkes einhellig betont[29], die sie v.a. in der Überwindung der traditionellen Kirchengeschichtsschreibung sahen. Das galt besonders für die Beschreibung der Wechselwirkung zwischen der Religion und den anderen Faktoren historischer Realität, die Troeltsch als Real- und Idealfaktoren historischen Wandels bezeichnet hatte; der Schweizer Historiker P. Wernle sah darin eine Art „Marxismus" bei Troeltsch, um dessen Relativierung er allerdings zugleich bemüht war.[30] Mit anderen theologischen Rezensenten ging es ihm darum, den bei Troeltsch als rückläufig beschriebenen Einfluß

27 *Troeltsch,* Die Soziallehren (Anm. 22), 702 f.

28 So der Hinweis bei *Drescher,* Ernst Troeltsch (Anm. 22), 21.

29 Siehe zur Charakterisierung der Rezensionen die kompetente Untersuchung von *Graf,* Weltanschauungshistoriographie (Anm. 6), bes. 219–221. Das folgende bezieht sich auf diesen Aufsatz.

30 Siehe dazu ebd., 220 mit Anm. 16.

der religiösen Kräfte in ihrer bleibenden Intensität zu betonen. Deutlichere Kritik erfuhr die dreiteilige Typologie religiöser Vergemeinschaftung; der „in den Soziallehren entfaltete Kirchenbegriff [sei] historisch und theologisch insoweit defizitär, als Troeltsch von der Orientierung an der Sozialgestalt der Kirche her deren theologisch-normative Konstitutionselemente unterbewerte. Zudem lege er die Kirche einseitig auf Anpassung, Quietismus und Kompromiß mit den bestehenden weltlichen Gewalten fest."[31] Dementsprechend deutlich fiel auch die Ablehnung der von Troeltsch herausgestellten Gegensätze zwischen Calvinismus und Altluthertum aus. Verständlicherweise wurde die Deutung von den (politisch) konservativen Lutheranern zurückgewiesen, die in Gestalt des Berliner Theologieprofessors Reinhold Seeberg (1859–1935) von Troeltsch selbst recht polemisch angegangen worden waren.[32] Zu Recht verwies Seeberg auf die ungenügenden Differenzierungen zwischen Luther, Altluthertum und dem zeitgenössischen preußischen Luthertum des Kaiserreichs – unterstützt dabei durch P. Wernle; anknüpfen konnten beide an die von K. Holl eingeleitete Luther-Renaissance.[33] Die Tatsache, daß auch der Soziologe F. Tönnies kritisch festhielt, Troeltsch habe das zeitgenössische „Bündnis konservativer lutherischer Eliten mit dem autoritären Bismarckschen Machtstaat unhistorisch verallgemeinert und das preußische Luthertum der Gegenwart zum Inbegriff lutherischen Geistes stilisiert"[34], belegt, wie ernst die inhaltlichen Bedenken gegen die sogenannte „Troeltsch-These"[35] genommen werden müssen.

Erst in den geschichtswissenschaftlichen Diskussionen der siebziger Jahre lebte die Auseinandersetzung mit der Troeltsch-These wieder auf. Dadurch, daß die Parallelität konfessioneller Verfestigung im Europa des ausgehenden 16. und des 17. Jahrhunderts sichtbar gemacht wurde, konnte auch Troeltschs Annahme von der Wesenhaftigkeit der Zuordnung von Politik und Konfession endgültig falsifiziert werden.[36] Damit hat aber auch die Differenzierung in Alt- und Neuprotestantismus ihre Aussagekraft verlo-

---

31 Ebd., 223.

32 Vgl. ebd., 224 mit Anm. 35 und *Sparn,* Preußische Religion (Anm. 25), 158 mit Anm. 21 und 22; die Rezension der Soziallehren durch *Reinhold Seeberg,* in: Theologisches Literaturblatt 34 (1913), Sp. 169–175 und 193–198.

33 Siehe dazu die Rezension durch *Paul Wernle,* in: Zeitschrift für Theologie und Kirche 22 (1912), 329–368 und 23 (1913), 18–80, hier bes. 22. Zur Luther-Renaissance siehe meine Einleitung zu diesem Band mit weiteren Nachweisen.

34 *Graf,* Weltanschauungshistoriographie (Anm. 6), 225 mit Anm. 37.

35 Zur Verbindung zwischen „Troeltsch- „und „Weber-Troeltsch-These" ist zu verweisen auf die aufschlußreichen Bemerkungen bei *Gangolf Hübinger,* Ernst Troeltschs „Soziallehren" in außertheologischer Sicht, in: Ernst Troeltschs Soziallehren (Anm. 6), 230–240, bes. 238–240.

36 Zusammenfassend *Wolfgang Reinhard,* Gegenreformation als Modernisierung? in: ARG 68 (1977), 226–252.

ren. Denn diese Unterscheidung von Troeltsch hat weder eine politiktheoretische noch eine theologisch-spirituelle Basis.[37] Bereits in den späten zwanziger Jahren hat u. a. W. Elert auf die Bedeutung des nachreformatorischen Luthertums als eigenständige Größe hingeweisen.[38] Und in den letzten Jahren hat sich u. a. durch die Diskussion um die Bedeutung einer *politica christiana* gezeigt, daß das Luthertum schon im späten 16. Jahrhundert eine eigenständige, von der mittelalterlichen Struktur zu unterscheidende Sozial- und politische Ordnungslehre entfaltet hat.[39] Diese endete keineswegs mit der Aufklärung, sondern entwickelte eine die gesamte Epoche der sogenannten „Frühen Neuzeit" umfassende Dynamik.

Angesichts dieser jüngeren Forschungsergebnisse trägt der Periodisierungsentwurf E. Troeltschs ebensowenig mehr wie die Annahme der funktionalen Differenzierung verschiedener Bereiche historischer Wirklichkeit als Beginn der Neuzeit. Und doch heißt dies nicht, daß die Bewertung der Reformation als neuzeitlicher Ursprung im Sinne der Luther-Renaissance weiterhin Gültigkeit hätte. Vielmehr erklärt die Zeitbindung beider Periodisierungsentwürfe ihre spezifische Begrenzung.[40] Jedes Fragen nach dem Charakter der Vergangenheit als Legitimität stiftende Vorgeschichte der eigenen Gegenwart muß mit dieser Begrenzung umgehen.

---

37 Vgl. dazu ausführlicher *Sparn,* Preußische Religion (Anm. 25), 164–172.

38 Siehe dazu den Beitrag von *Thomas Kaufmann* in diesem Band sowie *Friedrich Wilhelm Graf,* Geschichte durch Übergeschichte überwinden. Antihistoristisches Geschichtsdenken in der protestantischen Theologie der 1920er Jahre, in: Geschichtsdiskurs Bd. 4: Krisenbewußtsein, Katastrophenerfahrungen und Innovationen 1880–1945, hrsg. von Wolfgang Küttler / Jörn Rüsen / Ernst Schulin, Hamburg 1997, 217–244.

39 Siehe dazu *Horst Dreitzel,* Monarchiebegriffe in der Fürstengesellschaft: Semantik und Theorie der Einherrschaft in Deutschland von der Reformation bis zum Vormärz (2 Bde.), Köln / Weimar / Wien 1991; *Luise Schorn-Schütte,* Politica christiana und ratio status. Überlegungen zu Alternativen politischen Denkens in der Frühen Neuzeit, in: Strukturen politischen Denkens im Europa der Frühen Neuzeit, hrsg. von ders., München 1999 (im Druck).

40 Wie stark diese Zeitbindung von den Angehörigen dieser Generation selbst empfunden wurde, verdeutlicht eine Aussage Otto Hintzes: „Die Welt ist in einer so gründlichen und rapiden Umwandlung begriffen, daß einem die Zeit vor 1914 wie der Traum von einem goldenen Zeitalter vorkommt [...] Nun, wir müssens ertragen und sehen für uns das Beste daraus zu machen. Für die Geschichtsphilosophen eine anregende Epoche! Schade, daß Dein Meister ‚Zarathustra' sie nicht mit erlebt hat! Wirtschaft und Politik liegen überall so im Gemenge, daß sie gar nicht mehr zu trennen sind und die Frage ob der eine oder der andere Faktor das Uebergewicht hat, ihren Sinn verliert. Ebenso Interessen und Ideen!

Ich muß heute lächeln, wenn ich an die Naivität denke, mit der noch 1914 von Harnack u. anderen die Frage der ‚Ideen' bei Gelegenheit unseres Kriegsbuches erörtert wurde und die Entdeckung von Tröltsch [sic], daß es sich dabei nur um Propaganda für die Massen handle, als eine unerwartete Erleuchtung begrüßt wurde. Heute ist man doch schon weit über diesen Standpunkt hinaus! Ich bedaure nur, daß ich zu alt bin, um all diese neuen Eindrücke noch nach ihrer ganzen Tragweite verarbeiten zu können." (Brief an Hedwig Hintze vom 24. Februar 1940). Ich danke Frau Brigitta Oestreich, Kochel, sehr herzlich für die Mitteilung dieser Briefstelle.

Für die aktuelle Diskussion um den Charakter der Frühen Neuzeit läßt sich auf der Grundlage des Skizzierten dreierlei festhalten:

1. Der Zusammenhang zwischen Wissenschaft und Lebenswelt ist eine Grundtatsache historiographischer Arbeit; Troeltsch hat sie für seine Arbeiten nachdrücklich anerkannt. Nicht zuletzt deshalb ist in seinen Untersuchungen die Funktion von Religion und Kirche für das Verständnis der Frühen Neuzeit so lebendig. Auch wenn sein Versuch der Formulierung objektiver Kulturwerte für die gegenwärtige Forschung kaum mehr einleuchtend sein wird, so ist die Schärfung des Blicks für die Gleichrangigkeit religiöser mit anderen Faktoren historischen Wandels ein unverzichtbarer Gewinn.

2. Das Deutungsmuster von Troeltsch nahm der Reformation viel von ihrem „modernen" Charakter. Das Komplexerwerden moderner Gesellschaften konnte, so Troeltsch, bei ihr noch nicht ansetzen, da nur die Auflösung der wesensmäßigen Einheit von Religion und sozialer Ordnung zur Autonomie der Individuen führen könne. Deshalb stellte sich für Troeltsch die zentrale Aufgabe des Historikers dar als Analyse der funktionalen Differenzierung vergangener Wirklichkeiten.

3. Dieser Erkenntniszugang allerdings bleibt eine Setzung; denn die Charakterisierung der nachreformatorischen Wirklichkeit als *corpus christianum* ist eine durchaus zutreffende. Nicht die Sachlogik, sondern seine zeitgebundene Erkenntnisabsicht führte Troeltsch zu der Annahme, daß der Wandel der Frömmigkeitsformen nur als Segmentierung historischer Realität zu beschreiben sei. Ein „organisches" Modell zur Beschreibung vergangener Wirklichkeiten kann die gleiche Plausibilität für sich beanspruchen, insbesondere dann, wenn Religion und Frömmigkeit als historische Gestaltungskräfte Anerkennung behalten.

Gegenwartsdeutung und Geschichtsrekonstruktion im kirchenhistorischen Werk Werner Elerts[1]

Von Thomas Kaufmann, München

Gegenläufig zu der von ökumenischen Gesinnungen in den letzten Jahrzehnten stimulierten, komparatistisch ausgerichteten Erforschung der frühneuzeitlichen Konfessionssysteme[2], wie sie in Ernst Walter Zeedens Arbeiten zur Konfessionsbildung begonnen und im gesellschaftsgeschichtlich ausgeformten Konfessionalisierungsparadigma Heinz Schillings und Wolfgang Reinhards weiterentwickelt wurde, weist die wissenschaftsgeschichtliche Beschäftigung mit Werner Elert in ein apologetisch geprägtes geistig-theologisches Milieu zurück, das dem Studium einer konfessionellen „Monokultur", dem Luthertum, gewidmet ist. In der Orientierung an der auch noch für Troeltsch[3] maßgeblichen, an dem „Wesen" konfessioneller Deu-

1 Die Abschnitte I. und II. des folgenden Beitrags stimmen im Haupttext über weite Strecken wörtlich überein mit meinem im ganzen stärker auf die Diskussion innerhalb der protestantischen Kirchengeschichtsschreibung und Elerts umstrittene Haltung gegenüber dem Nationalsozialismus bezogenen Aufsatz „Werner Elert als Kirchenhistoriker", der in der Zeitschrift für Theologie und Kirche 93 (1996), 193–242, erschienen ist. Elerts Hauptwerk, die „Morphologie des Luthertums" (I, München 1931; II, München 1932 [^{2}München 1952, zitiere ich mit der Abkürzung *ML*]).

2 Zur gegenwärtigen Konfessionalisierungsdebatte umfassend: *Heinrich Richard Schmidt,* Konfessionalisierung im 16. Jahrhundert (= Enzyklopädie deutscher Geschichte 12), München 1992 (dort die wichtigste einschlägige Literatur) sowie der ausführliche Literaturbericht von *Heinz Schilling* „Konfessionsbildung" und „Konfessionalisierung", in: GWU 42 (1991), 447–463; 779–794. Als letzte einschlägige Veröffentlichung ist zu nennen: Die katholische Konfessionalisierung in Deutschland, (= SVRG 198), hrsg. v. *Wolfgang Reinhard* und *Heinz Schilling,* Gütersloh 1995. Zur Aufnahme der Konfessionalisierungsdiskussion in der evangelischen Kirchengeschichtsschreibung vgl. nur: *Harry Oelke,* Die Konfessionsbildung des 16. Jahrhunderts im Spiegel illustrierter Flugblätter (= AKG 57), Berlin / New York 1992; *Johannes Wallmann,* Lutherische Konfessionalisierung – ein Überblick, in: Die lutherische Konfessionalisierung in Deutschland (= SVRG 197), hrsg. v. Hans-Christoph Rublack, Gütersloh 1992, 13–32, sowie die Einleitung zu *meiner* Studie: Universität und lutherische Konfessionalisierung. Die Rostocker Theologieprofessoren und ihr Beitrag zur theologischen Bildung und kirchlichen Gestaltung im Herzogtum Mecklenburg zwischen 1550 und 1675 (= QFRG 63), Gütersloh 1997; schließlich, unter pointierter Herausstellung spezifischer Eigentümlichkeiten der lutherischen Konfession im Horizont der gegenwärtigen Debatte: *Jörg Baur,* Lutherisches Christentum im konfessionellen Zeitalter – ein Vorschlag zur Orientierung und Verständigung, in: *ders.*, Einsicht und Glaube Bd. 2, Göttingen 1994, 57–76.

3 Vgl. zu Troeltschs Reformationsdeutung zuletzt *Luise Schorn-Schütte,* Ernst Troeltschs „Soziallehren" und die gegenwärtige Frühneuzeitforschung. Zur Diskus-

tungsgestalten der nachreformatorischen Christentumsgeschichte ausgerichteten Gesamtperspektive der Elertschen Arbeiten[4] zur „frühneuzeitlichen“ Geschichte des Luthertums führt der Erlanger Lutheraner – bei aller Neuheit seines methodischen Vorgehens – traditionelle Ansätze einer zumal die binnenprotestantischen Konfessionsspezifika scharf markierenden, dem etwa bei Otto Ritschl, Hans Emil Weber oder Karl Müller[5] dominierenden Interesse am Gesamtprotestantismus entgegenlaufenden konfessionalistischen Kirchen- und Konfessionsgeschichtsschreibung weiter.

---

sion um die Bedeutung von Luthertum und Calvinismus für die Entstehung der modernen Welt, in: Ernst Troeltschs Soziallehren (= Troeltsch-Studien Bd. 6), hrsg. v. Friedrich Wilhelm Graf und Trutz Rendtorff, Gütersloh 1993, 133 – 151, und den Beitrag von *Friedrich Wilhelm Graf* zu diesem Band; allgemein zu Troeltsch vgl. die instruktive Orientierung von *Friedrich Wilhelm Graf* und *Hartmut Ruddies,* Religiöser Historismus. Ernst Troeltsch (1865 – 1923), in: Profile des neuzeitlichen Protestantismus Bd. 2, Kaiserreich, 2. Teil, hrsg. v. Friedrich Wilhelm Graf, Gütersloh 1993, 295 – 335.

4 Elerts Schriften sind zusammengestellt von *Herwig Wagner,* Bibliographie sämtlicher theologischer Veröffentlichungen, Zeitschriftenaufsätze und Rezensionen von Prof. Dr. D. Werner Elert, in: Gedenkschrift für D. Werner Elert, hrsg. v. Friedrich Hübner, Berlin 1955, 411 – 424. Die wichtigste Literatur zu Elert ist in dem von *Albrecht Peters* verfaßten TRE-Art. Ed. 9, 1982, 493 – 497 verzeichnet. Seitdem sind erschienen: Arbeiten von *Reinhard Hauber,* Werner Elert. Einführung in Leben und Werk eines „Lutheranissimus“, in: Neue Zeitschrift für Systematische Theologie 29 (1987), 113 – 146 [mit wichtigen Nachträgen zur Elert-Biographie]; *ders.,* Christologie und metaphysischer Gottesbegriff bei W. Elert, in: Kerygma und Dogma 35 (1989), 163 – 178; zuletzt: *ders.,* Die Lehre vom Zorn Gottes nach Werner Elert, in: Neue Zeitschrift für Systematische Theologie 36 (1994), 117 – 161; *Kurt Meier,* Kulturkrise und Syntheseproblem. Zum Verständnis von Christentum und Moderne bei Werner Elert, in: Kerygma und Dogma 31 (1985), 293 – 306; *Wolfgang Trillhaas,* Konservative Theologie und moderne Welt, in: Jahrbuch des Martin-Luther-Bundes 33 (1986), 35 – 46; dieser Beitrag erschien in gekürzter Fassung unter dem Titel: Konservative Theologie und moderne Welt. Werner Elert zum Gedächtnis, in: Umstrittene Moderne (= Troeltsch-Studien Bd. 4), hrsg. v. Friedrich Wilhelm Graf und Horst Renz, Gütersloh 1987, 305 – 316; *Karlmann Beyschlag,* Werner Elert in memoriam, in: Lutherische Kirche in der Welt 39 (1992), 29 – 58; *ders.,* Die Erlanger Theologie (= Einzelarbeiten aus der Kirchengeschichte Bayerns 67), Erlangen 1993, bes. 151 ff.; zuletzt erschien: *Sigurjon Eyjolfsson,* Rechtfertigung und Schöpfung in der Theologie Werner Elerts (= Arbeiten zur Geschichte und Theologie des Luthertums N. F. 10), Hannover 1994 [vgl. dazu die Rez. von *Notger Slenczka,* in: Theologische Literaturzeitung 120 (1995), 703 – 705], der – wie Beyschlag – Elert theologiegeschichtlich in die Erlanger Tradition einordnet und ihn biographisch skizziert, bes. 17 – 20; vgl. auch: *ders.,* Rechtfertigung, Mystik, Neue Schöpfung. Mystische Elemente in der Theologie Werner Elerts, in: Unsere Welt – Gottes Schöpfung (s. u. Anm. 9), 145 – 160; *Renate Wittern,* Die Professoren und Dozenten der Friedrich-Alexander Universität Erlangen 1743 – 1960, Teil 1 (Erlanger Forschungen), Erlangen 1993, 17 – 19. Das bisherige Interesse an Elert war v. a. auf Grundfragen seiner Systematik, insbesondere auf die Verhältnisbestimmung von Gesetz und Evangelium zentriert. Als Historiker der Reformation und der Neuzeit ist Elert bisher nicht umfassend gewürdigt worden; s. u. Anm. 117.

5 *Otto Ritschl,* Dogmengeschichte des Protestantismus Bd. 1 – 4, Leipzig 1908 – Göttingen 1928; *Hans-Emil Weber,* Reformation, Orthodoxie und Rationalismus Bd. I, 1 – II (= Beiträge zur Förderung christlicher Theologie Bde. 34, 45, 51), Gütersloh 1937 – 1951; *Karl Müller,* Kirchengeschichte, Zweiter Band, Zweiter Halbband, [3]Tübingen 1923.

Elerts Beschäftigung mit dem „altprotestantischen“ Luthertum ist von einer dezidiert antihistoristischen, theologisch und politisch antiliberalen Grundintention getragen. Im Horizont der „Krisenerfahrung“ der Weimarer Republik zielt Elerts Geschichtsrekonstruktion darauf ab, das Luthertum als zeitgenössisch gesprächsfähigen Partner zu profilieren und der insbesondere durch Troeltsch – wie Elert meint – „fast volkstümlich“ gewordenen Behauptung, es stelle „nur einen letzten Stoßseufzer mittelalterlicher Weltanschauung“[6] dar und vermöge zum sozialen und politischen Diskurs der Gegenwart nichts Konstruktives beizutragen, entgegenzutreten. Wie der Gegenwartsdeutung eine Erschließungsfunktion für die historische Analyse zukommt, so zielt die Historisierung umgekehrt auf Gegenwartsgeltung ab.[7]

Die wesentlichen Wirkungen Elerts liegen bisher vorwiegend außerhalb der zünftigen Kirchengeschichtsschreibung (s. u. III), und zwar vor allem auf den Gebieten der Dogmatik und der Ethik.[8] Im Bereich der protestantischen Dogmengeschichtsschreibung hat Elert besonders durch seine Studien zur altkirchlichen Christologie gewirkt.[9] Ähnlich der für Elerts Arbei-

6 ML I, 357. Hinsichtlich seiner Verhältnisbestimmung von Reformation und Neuzeit wird Troeltsch von Elert zu Recht in den Spuren Diltheys gesehen, vgl. *Wilhelm Dilthey,* Weltanschauung und Analyse des Menschen seit Renaissance und Reformation, in: *ders.*, Gesammelte Schriften Bd. 2, [6]Stuttgart 1960, 1–89; vgl. dazu: *Ernst Troeltsch,* Rezension, in: Theologische Literaturzeitung 41 (1916), 13–15; vgl. *Ernst-Wilhelm Kohls,* Das Bild der Reformation bei Wilhelm Dilthey, Adolf von Harnack und Ernst Troeltsch, in: Neue Zeitschrift für Systematische Theologie 11 (1969); zu Troeltschs Verhältnis zu Dilthey in biographischer Perspektive vgl. Troeltsch-Studien, Bd. 1, hrsg. v. *Friedrich Wilhelm Graf* und *Horst Renz,* Gütersloh 1985, passim.

7 *Walter Sparn* urteilt in bezug auf die in Elerts „Morphologie“ ausgeführte Entgegnung auf Troeltsch: „Allerdings schloß der morphologische Ansatz des Versuchs, eine dem reformatorischen ‚Urerlebnis‘ entsprechende Weltanschauung und Sozialgestalt der lutherischen Länder nachzuweisen, eine genetische Geschichtsbetrachtung in gegenwartsorientiertem Interesse von vornherein aus.“ *Ders.,* Preußische Religion und lutherische Innerlichkeit. Ernst Troeltschs Erwartungen an das Luthertum, in: *Graf / Rendtorff* (Anm. 3), 152–177, 164. Dieses Urteil mag in bezug auf die innere Kohärenz des Anliegens Elerts und den „Erfolg“ des morphologischen Ansatzes zutreffen; Elerts Intention dürfte es aber schwerlich gerecht werden, da er – wie etwa der Schluß des 2. Bandes zeigt (ML II, z. B. 519) – den Anspruch erhob, mit dem Urerlebnis des „Grauens vor Gott“ die Situation des Menschen seiner Gegenwart zu beschreiben. Insofern ist *Wallmanns* (Anm. 2) wohl bewußte vage Charakterisierung des Elertschen Opus magnum „als ein eher systematisches Werk“ (40) im Recht.

8 Vgl. die bibliographischen Hinweise in Anm. 4 und 117.

9 *Werner Elert,* Der Ausgang der altkirchlichen Christologie. Eine Untersuchung über Theodor von Pharan und seine Zeit als Einführung in die alte Dogmengeschichte, aus dem Nachlaß hrsg. von Wilhelm Maurer und Elisabeth Bergsträsser, Berlin 1957. Zur Anknüpfung an Elerts dogmenhistorische Arbeiten vgl. *Karlmann Beyschlag,* Grundriß der Dogmengeschichte, Bd. 1, Darmstadt 1988[2], 40 f. u. 53 f.; *ders.*, Schöpfungstheologie und altabendländische Christologie. Zur Frage einer dogmengeschichtlichen Konzeption, in: Unsere Welt – Gottes Schöpfung, FS Eberhard Wölfel, hrsg. v. Winfried Härle u. a., Marburg 1992, 35–52, bes. 37, 39; vgl. auch *Wolf-Dieter Hauschild,* Art. Dogmengeschichtsschreibung, in: TRE 9 (1982), 116–125, 119 f.; sowie *ders.,* Lehrbuch der Kirchen- und Dogmengeschichte Bd. 1, Gütersloh 1995; *Friedrich Wilhelm Kantzenbach,* Werner Elerts Beitrag zum Problem der Dogmengeschichte, in: Evangelisch lutherische Kirchenzeitung 13 (1959), 88–91; kri-

ten zum altprotestantischen Luthertum bestimmenden Opposition zu Ernst Troeltsch sind seine patristischen Studien vor allem aus der Gegnerschaft zu Adolf von Harnacks aus dem Hellenisierungsparadigma[10] abgeleiteten Bestreitung eines Geltungsanspruchs des christologischen Dogmas erwachsen. Der beim Ausgang der altkirchlichen Christologie im 7. Jahrhundert gewählte Ansatzpunkt der patristischen Rekonstruktion Elerts, der die normative Grundlage der kirchlichen Dogmenbildung, nämlich das biblische Christusbild, zugleich als historisches Movens der als Enthellenisierung gedeuteten dogmengeschichtlichen Entwicklung zu erweisen sucht, hat eine deutliche methodische Parallele in der „Morphologie des Luthertums", bei der das normative Zentrum der lutherischen Reformation, der sog. evangelische Ansatz, zugleich als Dynamis seiner geschichtlichen Entfaltung fungiert.

Ob der antihistoristische, apologetische und dezidiert konfessionell-lutherische Grundimpetus der Elertschen Arbeiten zum Luthertum im Horizont der neueren Konfessionalisierungsdebatte diskursfähige Impulse zu geben vermag, wird zu diskutieren sein. Die gemeinhin als Errungenschaft der komparatistisch ausgerichteten Konfessionalisierungsforschung – trotz aller gelegentlich diagnostizierten „Modernisierungsverweigerungen" – betonte gemeinsame „Modernisierungstendenz" aller drei Konfessionssysteme dürfte in einer schwerlich vermittelbaren Spannung zu Elerts Skepsis gegenüber Fortschrittsparadigmen aller Art und dem von ihm betonten, exklusiv für das Luthertum anerkannten Überbietungsanspruch gegenüber der Neuzeit stehen. Im theologischen Anspruch auf Gegenwartsgeltung des lutherischen Christentums dürfte die Grenze der Elertschen Historisierung – jedenfalls für den historischen Diskurs – liegen.

Im folgenden gilt es zunächst, Elert knapp biographisch und werkgeschichtlich vorzustellen (I) und seine Deutung von Reformation und Neuzeit zu rekonstruieren (II). Abschließend soll Elert versuchsweise mit der gegenwärtigen kirchen- und allgemeingeschichtlichen Frühneuzeitdiskussion ins Gespräch gebracht werden (III).

---

tisch zu Elerts Konzept der Dogmengeschichte: *Ernst Wolf,* „Kerygma und Dogma"? in: *ders.*, Peregrinatio II, München 1965, 318–348, 329 ff. Elerts Studie über Abendmahl und Kirchengemeinschaft in der alten Kirche hauptsächlich des Ostens, Berlin 1954, steht im Zusammenhang ökumenischer Diskussionen der Gegenwart. Elert zielt mit seinem historischen Nachweis, daß in der alten Kirche Abendmahlsgemeinschaft Bekenntniseinigkeit vorausgesetzt habe, darauf ab, die v. a. in der Tradition der Bekennenden Kirche formulierte Forderung nach einer innerprotestantischen Abendmahlsgemeinschaft historisch zu delegitimieren.

10 Zur Diskussion um Harnacks Hellenisierungsthese vgl. zuletzt: *Hanns Christof Brennecke,* Der Absolutheitsanspruch des Christentums und die religiösen Angebote der Alten Welt, in: Pluralismus und Identität, hrsg. v. Joachim Mehlhausen, Gütersloh 1995, 380–397.

I. Lebens- und werkgeschichtlicher Überblick

Stellt man die für das Studium akademischer Bildungsprozesse unvermeidliche Frage nach den prägenden kirchengeschichtlichen Lehrern des 1885 in kleinbürgerlichen Verhältnissen im thüringischen Heldrungen in die altlutherische Freikirche in Preußen hineingeborenen sozialen Aufsteigers Werner August Friedrich Immanuel Elert, so weist dieser in einem späteren Rückblick auf sein zwischen 1906 und 1910 absolviertes Studium auf Theodor Kolde und Theodor Zahn hin. An dem Patristiker und Exegeten Zahn beeindruckte den Erlanger Studenten v. a. „die strenge Logik seiner neutestamentlichen Einleitung und seiner Kanonsgeschichte", an Kolde „die – aus solider geschichtlicher Arbeit kommende – Plastik seiner Darstellung". In Leipzig, wo Elert eine Art geisteswissenschaftliches Studium generale absolviert haben will, beeindruckte ihn der junge Privatdozent der Kirchengeschichte Heinrich Hermelink, „der uns die Geschichtsbetrachtung Troeltschs erschloß und gleichzeitig zur Kritik anleitete".[11] Solide historische Quellenforschung auf dem Gebiet der Reformationsgeschichte bei dem Kirchen- und allgemeine Geschichte methodisch konsequent verschränkenden Reuterschüler Kolde[12] und ein waches, an konzeptionellen Grundfragen der neueren Kirchengeschichte ausgerichtetes Interesse erschienen dem 42jährig Zurückblickenden als die prägendsten Impressionen seines Erlanger und Leipziger Kirchengeschichtsstudiums.

Elerts primäres Interesse an historischen Sachverhalten war freilich zunächst geschichtstheoretischer Natur. In seiner philosophischen Dissertation behandelte er die Geschichtsphilosophie des Altlutheraners Rocholl, in einer theologischen Dissertation mit dem Titel „Prolegomena der Geschichtsphilosophie", einer „Studie zur Grundlegung der Apologetik", be-

---

11 Vgl. *Kaufmann* (Anm. 1), Anhang 1; über Zahn und Kolde zuletzt: *Beyschlag*, Erlanger Theologie (Anm. 4), bes. 122 ff.; 136 ff. (Lit.); über Hermelink vgl. den Überblick über Leben und Werk bei *Bernd Jaspert*, Der Kirchenhistoriker Heinrich Hermelink, in: ders., Theologie und Geschichte. Gesammelte Aufsätze Bd. 1, Frankfurt/M. 1989 (= EHS R. XXIII, Ed. 369), 219–239; zum weitgehend positiven Anschluß Hermelinks an Troeltschs Deutung des Verhältnisses von Reformation und Neuzeit und zum „kulturellen Ertrag" des Luthertums vgl. *Heinrich Hermelink*, Reformation und Gegenreformation (= HKG 3), 1911[1], 192 ff.; wichtige Ansätze einer substantiellen historischen Kritik an Troeltschs Verhältnisbestimmung von Reformation und Neuzeit enthält die Studie: *Heinrich Hermelink*, Die religiösen Reformbestrebungen des deutschen Humanismus, Tübingen 1907, bes. S. 7; eine knappe Gesamtwürdigung Troeltschs findet sich in: *ders.*, Das Christentum in der Menschheitsgeschichte von der französischen Revolution bis zur Gegenwart Bd. 3, Tübingen 1955, bes. 496 ff.

12 Vgl. über ihn umfassend: *Hermann Jordan*, Theodor Kolde. Ein deutscher Kirchenhistoriker, Leipzig 1914; zu Koldes wissenschaftlicher Beziehung zu Reuter passim, bes. 21 f., 144 f.; zu Hermann Reuter vgl. *Ekkehard Mühlenberg*, Göttinger Kirchenhistoriker im 19. Jahrhundert; in: Theologie in Göttingen, hrsg. v. Bernd Moeller (= Goettinger Universitätsschriften Serie A, Bd. 1), Göttingen 1987, 232–255, bes. 251 ff.

schäftigte ihn die Gewißheitsfrage als Grundlage christlicher Apologetik.[13] Die religiöse Erfahrung der Wiedergeburt, bei der es „zur unmittelbare[n] Berührung des Subjekts mit der Transzendenz“[14] komme, erscheint ihm als entscheidender Ansatzpunkt einer auf den Erfahrungsbeweis zu gründenden christlichen Apologetik. Gerade die von Elert 1911 positiv verfochtene „Synthese von Empirischem und Überempirischem“[15], von christlicher und außerchristlicher Weltdeutung, die er in seiner Dissertation als Aufgabe der Apologetik vertritt, sollte ihm unter dem Eindruck der Kriegsteilnahme als Feldprediger seiner altlutherischen Freikirche zerbrechen. Wegweisend für Elerts eigene kirchenhistorische Arbeiten dürfte freilich sein, daß er, wohl in Anknüpfung an Karl Lamprecht, bei dem er als Leipziger Student hörte,[16] bereits in seiner theologischen Erstlingsschrift massiv gegen eine geistesgeschichtliche Reduktion des Geschichtsbegriffs eintritt.[17]

Vor dem Krieg veröffentlichte Elert zwei Studien zu *Jakob Böhme,* „Die voluntaristische Mystik Jakob Böhmes“, 1913, und „Jakob Böhmes Deutsches Christentum“, 1914, die die erfahrungstheologischen Interessen seiner theologischen Dissertation an der religiösen Unmittelbarkeit und der Wiedergeburtsthematik am Beispiel des schlesischen Schusters und seiner theologischen Verarbeitung der von ihm als Einwirkung auf den Willen erfahrenen Präsenz des persönlichen Willensgottes exemplifizieren.[18] Elert zeigt gerade in seinen religionspsychologischen Arbeiten zu Böhme ein ausgeprägtes Interesse an dem Korrelationszusammenhang von religiöser Erfahrung und ihrer theologischen Deutung.[19] Mit seiner Sympathie für den reli-

---

13 *Werner Elert,* Rudolf Rocholls Philosophie der Geschichte (= Abhandlungen zur Philosophie und ihrer Geschichte 12), Leipzig 1910; *ders.,* Prolegomena der Geschichtsphilosophie. Studie zur Grundlegung der Apologetik, Leipzig 1911.

14 *Elert,* Prologomena (Anm. 13), 103.

15 *Elert,* Prologomena (Anm. 13), 104.

16 *Kaufmann* (Anm. 1), Anhang 1.

17 „Um die Beziehungen des Geistigen zu den Bedingungen und Einwirkungen der äußeren Natur kommt man nicht herum.“ *Elert,* Prolegomena (Anm. 13), 10. Die „unbedingte Einschränkung auf das Geistige“ führe dazu, die „Geschichtswissenschaft aus der Reihe der exakten Wissenschaften“ auszuschließen, ebd., 52; vgl. 104 f.

18 *Werner Elert,* Die voluntaristische Mystik Jacob Böhmes. Eine psychologische Studie (= Neue Studien zur Geschichte der Theologie und Kirche 19), Berlin 1913, Reprint: Aalen 1973; *ders.,* Jacob Böhmes deutsches Christentum (= Biblische Zeit- und Streitfragen IX, 6), Berlin 1914.

19 *Elert,* Die voluntaristische Mystik (Anm. 18), 5; 129 ff. Hinsichtlich der historischen Einordnung Böhmes ist Elerts Bemühen bemerkenswert, dessen Wirkung auf die Standes- und Berufsgruppen der Ärzte und Adligen aus dem Korrelationszusammenhang von esoterischer Mystik und Standesbewußtsein zu erklären, vgl. 40 ff. Gerade die gegen eine „historische“, auf totes Wissen ausgehende Theologie [vgl. *Elert,* Jacob Böhmes voluntaristische Mystik (Anm. 18), 52 ff.] ausgerichtete Willensdominanz bei Böhme macht – hier ist an eine implizite Bezugnahme Elerts auf Nietzsche und Schopenhauer zu denken – seine „Modernität“ aus, vgl. ebd., 4; 6; 25 ff.; 33 ff. So wie Luther, der für Elert der „Morphologie“-Repräsentant „modernen“ Weltempfindens ist, ist es vor dem Krieg Böhme. 1925/26 formuliert Elert: „Wahrscheinlich ist

giösen Individualisten Böhme steht Elert einerseits in einem deutlichen Gegensatz ebenso zu der zeitgenössisch dominierenden Theologie Albrecht Ritschls und ihrer Perhorreszierung einer mystischen Tradition im Protestantismus wie zum stark an der kirchlichen Institutionalität historisch interessierten Neuluthertum, andererseits aber in einer bemerkenswerten Nähe zu Ernst Troeltsch.[20] Das systematisch-theologische Grundanliegen des späteren Elert, menschliche Erfahrung theologisch integrativ zu bearbeiten, findet in Gestalt historisch-rekonstruierender Analyse seine primäre Ausprägung. Freilich fehlen in dem Böhmebild des jungen Elert gerade jene dunklen Züge und der Gerichtsgedanke, die die Begegnung mit dem „ewigen Willen"[21] Gottes in seinen Arbeiten nach dem 1. Weltkrieg charakteristisch verändern werden. Von tiefer Sympathie für den religiös empfindenden Laientheologen Böhme erfüllt, dessen unendliche geistige und persönliche Überlegenheit über seine orthodoxen Gegner und dessen kirchliche Gesinnung der pommersche Pfarrer Elert zu betonen nicht müde wird und dessen „Persönlichkeit" dem in spätromantischer Divination Diltheyscher Manier Forschenden als „Wunder"[22] erscheint, stellt er den deutschen Charakter seines Helden heraus. Die Intensität der religiösen Erfahrung könne nur ein „deutsche[s] Gemüt mitempfinden"[23]; der nach „innen gekehrte Blick" Böhmes sei ein – wie Elert Chamberlain zitierend ausführt – „indogermanisches

---

kein anderer mehr der Angst Luthers so nahe gekommen wie er (sc. Jakob Böhme)." *Ders.*, Angst und Einsamkeit in der Geschichte des Luthertums, in: Jahrbuch für die Evangelische Landeskirche Bayerns 20 (1925/6), 6–16, 9. Was sich bei Elert nach dem Krieg gewandelt hat, ist das Verständnis der Moderne, die Elert nun vorrangig in Spenglerschen Kategorien deutet. Das Angstmotiv, das die Verbindung zwischen Böhme und Luther herstellt, ist vor 1918 nicht zu belegen. In Elerts Böhmestudien klingt auch ein Motiv seiner theologischen Interessen im Gefolge der Erlanger Theologie von Frank und Ihmels (vgl. *Werner Elert,* Der Kampf um das Christentum, München 1921, 291 ff.; 443 ff.) an, nämlich seine Kritik an einer „historischen" Begründung der christlichen Gewißheit, d. h. an einer „Religiosität, die am ‚Historischen', an geschichtlichen Tatsachen hängt". Vgl. Die voluntaristische Mystik (Anm. 18), 135. Freilich weiß Elert schon 1913 – gegen Böhme! –, daß „das ‚Hängen am Historischen', das grundlegende Interesse an geschichtlichen Tatsachen, vor allem am geschichtlichen Christus, zum Wesen jeder lutherischen Frömmigkeit gehört". Ebd., 135 f.; vgl. *Slenczka* (Anm. 117).

20 Vgl. die Hinweise bei *Sparn* (Anm. 7), bes. 163.

21 *Elert,* Jacob Böhmes deutsches Christentum (Anm. 18), 3; vgl. 14; 26; vgl. *ders.*, Die voluntaristische Mystik (Anm. 18), bes. 134. Der voluntaristisch gefaßte Gottesgedanke vermittelt für den frühen Elert so etwas wie religiöse Geborgenheitserfahrung: „Und welche Freude: Dieser höchste und umfassende Wille thront nicht in unerreichbarer Ferne, sondern redet zur Seele von innen heraus. Ganz nahe ist Gott, nein, unmittelbar gegenwärtig, und zwar im eigenen Innern." Jacob Böhmes deutsches Christentum, 14.

22 *Elert,* Jacob Böhmes voluntaristische Mystik (Anm. 18), 4; 46 ff.

23 *Elert,* Jacob Böhmes deutsches Christentum (Anm. 18), 29; vgl. ähnlich auch *Karl Holl,* Gesammelte Aufsätze zur Kirchengeschichte Bd. 1, Luther, Tübingen 1923^{2}/^{3}, 110; instruktive forschungsgeschichtliche Hinweise zu Böhme finden sich bei *Elert,* Jacob Böhmes voluntaristische Mystik (Anm. 18), 1 f.; vgl. auch die bahnbrechende Studie des Holl-Schülers *Heinrich Bornkamm,* Luther und Böhme (= AKG 2), Bonn 1925 und dazu die Rezension *Elerts,* in: Theologisches Literaturblatt 47 (1926), 81 f.

Erbgut" der deutschen „Rasse".[24] Das deutsche Gemüt und der divinatorisch nachempfindende Historiker findet Gott im „Innersten", in der „Seele".[25] Der Erfahrungshunger der deutschen Jugend, der sie zur massenhaften freiwilligen Kriegsteilnahme bewegte, spiegelt sich in Gestalt historischer Erfahrungsrekonstruktion in Elerts Schilderung des „deutsche[n] Christ[en]" Böhme[26], der, wie man es sich für sich selbst wünscht, „alles in jedem Augenblick unmittelbar und gleichsam in der tiefsten Tiefe erlebt".[27]

Neben dieser ersten, seinem erfahrungstheologischen Ansatz verpflichteten historischen Rekonstruktion des religiösen Erlebnisses Böhmes zeigt Elert bereits vor dem ersten Weltkrieg Interesse an historiographisch-konzeptionellen Fragen, die sich vorrangig in der Kritik an den Reformationsdeutungen Troeltschs und Diltheys äußern. In seinem Aufsatz „Im Kampf um die Reformation" von 1911 führt Elert den Nachweis, daß die die teilweise Verhaftung der Reformation im Mittelalter betonenden Geschichtsdeutungen als Reflex eines neuzeitlichen Geschichts- und Weltverständnisses zu bewerten sind.[28] Zugleich betont er, daß die von Troeltsch vorgetragene Deutung der Reformation und des konfessionellen Christentums als Prolongierung der mittelalterlichen Einheitskultur und die Bestreitung eines unmittelbar gegenwartsrelevanten „Kulturwertes" Reflex eines im Fortschrittsparadigma implizierten Werturteils sei.[29] Der mittels historischer

---

24 *Elert,* Jacob Böhmes deutsches Christentum (Anm. 18), 30.

25 Ebd., 32.

26 Ebd., 35.

27 Ebd., 32 f. Zur mentalen Situation von evangelischen Theologiestudenten als Kriegsteilnehmern vgl. nur die instruktiven Hinweise in Karl Holls Korrespondenz: *Robert Stupperich,* Karl Holl und die Generation des Ersten Weltkrieges (nach unveröffentlichten Feldpostbriefen), in: HZ 248 (1989), 343–363; *Paul Schattenmann,* Briefe von Karl Holl 1914–1921, in: ZKG 79 (1968), 77–84.

28 *Werner Elert,* Im Kampf um die Reformation, in: Der Alte Glaube 13 (1911/12), 104–108; 123–128, 107; zu Dilthey vgl. dessen berühmte Abhandlung „Weltanschauung und Analyse" (Anm. 6); vgl. bes.: *Ernst Troeltsch,* Die Bedeutung des Protestantismus für die Entstehung der modernen Welt (= Historische Bibliothek 24), Berlin, München 1924 [frühere Fassung in: HZ 97 (1906), 1–66]. Elerts Aufsatz dürfte als unmittelbare Reaktion auf die Buchfassung des ursprünglich auf dem IX. Historikertag gehaltenen Referats Troeltschs zu werten sein. Wie es scheint, begann die Auseinandersetzung um Troeltsch in der Theologie vornehmlich infolge der erweiterten Buchfassung von 1911.

29 Troeltsch interpretierend formuliert Elert: „Was ins Mittelalter gehört, hat in der Gegenwart keine geschichtliche Berechtigung, ist überholt und durch neue Werte abgelöst." *Elert,* Im Kampf (Anm. 28), 108. „Eine weitere Eigentümlichkeit dieser Geschichtsauffassung (sc. Troeltschs) besteht nämlich darin, daß sie von dem Vorurteil ausgeht, die Geschichte bedeute unbedingt einen Fortschritt, und das Spätere müsse daher unter allen Umständen wertvoller sein als das Frühere. Auf die Berechtigung dieses Vorurteils kann hier nicht näher eingegangen werden; wir halten es in einer voraussetzungslosen Wissenschaft für einen groben methodischen Fehler." Ebd., 108; zu Troeltschs Konzept der mittelalterlichen Einheitskultur instruktiv: *Ulrich Köpf,* Die Idee der „Einheitskultur" des Mittelalters, in: Graf/Rendtorff (Anm. 3), 103–121.

Konstruktion erfolgenden Bestreitung eines unmittelbaren Geltungsanspruchs der Reformation durch Troeltsch hat Elert seit 1911 und dann zeitlebens den Kampf angesagt. Seine imponierendste Leistung auf dem Gebiet der Kirchengeschichte, die „Morphologie des Luthertums", verdankt sich der beharrlichen Opposition v. a. zur Troeltschschen Reformationsdeutung. Bereits vor den für Elert in vieler Hinsicht so entscheidenden Kriegserfahrungen sieht er schon 1911 in der Verbindung der Religion mit der „allgemeinen Kulturlage"[30] als Implikat der Geschichtsdeutung Troeltschs, mithin in der *Synthese,* den eigentlichen Grund seines Fehlurteils. In bezug auf einen Gegenstand historischer Rekonstruktion ist damit das die *Diastase* von *Christentum* und *Kultur* aus der Darstellung ihres Verhältnisses im 19. Jahrhundert ableitende Programm seines ersten Hauptwerkes, des „Kampf[es] um das Christentum" von 1921, bereits lange vor dem Krieg aus der maßgeblichen Opposition zu Troeltsch heraus in nuce entwickelt.

Gegenüber dem liberalen Modell der Synthese von Christentum und Kultur betont Elert, daß es zu historischen Fehlurteilen führen müsse, wenn man „die Religion nur einen Kulturfaktor neben anderen, etwa der Kunst oder der Industrie oder den wirtschaftlichen Strömungen" sein lasse.[31] Religion, wie in den Böhmestudien in den Bahnen Schleiermachers als unableitbarer, freilich nicht wie bei diesem gegen Rationalisierung und Moralisierung, sondern gegen Historisierung und Psychologisierung profilierter Wert gedacht, ist darin von anderen Kulturfaktoren unterschieden, daß sie eine Beziehung zur außerweltlichen Gottheit auszudrücken beansprucht und nicht als bloßer Reflex, sondern als produktives Gestaltungsmoment – später wird Elert sagen als *„Dynamis"* der Kultur – anzusprechen ist.[32] Damit sucht Elert einem im Gefolge Nietzsches in seiner eigenen Gegenwart artikulierten Religionsverständnis zu entsprechen, für das Religion „weder Wissen noch Handeln ist, vielmehr eine Form intensiven Erlebens, eine Steigerung des Lebensgefühls, die durch Berührung mit den letzten Quellen des Daseins gewonnen werden soll."[33] Und gerade unter einer rein kulturge-

---

30 *Elert,* Im Kampf (Anm. 28), 127.

31 Ebd., 123; vgl. dazu aber auch: *Elert,* Kampf um das Christentum (Anm. 19), 7 f., wo Elert einen zweiten Kulturbegriff im Sinne einer „Funktion der Seele im Verhältnis zur Wirklichkeit überhaupt" einführt, der mit einem durch Unableitbarkeit charakterisierten Religionsbegriff vermittelbar sei.

32 „Es gibt keine Religiosität, die sich nicht äußere Formen schaffen müßte, sei es in einer Hierarchie von Religionsbeamten oder im Kultus, in heiligen Schriften, Gebräuchen oder auch in bestimmter äußerlich erkennbarer Sittlichkeit ihrer Anhänger, in Einflüssen auf die Kunst, das Schulwesen, die Politik. Dadurch wird die Religion zum Kulturfaktor und tritt so neben die anderen Gebiete des kulturgeschichtlichen Lebens." *Elert.* Im Kampf (Anm. 28), 124.

33 *Werner Elert,* Dogma, Ethos und Pathos. Dreierlei Christentum, Leipzig 1920, 8. Diesem Verständnis der Religion als „schöpferische[r] Lebendigkeit", wie es „von Gegenwartsmenschen [...] an die Religion im allgemeinen gestellt" werde, können sich nach Elert „auch die berufenen Vertreter der christlichen Religion nicht ent-

schichtlichen Perspektive behauptet Elert in einer gewissen Nähe zu Ritschl gegen Troeltsch den zutiefst unmittelalterlichen, antiasketischen Charakter der Reformation, der darin bestehe, daß durch Luther der weltliche Beruf der Ort der Einübung und Bewährung des Gottesverhältnisses geworden sei.[34] Mit Elerts erfahrungstheologischem Einsatz bei dem religiösen Erlebnis und seiner maßgeblich gegen Troeltsch gerichteten Betonung des grundlegenden Umbruchcharakters der Reformation gegenüber dem Mittelalter liegen die wesentlichen Elemente seiner Deutung der neueren Kirchengeschichte vor. Zu einem geklärten Verhältnis zum neuzeitlichen Christentum als ganzes gelangte Elert freilich erst unter dem Eindruck des als Fundamentalkrise erfahrenen Weltkrieges und dem Ende des Kaiserreiches. Die persönliche Erfahrung des Krieges und ihre theologische Verarbeitung bilden neben seiner Zugehörigkeit zur altlutherischen Freikirche, die ihn das „Luthertum" zeitlebens als eine gefährdete Sache wahrnehmen ließ, die auch in Elerts Geschichtsdeutung nachwirkenden biographisch dominanten Faktoren.

Elerts erstes Hauptwerk, „Der Kampf um das Christentum" von 1921, das aus dem Zusammenhang seiner Tätigkeit als Direktor des Theologischen Seminars der altlutherischen Freikirche in Breslau seit 1919 entstand und den Grundstein seiner akademischen Karriere, zunächst (1923) als Professor der Kirchen- und Dogmengeschichte und der Symbolik in Erlangen, bildete, eröffnet Elerts entscheidende kirchenhistorische Schaffensperiode, die mit dem Erscheinen der zweibändigen „Morphologie des Luthertums" in den Jahren 1931/32 und in der Übernahme des Erlanger Lehrstuhls für systematische und historische Theologie 1932 ihren vorläufigen Abschluß fand.[35]

---

ziehen", ebd. Elert weist dieses Religionsverständnis dem dritten Typus, dem pathetischen, neben dogmatischem und ethischem Christentum, zu. Nach Elert ist Luther „dem Ideal des pathetischen Christentums am nächsten gekommen" (24). Elert sieht somit eine besondere Anschlußfähigkeit der lutherischen Reformation an die Gegenwart auf der Basis dieses Religionsverständnisses.

34 *Elert,* Im Kampf (Anm. 28), 125.

35 Im Unterschied zu den werkgeschichtlichen Periodisierungen *Reinhard Haubers* [Werner Elert. Einführung in Leben und Werk eines „Lutheranissimus" (Anm. 4), 120 ff.] und *Wolfgang Trillhaas'* [Konservative Theologie und moderne Welt (Anm. 4), 36; ähnlich auch im Anschluß an ihn: *Eyjolfsson* (Anm. 4), 18 f.] betone ich den Zusammenhang der Erlanger Tätigkeit, d. h. der zeitkritischen Gegenwartsdeutung und Neuzeitforschung und der Arbeit an der Reformation stärker. Trillhaas' Behauptung, Elert habe sein Frühwerk „Der Kampf um das Christentum" „alsbald auf Distanz gehalten" und „nie mehr zitiert", scheint an entsprechende Hinweise bei Althaus anzuknüpfen (vgl. *Paul Althaus,* Werner Elerts theologisches Werk, in: Gedenkschrift für D. Werner Elert (Anm. 4), 400–410, 403), ist aber gleichwohl zu korrigieren. In der Einleitung zum ersten Band der „Morphologie" erklärt Elert die Tatsache, daß er die Theologie des 19. Jahrhunderts nur „gestreift" habe (ML I, 10) u. a. damit, „daß mich auch der Wunsch mitbestimmte, hier mit meinem Buch aber den „Kampf um das Christentum seit Schleiermacher und Hegel" stofflich nicht zu kollidieren." (Ebd., Anm. 1). Demnach hat Elert beide Werke durchaus in einem komplementären Er-

II. Krisenerfahrung und Reformationsdeutung

„Der Kampf um das Christentum“, eine Studie über – wie es im Untertitel heißt – die „Geschichte der Beziehungen zwischen dem evangelischen Christentum in Deutschland und dem allgemeinen Denken seit Schleiermacher und Hegel“, zieht die Bilanz eines Jahrhunderts, ja liefert so etwas wie die theologie- und geistesgeschichtliche Ätiologie des Zusammenbruchs. Das Anliegen Elerts ist es, den eigenen Standort in einer durch „Diffusion“[36], Traditionsverlust, „Skepsis“[37] und kulturelle Uneindeutigkeit der Werte geprägten Nachkriegssituation, an der das Christentum teilhat, zu finden und aus der Betrachtung der Geistes- und Theologiegeschichte Gesichtspunkte für gegenwärtige Verhaltensstrategien zu entwickeln.[38] Anknüpfend an Oswald Spenglers kulturdiagnostische Untergangsprognose der abendländischen Kulturwelt bearbeitet Elert das Problem, inwiefern das evangelische Christentum durch seine Verbindung mit der kulturellen „Decadence“[39]

---

gänzungsverhältnis gesehen. Der positive Hinweis Elerts auf sein „Kampf“-Buch in einem Aufsatz von 1934 (Luthergeist und lutherisches Bekenntnis, in: Luthertum 1934, 293–307, 298; vgl. auch die Argumentation in *ders.*, Die Zukunft der ev. theol. Fakultäten, in: Luthertum 1935, 87–112, 107 f.) läßt von Distanzierung von seinem Frühwerk nichts erkennen; vgl. auch das Vorwort zu: *Werner Elert*, Der christliche Glaube, Berlin 1940[1];1941[2]. Die Nachkriegsausgabe der Elertschen Dogmatik ([3]1956 hrsg. v. Ernst Kinder; in 6. Auflage 1988 mit einem Vorwort von Wolfgang Trillhaas hrsg.) sollte zu wissenschaftlichen Zwecken nicht mehr verwendet werden, da sie einen Text bietet, in dem – darauf hat Slenczka mit Nachdruck hingewiesen (Anm. 4, 706) – weltanschaulich und politisch nicht tragbare Passagen des Werkes kommentarlos eliminiert sind.

36 Vgl. dazu besonders *Elerts* Aufsatz: Die Forderung unseres Zeitalters an die Sprecher der Christenheit, in: Allgemeine Evangelisch-lutherische Kirchenzeitung 55 (1922), 386–390; 402–404; 418–421; 434–436, in dem Elert den Versuch, „ein Bild von der kulturellen Gesamtlage in unserer Zeit“ zu zeichnen, angesichts der inneren Widersprüche für „unmöglich“ erklärt (ebd., 387), und eine „seelische Gemeinsamkeit“ (ebd., 388) in der Kultur der Gegenwart geleugnet wird: „Wir wollen diesen Zustand einmal als Diffusion der Kultur bezeichnen“ (ebd.). Das diffuse Kulturleben, der „ungeheure Pluralismus der Weltanschauungen“ (ebd., 402), spiegle sich in einer inneren Diffusion „in den Seelen der Einzelnen“ (ebd., 389), ebenso wie in der Wissenschaft und der Philosophie. Elert partizipiert in eminentem Maße an einem zeitgenössischen kulturdiagnostischen Krisenbewußtsein, das die Evangelische Theologie der 20er Jahre beherrscht, vgl. dazu: *Klaus Tanner*, Die fromme Verstaatlichung des Gewissens (= Arbeiten zur Kirchlichen Zeitgeschichte Reihe B, 15), Göttingen 1989, bes. 60 ff.; *ders.*, Protestantische Demokratiekritik in der Weimarer Republik, in: Die Kirchen und die Weimarer Republik, hrsg. v. Richard Ziegert, Neukirchen / Vluyn 1994, 23–36. Zum geistigen Milieuzusammenhang des Erlanger Neuluthertums im Lichte einer ethikgeschichtlichen Analyse der von Elert als Publikationsorgan bevorzugten AELKZ vgl. jetzt: *Uwe Rieske-Braun*, Zwei Reiche-Lehre und christlicher Staat. Verhältnisbestimmung von Religion und Politik im Erlanger Neuluthertum und in der Allgemeinen Ev.-Luth. Kirchenzeitung (= Die lutherische Kirche. Geschichte und Gestalten 15), Gütersloh 1993.

37 *Elert*, Forderung (Anm. 36), 404, 418.

38 „Die Vorarbeiten an diesem Buch entstanden aus der tief empfundenen Notwendigkeit heraus, Klarheit zu gewinnen über die Stellung des Christentums im allgemeinen Denken der Gegenwart.“ Vorwort zu: Der Kampf um das Christentum (Anm. 19), III.

selbst in den Sog des Untergangs hineingeraten sei. Könne die Verbindung von Christentum und Kultur als legitime, ja notwendige Gesamtdeutung des Christlichen gelten, „so stünden wir vor dem Untergange des Protestantismus und des Christentums überhaupt."[40] Elerts Anknüpfung an Spengler und das sich in seinem Werk „Der Untergang des Abendlandes" artikulierende Lebensgefühl einer ganzen „neokonservativen" Generation dient bei Elert – weit über Spengler hinausgehend – gerade der Begründung dafür, daß das Gebot der Stunde die Distanzierung von Christentum und Kultur, die *Diastase* sei.[41] Freilich bedeutet gerade diese diastatische Verhältnisbestimmung von Christentum und Kultur, gegenläufig zu der Tendenz der zeitgenössischen frühen Dialektischen Theologie, keine prinzipielle, sondern eine aktuell gebotene Scheidung. Elert sieht nämlich – darin bei aller Nähe in der Kritik am liberalen Protestantismus von Karl Barth schon 1921 grundsätzlich getrennt – in der Synthese des Christentums mit der es umgebenden Kultur, bei der eine Verschmelzung stattfindet, eine grundsätzlich legitime, das geschichtliche Leben des Christentums faktisch prägende, die gesamte Kirchengeschichte durchwaltende Tendenz. Von einer „vollkommenen Diastase"[42] zwischen Christentum und Kultur könne deshalb nicht ge-

---

39 „Die unbestreitbare Diffusion der Weltanschauung und der Lebensgestaltung in der Gegenwart kann kaum anders denn als Decadence gedeutet werden. SPENGLERS Einsicht, daß keine der kulturbildenden Mächte mehr imstande ist, einen einheitlichen reflexionslosen Stil zu finden, geschweige, ihn dem Geist der Zeit insgesamt aufzuprägen, ist vorerst nicht zu widerlegen." *Elert,* Kampf um das Christentum (Anm. 19), 489. „Man glaube nicht, daß dies (sc. der Untergang des Abendlandes) nur ein Einfall Spenglers sei. Spengler hat nur ausgesprochen, was jeder geschichtlich Denkende heute empfindet, gerade wenn er sich in den Wissenschaften umsieht. Es gibt keine Wissenschaft, deren führende Männer heute noch hofften, auf wissenschaftlichem Wege zu letzten kategorialen Wahrheiten zu gelangen." *Elert,* Forderung (Anm. 36), 403.

40 *Elert,* Kampf um das Christentum (Anm. 19), 1.

41 „Wer darum in der Gegenwart das Christentum auf eine der dekadenten Mächte als rettenden Bundesgenossen festlegt, wer es mit einer bestimmten Stimmung der Kunst, einer bestimmten „wissenschaftlichen" Weltansicht, einem bestimmten nicht christlich motivierten Ethos verknüpft, der bindet den Nachen der Christenheit an ein dem Untergange verfallenes Schiff. Darum gibt es in diesem Augenblick für diejenigen, die von der Christenheit zu ihren Wortführern bestellt sind, nur ein einziges großes Gebot: *Das Christentum aus den Verschlingungen mit einer untergehenden Kultur zu lösen, damit es nicht mit in den Strudel hinabgerissen werde." Elert,* Kampf um das Christentum (Anm. 19), 489, Kursive im Original gesperrt; vgl. ähnlich, unter Betonung der Transzendenz des verborgenen Gottes: *Elert,* Forderung (Anm. 36), 419 ff.; vgl. *ders.,* Grützmachers Kritik am Neuprotestantismus, in: Neue Kirchenzeitung 32 (1921), 388–400, 400, wo v. a. Troeltsch als massivstes Dekadenzphänomen erscheint; vgl. auch *ders.,* Kampf um das Christentum, wo das Referat der Position Troeltschs (ebd., 408–411) mit dem Resümee endet: „Die durch [...] Relativierung des Christentums erreichte Synthese mit der allgemeinen Wissenschaft bedeutet das Ende der christlichen Theologie" (ebd., 411). Zum antihistoristischen Impetus der zeitgenössischen geschichtswissenschaftlichen Diskussion instruktiv: *Kurt Nowak,* Die „antihistorische Revolution". Symptome und Folgen der Krise historischer Weltorientierung nach dem Ersten Weltkrieg in Deutschland, in: Graf/Renz (Anm. 4), 133–171.

42 *Elert,* Kampf um das Christentum (Anm. 19), 3.

sprochen werden, weil es ein Lebensgesetz der Christenheit sei, die sie „umgebende nichtchristliche Luft“ einzuatmen und ihrerseits im Ausatmen die sie umgebende Kultur christlich zu prägen.[43] In der eigenen Gegenwart freilich sei die „reinliche Scheidung“ geboten, um dem Christentum in einer späteren Zukunft wieder die Verbindung mit einer veränderten Kulturwelt zu ermöglichen[44]: „Kann man nach allem, was die Weltgeschichte lehrt, nicht zweifeln, daß auch für unsere Kultur einmal der letzte Tag kommt, so werden die Christen, die aus unserer Mitte dann übrig sind, gleich jenen Pilgervätern nichts anderes mit hinübernehmen in eine neue Welt als die Bibel unter dem Arm.“[45]

Von der kritisch distanzierenden Einschätzung der Kultur der eigenen Gegenwart und der gebotenen Diastase von Christentum und Kultur her erschließt sich Elert der umfängliche geistes-, theologie- und wissenschaftsgeschichtliche Stoff, den er in seinem „Kampf um das Christentum“ verarbeitet und bewertet. Die Reformation erscheint in ihrer Frühzeit „von dem Ideal der Diastase zwischen Christentum und Nichtchristentum“ geprägt, deren Folge eine Entrückung des Christlichen „in die Sphäre der Übersinnlichkeit und Überweltlichkeit“ einerseits, eine „Verweltlichung“ der Welt als Gestaltungsbereich autonomer Kultur andererseits gewesen sei.[46] Konfessionalismus, Pietismus und Aufklärung bedeuten jeweils synthetische bzw. diastatische Bewegungen, während das 19. Jahrhundert in Reaktion auf die Synthese von Kultur und Christentum in der Aufklärung zunächst in Gestalt Schleiermachers und Hegels durch eine qualitative Verselbständigung des Christentums und einen damit verbundenen Hoheitsgewinn gekennzeichnet gewesen sei.[47] Die protestantische Theologiegeschichte der Neuzeit ist also durch einander ablösende Pendelbewegungen einer diastatischen bzw. synthetischen Verhältnisbestimmung zur zeitgenössischen Kultur gekennzeichnet. Allerdings – und darin wird die systematische Fundierung der geschichtstheologischen Rekonstruktion durch das Theologumenon von der als Schicksalsmacht begegnenden gottheitlichen Macht bei Elert deutlich – die Abfolge von Synthese und Diastase liegt weder im Belieben einzelner Akteure, noch folgt sie einem immanenten Fortschrittsprozeß: „Eine solche Synthese oder Diastase kommt als Schicksal über ein Zeitalter und kann infolgedessen nur bejaht werden.“[48] Die Übernahme der ge-

---

43 *Elert,* Kampf um das Christentum (Anm. 19), 3 f.; *Kurt Meier* formuliert treffend: „Die Frage nach der Synthesefähigkeit von Christentum und Kultur wird bei Elert nicht grundsätzlich ontologisch entschieden, sondern geschichtsbezogen und von der historischen Beurteilung der zeitgeschichtlich dominierenden Kulturtendenzen abhängig.“ (Anm. 4), 303.

44 *Elert,* Kampf um das Christentum (Anm. 19), 4; vgl. 11; 489.

45 Ebd., 490.

46 Ebd., 10.

47 Ebd., II f; 21 ff.; 36 ff.

schichtsphilosophischen Schicksalskategorie Spenglers in ihrer metaphysischen Vertiefung bei Karl Heim[49] ermöglicht Elert zwar die theologische Integration der Vielfalt geschichtlicher Erfahrung und verhindert, daß sich die historische Einzelforschung historistisch verflüchtigt, schneidet aber zugleich die Möglichkeit ab, die geschichtliche Erfahrung ihrerseits theologisch normativ zu bewerten. Warum 1921 die Stunde der Diastase ist, ist im Horizont des Schicksalsbegriffs nicht begründbar.

Deutlich freilich ist die Verbindung zwischen der im „Kampf um das Christentum" vorgenommenen Gegenwartsanalyse und der in der „Morphologie des Luthertums" ausgeführten Reformations- und Neuzeitdeutung. Indem nämlich das Verhältnis von Synthese und Diastase von der Reformation bis zur Gegenwart als ständiger Wechsel ohne teleologische Gesamtrichtung begriffen und als schicksalshaft gedeutet wird und in der Reforma-

---

48 Ebd., 280.

49 Zu fragen ist, ob Elerts Einführung des Schicksalsbegriffs als historiographischer Deutungskategorie nicht – neben der Opposition zu Hegel, vgl. *Elert,* Lehre des Luthertums im Abriß, Erlangen 1978³, 131 ff. – auch als eine Reaktion auf die von ihm massiv kritisierte, aus seiner Leipziger Studienzeit wohl innig vertraute Geschichtssicht Karl Lamprechts zu werten ist. Über ihn: *Luise Schorn-Schütte,* Kulturgeschichtsschreibung zwischen Wissenschaft und Politik (= SHKBA 22), 1984. Wenn Elert Lamprecht vorwirft, Gesetzmäßigkeiten so zu verbinden, daß das Individuelle auf der Strecke bleibe und das „geschichtliche Leben so vollkommen in die Sphäre des Naturgeschehens herabgezogen" werde [*Elert,* Kampf um das Christentum, (Anm. 19), 322; vgl. *Elert,* Prolegomena, (Anm. 13), 52 (gegen mechanistisch-kausalistische Erklärungen geschichtlicher Gruppenbewegungen in der Lamprechtschule)], so vermag die metaphysische Fundierung der Geschichte eben Individuelles und Allgemeines im Schicksalsbegriff zu integrieren. Elert betont nachdrücklich, daß er in Spenglers Schicksalsbegriff die Möglichkeit einer „wahrhaft historischen Weltansicht" (*Elert,* Kampf um das Christentum [Anm. 19], 327) sieht, die die Ansatzmöglichkeit einer „künftige[n] Theologie" (ebd.) biete; vgl. auch Lehre des Luthertums im Abriß, 4 ff. Prägnant wird das Schicksal als „Produkt aus allen Faktoren, die unser Leben abgesehen von unserem Freiheitswillen gestalten" (ebd., 4), definiert. Dieser Schicksalsbegriff ist dann auch in Elerts Dogmatik zentral, vgl. *Elert,* Der christliche Glaube (Anm. 35). Elert scheint dies bes. auf die positive Rezeption des Spenglerschen Schicksalsbegriffs bei Karl Heim bezogen zu haben. Elert führt aus, daß Spengler mit der „Idee des Schicksals" „eine Kategorie von größter metaphysischer Tragweite" gewonnen habe. „Man denke nur an die Anwendung, die Karl Heim, von Spengler angeregt, davon gemacht hat." *Elert,* Der „Untergang des Abendlandes", in: Allgemeine Evangelisch-lutherische Kirchenzeitung 56 (1923) 6; 21; 37; 55; 21. Vgl. Elerts überaus positive Rezension zu: *Karl Heim / Heinrich-Richard Grützmacher,* Oswald Spengler und das Christentum, 1921, in: Theologisches Literaturblatt 42 (1921), 248 f. In Heims Würdigung Spenglers heißt es hinsichtlich des Schicksalsbegriffs: „Spenglers große Bedeutung liegt darin, daß er uns in dieser tiefsten Not der Gegenwart etwas zu sagen hat. Er hat nicht bloß der relativistischen Zeitstimmung einen letzten, vielleicht abschließenden Ausdruck gegeben [...] Er hat einen Gedanken ausgesprochen [...] der uns in der Tat [...] über den toten Punkt des Relativismus hinausbringt, bei dem wir jetzt auf allen Gebieten angelangt sind. Das ist der Gedanke, daß es neben dem kausalmechanistischen, mathematisch-physikalischen Weltbild noch einen anderen Weltaspekt gibt, der noch einen höheren Wahrheitsgehalt hat als der kausalmechanische, nämlich den schicksalhaften Ureindruck der Wirklichkeit [...]" *Heim / Grützmacher,* 21. Das Schicksal freilich – so Heim in Anknüpfung an Spengler – führe notwendig auf den Gottesgedanken (ebd., 27), dem gegenüber – wie gegenüber dem Schicksal – Neutralität unmöglich sei (ebd., 30).

tion, wie in der eigenen Gegenwart, die Diastase das Gebotene ist, bleibt die Reformation positiv auf die Gegenwart beziehbar. Zugleich sind für Elert alle diastatischen Momente in der Geschichte des Protestantismus: der Pietismus, die Erweckungs- und auch die Gemeinschaftsbewegung[50] durch Rückbezüge auf die Reformation gekennzeichnet. In dieser Weise verbindet Elert zwei Grundgedanken, die für seine „Morphologie" schlechterdings entscheidend sind, nämlich einerseits die wohl von von Below und Holl[51], vielleicht auch von Brieger und Loofs[52] beeinflußte Anti-Troeltsch-These von der Abkünftigkeit der autonomen Kultur der Moderne von der Reformation und andererseits die Behauptung, die Dynamis der Reformation stehe in einer grundsätzlichen Distanz zu jeder kulturellen Morphe und könne diese deshalb prägen. Somit kann Elert zum einen die autonome Kultur der Neuzeit in ein genetisches Beziehungsverhältnis zur Reformation stellen und damit theologisch legitimieren und zum anderen einen bleibenden, gleichsam überzeitlichen Geltungsanspruch der Reformation vertreten, die ja ihrerseits – wie Elert im Anschluß an den Erlanger Grützmacher behauptet – die Wiederherstellung des urchristlichen Religionstypus und damit gleichsam das Christentum selbst, nicht nur eine beliebige Ausprägung desselben darstelle.[53]

---

50 Vgl. *Elerts* Aufsatz: Das Erstarrungsgesetz des Protestantismus, in: *ders.,* Ein Lehrer der Kirche. Kirchlich-theologische Aufsätze, hrsg. v. Max Keller-Hüschemenger, Berlin, Hamburg 1967, 76–87, bes. 77 f.

51 So zu Recht Emanuel Hirsch in seiner Elerts „Morphologie" gewidmeten Rezension in: ZKG 51 (1931), 344; zu Elerts Verhältnis zu Holl vgl. vorerst: *Kaufmann* (Anm. 1), Anm. 74; zu Holl als Antipode Troeltschs vgl. *Dietrich Korsch,* Zeit der Krise und Neubau der Theologie. Karl Holl als Antipode Ernst Troeltschs, in: Graf/ Renz (Anm. 4), 211–229; vgl. die vor dem Hintergrund der Kriegserfahrungen zu verstehende Darstellung *Georg von Belows,* Die Ursachen der Reformation (= Historische Bibliothek 38), München und Berlin 1917, bes. 6 f. (zu Troeltsch); von Below bezieht sich ausführlich auf einige der maßgeblichen zeitgenössischen Antipoden der Troeltschschen Verhältnisbestimmung von Reformation und Neuzeit unter den Theologen: Friedrich Loofs, Heinrich Boehmer, Hans Preuß, Hans von Schubert, Heinrich Hermelink, Ludwig Ihmels und Ernst von Dobschütz, vgl. nur die Nachweise 8, Anm. 1; vgl. im ganzen auch: *Hermann Fischer,* Die Ambivalenz der Moderne. Zu Troeltschs Verhältnisbestimmung von Reformation und Neuzeit, in: Graf/Renz (Anm. 4), 54–77.

52 Vgl. etwa *Theodor Brieger,* Die Reformation. Ein Stück aus Deutschlands Weltgeschichte, Berlin 1914, IX; 289 ff.; *Friedrich Loofs,* Luthers Stellung zum Mittelalter und zur Neuzeit, in: Deutsche Evangelische Blätter 1907, S. 513 ff. (auch separat).

53 Vgl. *Elert,* Kampf um das Christentum (Anm. 19), 484: „Das Luthertum ist für uns nichts anderes als das neutestamentliche Christentum, wie es sich in der heutigen, durch die Geschichte veränderten Situation darstellen muß." *Ders.,* Angst und Einsamkeit (Anm. 19), 16; vgl. *ders.,* Grützmachers Kritik (Anm. 41), 393 ff.; ähnliche Ansätze bei Holl, vgl. *Ulrich Barth,* Die Christologie Emanuel Hirschs, Berlin, New York 1992, 39; vgl. auch *Karl Holl,* Gesammelte Aufsätze zur Kirchengeschichte Bd. II, Der Osten, Tübingen 1928, 31; Bd. III, Der Westen, Tübingen 1928, 533 f.; Bd. I, Luther (Anm. 23), 35; 41; zur existentialhermeneutischen Weiterführung Hollscher Ansätze, deren Ergebnis in bezug auf Luther in dessen Mittelalter und Neuzeit transzendierender „Modernität" gesehen wird, vgl. *Gerhard Ebeling,* Luther und der Anbruch der Neuzeit, in: *ders.,* Wort und Glaube Bd. 3, Tübingen 1975, 29–59; vgl. auch

Deutlich ist, daß dem Krisenbewußtsein Elerts in bezug auf seine eigene Gegenwart eine wesentliche Erschließungsfunktion für seine Deutung der Reformation zukommt, gleichsam invers – analog zu Troeltsch, bei dem die theologische Akzeptanz der Moderne zu einer Betonung des vormodernen Charakters des sogenannten Altprotestantismus geführt hatte. Dieser durch Troeltschs Verbindung von Gegenwarts- und Geschichtsdeutung provozierte, gegenüber der kirchenhistorischen Lehrergeneration Elerts „moderne", antihistoristische Mischcharakter von Geschichtsrekonstruktion und beanspruchter Gegenwartsgeltung der Reformation prägt die „Morphologie" durchgängig. Der „Kampf um das Christentum", den Elert seit den frühen 20er Jahren führt, setzt sich in der „Morphologie" in Gestalt von Geschichtsdeutung v. a. des 16. und 17. Jahrhunderts fort, nachdem sich Elert im Zuge der Übernahme seiner Erlanger Professur erstmals eingehend dem Studium Luthers und der lutherischen Tradition zugewandt hat.

Elerts „Morphologie" präsentiert sich als die teilweise Umsetzung seiner in der Erlanger Antrittsvorlesung erhobenen Forderung nach einem „notwendigen Neubau der Konfessionskunde", bei dem die „neuzeitlichen Kirchentümer [...] in der ganzen Breite ihrer Wirkungen, auch auf ‚nichtkirchlichen' Gebieten, zu verfolgen" seien.[54]

So unbestreitbar originell Elerts Umsetzung dieses Anspruchs in Hinblick auf das neuzeitliche Luthertum ist, so unsachgemäß scheint es, ihn deshalb zum „Vater der modernen Konfessionskunde"[55] zu machen. Die methodische Erweiterung der im wesentlichen an den Lehrbekenntnissen orientierten Symbolik zur verschiedene konfessionelle Formen „christlicher Lebensführung"[56] einbeziehenden Konfessionskunde war nämlich bereits von Ferdinand Kattenbusch in Anknüpfung an Albrecht Ritschl umfassend begründet worden.[57] Eine komplexe Darstellung des Protestantismus im Horizont der vielfältigen sozialen, ökonomischen, rechtsgeschichtlichen oder politischen Wirkungen seiner verschiedenen konfessionellen Gestalten war überdies von Troeltsch vorgelegt worden.[58] Methodisch neuartig frei-

---

die kritische Analyse dieser Position durch *Wolfhart Pannenberg,* Reformation und Neuzeit, in: Troeltsch-Studien Bd. 3, hrsg. v. Friedrich-Wilhelm Graf und Horst Renz, Gütersloh 1984, 21–34, bes. 26 ff. Elert sieht sich in dieser Frage nach der prinzipiellen Identität des Christentums der Gegenwart mit dem der Urchristenheit gemeinsam mit R. Otto in einer scharfen Opposition zu Troeltsch und Zeller, vgl. *Elert,* Kampf um das Christentum (Anm. 19), 449 f.

54 ML I, V.

55 Gegen *Beyschlag,* Erlanger Theologie (Anm. 4), 159.

56 *Albrecht Ritschl,* Geschichte des Pietismus, Bd. 1, 1880, Reprint 1966, 38; zit. bei *Kattenbusch* (Anm. 57), 68.

57 *Ferdinand Kattenbusch,* Lehrbuch der vergleichenden Confessionskunde. Erster Band, Prolegomena und erster Teil, Die orthodoxe anatolische Kirche, 1892.

58 V. a. *Ernst Troeltschs* Beitrag in: Die Kultur der Gegenwart IV, 1, Protestantisches Christentum und Kirche in der Neuzeit, hrsg. v. Paul Hinneberg, Leipzig 1909²,

lich an Elerts Darstellung der lutherischen Konfession ist, daß sie im Unterschied zum verobjektivierenden Ansatz einer vergleichenden Konfessionskunde bei Ritschl, Kattenbusch, Loofs, Mulert und früher Schneckenburger *morphologisch* verfährt. Damit ist ein Darstellungsverfahren gewählt, das auf ein „Gesamtbild" abhebt und die von einer konfessionellen Dynamis ausgehenden und bis in die Gegenwart anhaltenden Wirkungen im „Gesamtbereich alles Menschlichen"[59] in Gestalt einer auf Gegenwartsgeltung Anspruch erhebenden lutherischen Selbstdeutung vorträgt. Die „konfessionelle Dynamik" wird damit, analog dem erfahrungstheologischen Religions- und Erlebnisbegriff in den frühen Arbeiten Elerts und durchaus in einer gewissen Nähe zu Weber und Troeltsch, als unableitbarer Wirkfaktor des geschichtlichen Lebens behauptet. Elert unterscheidet seine morphologische Methode aber insofern von der historischen, als jene bestimmte Ereignisse „aus ihren nächstliegenden Ursachen abzuleiten" versuche, während diese „in allen Veränderungen eine Konstante zu finden [unternehme], die über die Einzelzusammenhänge hinaus wirksam ist und als Dominante diese bestimmt oder mitbestimmt."[60] Diese konfessionelle Dynamis der als Lebensganzes verstandenen konfessionellen Morphe, die als strukturelle Grundgegebenheit den historischen Veränderungen selbst vorgegeben ist und sich in der Fülle der geschichtlichen Gestalten ausprägt und abschattet, ist nicht ihrerseits durch geschichtliche Analyse zu gewinnen, sondern wird dieser hypothetisch-konstruktiv vorausgesetzt. Die „Morphologie des Luthertums" zeichnet mithin durch diesen Ansatz bei einer einheitlichen Kulturprägung eine Art Gegenbild zu der durch Diffusion geprägten Kulturwelt der eigenen Gegenwart, obschon Elert in der konkreten geschichtlichen Betrachtung neben Wirkungen der konfessionellen Dynamis auch mit solchen allgemeingeschichtlicher Art rechnet, die die Eigenart des *evangelischen Ansatzes* z. T. ganz verdunkeln können. Der erste Abschnitt der „Morphologie des Luthertums" entwickelt unter dem Stichwort des „evangelischen Ansatzes" diese Dynamis des Luthertums. Gerade die Anlage der „Morphologie" von einem einheitlichen Prinzip her unterscheidet das konfessionelle Luthertum nicht nur von der Kultur der Gegenwart, sondern ebenso signifikant von dem Bild des – so Elert – „die vollendete complexio oppositorum" verkörpernden Katholizismus, wie er es dem *Heiler*schen Werk „Der Katholizismus" entnahm.[61] Die „Morphologie" kann von ihrer

431–792; zu Troeltschs „Soziallehren" vgl. Elerts bissigen Kommentar ML I, 2; vgl. zu den Soziallehren umfassend: *Graf / Rendtorff* (Anm. 3).

59 ML I, lf.

60 ML I, 3.

61 Vgl. dazu ML I, 3, und *Elerts* Rezension zu Heiler in: Theologisches Literaturblatt 46, 1925, 26–30, 28. Die Differenz zwischen Katholizismus und reformatorischem Christentum fixiert Elert gegen Heiler folgendermaßen: „Der Unterschied liegt in den Wurzeln, den Motiven und Maßstäben. Diese sucht das reformatorische Christentum im Evangelium, der heutige Katholizismus in der absolutistischen Kirchen-

Anlage her geradezu als ein lutherisches Gegenbuch zu Heilers 1923 erschienener, möglicherweise Elerts konfessionskundliche Interessen provozierender Darstellung des Katholizismus verstanden werden. Ist jenes seiner Grundanlage nach historisch-evolutiv angelegt und mündet in eine Wesensbestimmung des Katholizismus aus, so geht Elert von einer Behandlung des lutherischen Wesenskerns in Gestalt des sog. „evangelischen Ansatzes" aus und verfolgt dessen historische Ausstrahlung, geordnet nach dem Grad der Wirkintensität in Dogma, Kirche, Weltanschauung und schließlich in den Ordnungen und Gestaltungen des sozialen Lebens. Mit der Darstellung der Morphologie des Luthertums aus dem „evangelischen Ansatz" heraus führt Elert zugleich das wesentliche normative Kriterium ein, das ihm die Beurteilung des geschichtlichen Stoffes danach gestattet, ob das Luthertum seiner Sache treu geblieben ist oder nicht. Indem die „Morphologie" also von dem religiös-theologischen Zentrum des Luthertums ausgehend an die Peripherie fortschreitet, vermag sie die Fülle historischen Materials zu integrieren, ohne die Frage nach dem spezifischen Wesenskern des Luthertums an irgendeiner Stelle aus den Augen zu verlieren. In dieser Verbindung von dogmatisch begründeter perspektivischer Stringenz und einer Verarbeitung von historisch vielfältigem Material in bewußt unterschiedlichen Quellengattungen, etwa Postillen, Leichenpredigten, Kirchenordnungen, Gesangbüchern und gelehrter theologischer Literatur neben Bekenntnis- und Rechtstexten, dürfte der wissenschaftsgeschichtlich innovative Charakter der Elertschen „Morphologie" zu sehen sein.

Elerts „Morphologie des Luthertums" weist deutliche methodische Affinitäten zu Spenglers „Morphologie der Weltgeschichte" auf. Dem „Seelentum", das nach Spengler eine historische Kultur erzeugt, entspricht in Elerts Darstellung der „evangelische Ansatz". Diese „Seele" ist die Dynamis und das eigentliche Agens der Geschichte. Sie wird nicht durch induktive Einzelforschung, sondern auf dem Weg eines intuitiven Analogieschlusses erfaßt.[62] Insofern ist Elerts Ausgangspunkt bei dem „evangelischen Ansatz" als erfahrungstheologische Analogiebildung zwischen ins Allgemeine erhobener eigener religiöser Erfahrung und der Luthers zu deuten.[63] Die Grundsituation im Gegenüber zu dem fordernden und die Erfüllung seiner Forderung verhindernden *deus absconditus* ist einerseits die historische Er-

---

gewalt des Papstes." Ebd., 29. Das „römische Element" (ebd.) versteht Elert als die wurzelhafte Dynamis des Katholizismus, analog dem „evangelischen Ansatz" für das Luthertum. Wichtige Hinweise zur breiten und lebhaften Diskussion um Heilers „Der Katholizismus" in beiden Konfessionen in: *Friedrich Heiler*, Der Katholizismus, völlige Neubearbeitung der schwedischen Vorträge über „Das Wesen des Katholizismus", München 1923, VII ff.

62 Vgl. *Elerts* Spengler-Rezension, in: Allgemeine Evangelisch-lutherische Kirchenzeitung 56 (1923), 5 ff.; 21 f.; 37 ff.; 55 ff.; bes. 7.

63 Vgl. ML I, 8.

fahrung Luthers, andererseits die menschliche Erfahrung „unter dem Zorn Gottes", schließlich die gegenwärtige Erfahrung des bodenlosen Relativismus Spenglerscher Couleur.[64] Aus dem in deutlichem Anklang an *Rudolf Otto* geschilderten[65] Urerlebnis des Grauens in der Begegnung mit dem mich vernichten wollenden Gott führt nur der Glaube heraus, der das Gericht Gottes annimmt und um Christi willen dessen Gerechtigkeit zugerechnet bekommt.[66] Die als Anerkennung des göttlichen Vernichtungsurteils interpretierte Rechtfertigungserfahrung bildet den „evangelischen Ansatz", die Dynamis des Luthertums, die seine mannigfachen Kulturgestalten produktiv bestimmt.

Aus dem Gesagten wird deutlich, daß Elert in seiner „Morphologie" nicht von der Lehre und den Bekenntnissen ausgeht, sondern die in den Bekenntnissen ausgesprochene Lehre in spätromantischer Tradition ihrerseits als Ausdruck eines zugrundeliegenden Erlebnisses versteht. In der Darstellung des „evangelischen Ansatzes" klingt der von *Holl* vollzogene wegweisende Neuansatz in der Deutung der Rechtfertigungslehre von Luthers eigenem religiösen Erlebnis, das kulturell unableitbar sei[67], an. Freilich, und darin liegt die unüberbrückbare Distanz zu Holl und seiner Schule, gewinnt Elert

---

64 Vgl. *Elert,* Grützmachers Kritik (Anm. 41), 400.

65 Vgl. ML I, 17–19 und *Rudolf Otto,* Das Heilige. Über das Irrationale in der Idee des Göttlichen und sein Verhältnis zum Rationalen (1917), Neudruck der Ausgabe 1979, München 1987, bes. 116 ff.; vgl. auch: *Elert,* Forderung (Anm. 36) 434 f.; *ders.* Luthers Bedeutung für die Welt, in: Schule und Evangelium 1, 1926/7 173–178; 200–204, 177 f.; zu Otto vgl. bes. *ders.*, Kampf um das Christentum (Anm. 19), 448 ff. Die Tatsache, daß die „Erörterung" des Heiligen das eigene Erlebnis des Heiligen voraussetzt, verbindet die erfahrungstheologisch-divinatorische Zugangsweise Elerts mit Otto. Gemeinsam ist Otto und Elert v. a. die Orientierung an Luthers „De servo arbitrio". Otto bekennt: „Ja, an Luthers ‚De servo arbitrio' hat sich mir das Verständnis des Numinosen und seines Unterschiedes gegen das Rationale gebildet, lange bevor ich es im Qadosch des Alten Testamentes und in den Momenten der ‚religiösen Scheu' in der Religionsgeschichte überhaupt wiedergefunden habe." *Otto,* Das Heilige, 123. Das tremendum und die majestas als Kernbegriffe des Heiligen bei Otto sind durch „eine Erinnerung an termini Luthers" (ebd., 122) geprägt. Ottos Entdeckung der „Abgründigkeit" des religiösen Erlebens, „wo das tremendum den Menschen anfällt als wäre es der Teufel selber" (ebd., 127), hat eine unverkennbare Parallele bei Elert (vgl. etwa ML I, 18 f.), die sich auch darauf erstreckt, Luthers Erfahrungen Verallgemeinerungsfähigkeit zuzuschreiben. Auch die Interpretation des Lutherschen Glaubensbegriffs als mystische Einung (vgl. *Otto,* Das Heilige, 128 f.; ML I, 146 f.) scheint gewisse Parallelen aufzuweisen, wobei Ottos 1917 erschienenem Werk die Priorität gebührt.

66 ML I, bes. 68 ff.; vgl. *Elert,* Lehre des Luthertums (Anm. 49), § 31, 47–49.

67 Vgl. *Holl* (Anm. 23), 109: „Damit hebt sich aber die Religion aus allem, was sonst den Menschen angeht, als etwas ganz Eigenartiges heraus. Sie kann nie bloß ein Stück der Kultur, nie eine bloße ‚Bildungsreligion' [gegen Troeltsch (Anm. 58), 697 ff.] werden. Sie ist entweder das persönliche Anliegen, dem kein anderes als gleichwertig an die Seite treten darf, oder aber bedeutet sie tatsächlich nichts." Zur zentralen Rolle des antihistorischen Erlebnisbegriffs in Holls Lutherdeutung und im Anschluß an diesen in der sog. Lutherrenaissance vgl. *Heinrich Assel,* Der andere Aufbruch. Die Lutherrenaissance (= Forschungen zur systematischen und ökumenischen Theologie 72), Göttingen 1994, bes. 38 ff.

die Erfahrung des Zorngerichts und des Gnadenzuspruchs nicht primär an dem eben erst erschlossenen, gleichsam „vorkonfessionellen" „jungen Luther"[68] Holls, sondern er versteht die Erfahrung des „evangelischen Ansatzes" als zwar von Luther erstmals artikulierte, aber grundsätzlich allgemeine, transsubjektiv begründete menschliche Erfahrung in der Begegnung mit Gott. Luther wird nicht erst wie bei Holl nachträglich auf die eigene Situation beziehbar, sondern Luthers Situation wird als allgemeine behauptet. Die verzweifelten Lebensverhältnisse unter den Bedingungen der Wirtschaftskrise der 20er Jahre sollen demnach der Lutherschen Situation entsprechen. Luther wird damit – hierin ist eine Wirkung Troeltschs und seines Konzepts des „Altprotestantismus" zu sehen – zugleich im Ansatz konsequent mit dem Luthertum verbunden, die Auseinanderdividierung zwischen Luther und Melanchthon, die nicht zuletzt durch Ritschl und Holl hinsichtlich des Rechtfertigungsverständnisses betont worden war[69], ebenso abgewehrt[70] wie die historische Distanzierung von Luther und seiner Wirkungsgeschichte in Gestalt der Troeltschschen Unterscheidung von Alt- und Neuprotestantismus.[71]

---

68 Vgl. *Elerts* Polemik in: ML I, 7; vgl. auch die polemische Bemerkung gegen den Holl-Schüler E. Hirsch, Lehre des Luthertums (Anm. 49), 150: „Wer auch den Luther nach 1525 kennt [...]" Zu Elerts Kritik der Hollschen Deutung der Rechtfertigungslehre Luthers vgl. *ders.*, Deutschrechtliche Züge in Luthers Rechtfertigungslehre, in: Zeitschrift für systematische Theologie 12 (1935), 22–35, 23.

69 *Karl Holl,* Die Rechtfertigungslehre im Licht der Geschichte des Protestantismus, in: *ders.*, Gesammelte Aufsätze Bd. III (Anm. 53), 525–557.

70 Vgl. dazu: *Elert,* Deutschrechtliche Züge in Luthers Rechtfertigungslehre (Anm. 68), 30. Entscheidend ist für Elert, daß man sich „zum mindesten in der Schule Melanchthons des Zusammenhangs des Rechtfertigungsbegriffs mit der Gerichtssprache bewußt war und blieb" (ebd.). Ohne den Anspruch, Luther an diesem Punkt erschöpfend wiederzugeben, gewinnt Elert seinen Maßstab lutherischer Rechtfertigungstheologie an der streng forensischen Rechtfertigungslehre Melanchthons, vgl. bes. ebd., 34; vgl. *ders.*, Humanität und Kirche, in: ders., Zwischen Gnade und Ungnade. Abwandlungen des Themas Gesetz und Evangelium, München 1948, 99.

71 Zu Troeltschs Unterscheidung von Alt- und Neuprotestantismus vgl. die Angaben oben Anm. 28 und 58; vgl. dazu: *Ebeling* (Anm. 53), bes. 37–45; *Fischer* (Anm. 53); *Sparn* (Anm. 7); *Schorn-Schütte* (Anm. 3) und den Beitrag *ders.* in diesem Band. Zur Kritik an der Unterscheidung von Alt- und Neuprotestantismus, die außer einer chronologischen Distinktion den Charakter eines Qualitätsurteils hat, freilich nach Elert zwei „nebeneinander herlaufende ‚Typen' von Protestantismus" (389), keine unterschiedlichen Entwicklungsstufen desselben bezeichne, vgl. ausführlich: *ders.*, Grützmachers Kritik (Anm. 41), passim, bes. 385, Anm. 1; 396 ff. Indem bei Troeltsch Luther und die Orthodoxie im Begriff des Altprotestantismus zusammenrücken, dürfte er Elerts Sicht auf den Zusammenhang von Luther und Luthertum vorbereiten. Entscheidend für Elert ist, daß er durch Troeltschs Zuordnung des Altprotestantismus zum Mittelalter „für die lutherische Theologie der Gegenwart die Existenzfrage aufgeworfen" [Grützmachers Kritik (Anm. 41), 397] sieht. Zum Problemstand der Debatte vgl.: *Hans Christoph Rublack,* Reformation und Moderne. Soziologische, theologische und historische Ausrichtungen, in: Die Reformation in Deutschland und Europa, hrsg. v. Hans Guggisberg und Gottfried Krodel (ARG Sonderband), Gütersloh 1993, 17–38, bes. 28–30.

Innerhalb der geschichtlichen Gesamtentwicklung stellt sich die konfessionelle Dynamik des Luthertums so dar, daß sie nach weitgehend uneingeschränkter Dominanz im 16. und 17. Jahrhundert im 18. schwächer, im 19. Jahrhundert aber wieder stärker wird. Analog der Pendelbewegung von Pol zu Pol im Verhältnis von Christentum und Kultur bedeutet der historische Epochenwechsel keinen prinzipiellen Entdynamisierungsvorgang des „evangelischen Ansatzes". Dem aufklärerischen Fortschrittsparadigma wird also keine invers-analoge Dekadenztheorie entgegengestellt. Durch die Wahl seines Ausgangspunktes im „evangelischen Ansatz" kann Elert die grundsätzliche Anschlußfähigkeit jeder neuzeitlichen Gegenwart an die Dynamis des Luthertums behaupten. Diese konzeptionelle Grundentscheidung ermöglicht Elert die Verbindung von historisch-genetisch auf Luther bezogener, systematisch-theologisch auf die menschliche Grundsituation vor Gott bezogener und normativer, die weitere Geschichte des Luthertums beurteilender Perspektive.[72] Mit der Wahl dieses Ansatzes entspricht Elert der schon im „Kampf um das Christentum" vertretenen Selbständigkeitsforderung an das Christentum.[73]

Elerts „Morphologie" steht in verschiedenen Diskussionszusammenhängen; charakteristisch für ihn ist freilich, daß er den Bezug auf die von ihm kritisierten Personen nur selten ausdrücklich anführt. Die Auseinandersetzung mit *Troeltsch* etwa bestimmt die „Morphologie" in konzeptioneller Hinsicht grundlegend und ist für das Werk als ganzes weitaus zentraler, als es die spärlichen Registerbelege vermuten lassen.[74] In gewisser Weise ist Elerts „Morphologie" – durchaus vergleichbar mit wichtigen Beiträgen Holls – ganz aus der Gegnerschaft zu Troeltsch heraus erwachsen.[75] In der Opposition zwischen Elert und Troeltsch spiegelt sich zugleich die politische Zerrissenheit des deutschen Protestantismus angesichts der Weimarer

---

72 Vgl. ML I, 157.

73 Folgerichtig lehnt Elert eine Begründung des Luthertums kraft des Nachweises seiner Modernitätsfähigkeit grundsätzlich ab. Die Entscheidung über „Recht" und „Wahrheit" des Luthertums folge aus dem evangelischen Ansatz selber, vgl. ML I, 358.

74 Vgl. nur ML I, 317 f.; 357; ML II, 21; 32; 41; 140; 150 f.; 292; 466 f.; 508. Das von Friedrich Wilhelm Graf im Zusammenhang der Frage nach der Rezeptionsgeschichte der Troeltschschen „Soziallehren" in bezug auf Elerts „Morphologie" getroffene Urteil, diese sei eher „ein Dokument einer methodischen Neuorientierung gegenüber Troeltsch als Ausdruck konstruktiver Anknüpfung an das Programm der ‚Soziallehren' [*Friedrich Wilhelm Graf,* Weltanschauungshistoriographie. Rezensionen zur Erstausgabe der „Soziallehren", in: ders. / Rendtorff (Anm. 3), 216–229, 226], dürfte in dieser Zuspitzung zumindest einseitig sein. Jedenfalls scheint mir die Alternative von methodischem Neuansatz und „konstruktiver Anknüpfung" in Hinblick auf Elert falsch gestellt zu sein. Elert beantwortet die durch Troeltsch gestellte Herausforderung in einer die Vielfalt sozialer Erscheinungen perspektivisch integrierenden Form. Ob man die Art dieser „Anknüpfung" freilich für „konstruktiv" hält, hat den Charakter eines der Begründung bedürftigen Werturteils.

75 Zu Holl als Antipode Troeltschs vgl. den Beitrag von *Korsch* (Anm. 51).

Demokratie: die Polarität zwischen einem deutschnational-restaurativen Antirepublikanismus einerseits, einem bürgerlich-liberalen Vernunftsrepublikanismus andererseits.[76] Dieser Opposition zu Troeltsch verdankt Elerts Werk seine „sozialhistorische“ Ambition. Der Troeltsch-Webersche[77] Vorwurf einer sozialen, politischen und ökonomischen Unproduktivität des Luthertums im Vergleich zu dem weltgestaltenden Calvinismus hat die Anstrengung seiner historischen Widerlegungsleistung mobilisiert. Insofern gehört Elerts „Morphologie“ in die Geschichte der Troeltschrezeption. Trotz gegenteiligen Ergebnisses in Hinblick auf das Luthertum wird somit das Paradigma einer Korrelation von konfessioneller Religion und sozio-kultureller Gestaltung bestätigt.[78] Die Grundanlage der Morphologie, die das Lebensganze des Luthertums zu erfassen versucht, ist natürlich ebenso gegen Troeltschs Auseinanderdividierung eines die mittelalterliche Einheitskultur prolongierenden Alt- und eines von der Aufklärung geprägten Neuprotestantismus gerichtet wie gegen Harnacks und Diltheys analoge Lösungen. Die morphologische Orientierung am Lebensganzen des Luthertums führt überdies zu einem flexiblen Modell hinsichtlich der Verortung der „Aufklärung“. Den Beginn der Aufklärung kann Elert weit in das „Zeitalter der Orthodoxie“ hineinziehen.[79] „Aufklärung“ ist bei Elert mit so etwas wie immanent-kausalen Rationalisierungs- und Moralisierungsstrategien identisch, deren Ansätze sich in verschiedenen kulturellen Gestaltungsbereichen zu unterschiedlichen Zeitpunkten nachweisen lassen.[80]

Auf zwei für Elerts Deutung des Luthertums und seine Stellung im zeitgenössischen Diskussionszusammenhang besonders instruktive Abschnitte der „Morphologie“ sei besonders eingegangen: das *Weltanschauungs-* und das *Wirtschaftskapitel.* Für die Weise, in der Elert die Bedeutung des Luthertums für die *Weltanschauung* der Moderne einschließlich der neuzeitlichen deutschen Philosophie bestimmt, ist die Wahl des Ausgangspunktes entscheidend. Elert entwirft seine Rekonstruktion von der Rechtfertigungs-

---

76 Vgl. dazu grundsätzlich: *Kurt Nowak,* Evangelische Kirche und Weimarer Republik. Zum politischen Weg deutschen Protestantismus zwischen 1918 und 1932, Göttingen 1988^2, vgl. auch *ders.,* Geschichte des Christentums in Deutschland. Religion, Politik und Gesellschaft vom Ende der Aufklärung bis zur Mitte des 20. Jahrhunderts, München 1995, 205 ff. sowie den von *E. Ziegert* herausgegebenen Sammelband (Anm. 36), darin besonders die Beiträge von *Tanner* (Anm. 36) und *Christoph Schwöbel,* Gottes Stimme und die Demokratie. Theologische Unterstützung für das demokratische System, 37 – 68.

77 Zur breiten Diskussion um Webers Impulse für die Erforschung des 16. und 17. Jahrhunderts vgl. nur den Überblick bei: *Hartmut Lehmann,* Max Weber und die Erforschung der Reformationszeit, in: Guggisberg/Krodel (Anm. 71), 361 – 370.

78 Vgl. auch: *Elert,* Die Bedeutung des Luthertums für die Sozialordnung, in: *ders.,* Ein Lehrer der Kirche (Anm. 50), 167–173.

79 „Die Aufklärung aber hat mit ihrem zersetzenden Einfluß schon im Zeitalter der Orthodoxie begonnen.“ ML I, 294.

80 Vgl. etwa ML I, 319; 350; 400; II, 69; 157.

lehre aus und verdeutlicht sie an eben dem theologischen Sachzusammenhang, der für Dilthey, Harnack und Troeltsch Ausdruck der Abständigkeit Luthers von der Neuzeit, für Holl eher marginales Thema der Lutherschen Gewissensreligion gewesen war, nämlich der Abendmahlslehre und der Neufassung der christologischen *unio personalis*. Elert behauptet die weltanschauliche Modernitätsfähigkeit des Luthertums mit Hilfe der These, die lutherische Rechtfertigungslehre sei durch die Fragestellungen der Kantschen Religionskritik hindurchgegangen bzw. geschult.[81] Luther habe in seiner Absage an die pelagianische oder semipelagianische Gnadenlehre und auf dem Hintergrund seines Urerlebnisses mit einem Gott, der absolutes Sollen vorschreibt und die Erfüllung dieses Sollens schicksalshaft verhindert, einen konsequent agnostizistischen Determinismus vertreten, dessen Aporien er erst entkam, „nachdem er wie Kant das empirische vom transzendentalen Ich zu scheiden gelernt hatte“[82], also das verworfene und gerichtete von dem die Glaubensgerechtigkeit empfangenden, glaubenden Ich zu unterscheiden vermochte. Indem Luther so gleichsam die Moderne antizipierte und zugleich überwand, rückt er zum einen in ein genetisches Verursachungs-, zum anderen in ein aktuelles Überbietungsverhältnis zur Neuzeit.

Abendmahlslehre und Christologie, die Elert als konsequente Aktualisierungen des Lutherschen Rechtfertigungsverständnisses[83] begreift, interpretiert er gerade als wegweisende – wenn auch historisch nicht zur vollen Wirkung gelangte – Durchbrechung des v. a. von reformierter Seite vertretenen mittelalterlichen Weltbildes, das den Himmel noch als räumlichen Ort Gottes verstanden habe. Die von Troeltsch und Weber vertretene Stufenfolge im Verhältnis der protestantischen Konfessionen zur Neuzeit wird von Elert damit, ähnlich wie in der Sozialethik, wo der Calvinismus durch seine Neigung zur Theokratie als Verlängerung des Mittelalters erscheint, grundsätzlich bestritten.[84] Die Selbstbeschränkung des Luthertums auf die Predigt des Evangeliums erscheint somit als wesentliche Bedingung voller „Forschungs- und Lehrfreiheit der Naturwissenschaften“[85]; Giordano Brunos

81 „Unter ‚modern‘ verstehen wir (sc. Elert) hier aber nicht das chronologisch Nachmittelalterliche, auch nicht wie Troeltsch die Aufklärung, sondern diejenige Weltanschauung, die durch Kants Erkenntniskritik hindurchgegangen oder zum wenigsten an seinen Fragestellungen geschult ist – auch wenn sie zu entgegengesetzten Antworten kommt.“ ML I, 358.

82 ML I, 360 f.; vgl. 361: „Der Glaube, der es (sc. das Wort) vernimmt, hat keine andere Funktion als dieses Vernehmen und ist nur, indem er vernimmt. Ist es gleichwohl mein Ich, das vernimmt und glaubt, so kann es nur das ‚reine‘ Ich, d. h. empirisch-psychologisch nicht weiter qualifizierbare, also transzendentale Ich sein.“

83 Diesseits und Jenseits werden räumlich entschränkt und nicht als „Anfang und Fortsetzung derselben Wirklichkeit“ verstanden, sondern – wie Gesetz und Evangelium – als Fundamentalgegensätze, ML I, 362; vgl. dazu auch: *Elert,* Luther in Marburg, in: *ders.,* Ein Lehrer der Kirche (Anm. 50), 11–18, bes. 12 ff.

84 ML I, 364; vgl. *Elert,* Der christliche Glaube, 1956^3 (= 1988^6), (Anm. 35), 26.

revolutionäre These von der Unendlichkeit des Raumes, die den Himmel aus dem Weltraum verbannte, sei lange vor ihm in der Lutherschen Abendmahlslehre antizipiert worden. Das dynamische Naturverständnis Goethes sei durch Luthers Fassung der bewegt kreatorischen Gegenwart Gottes in der Schöpfung präformiert.[86] Die Verzeitlichung der Welt in der Neuzeit, in der die räumliche Welt keine bleibende Statt gewähre, entspreche der Lutherschen Sicht auf die vergehende Welt mit den Augen Gottes.[87] Der intuitive Blick des Morphologen erkennt, daß das Luthertum weltanschaulich auf der Höhe der Zeit und über die Zeit hinaus ist.

Elerts Darstellung des lutherischen *Wirtschaftsethos* bildet das Schlußkapitel seiner „Morphologie". Diese Stellung entspricht der These, daß Wirkungen auf wirtschaftlichem Gebiet „an der äußersten Peripherie seiner Dynamik" liegen, da das Luthertum weder für „den Himmel erziehen" wollte, noch in der „Beförderung des wirtschaftlichen Lebens" seine wesentliche Aufgabe erblickte. „Der Nachweis seiner Wirkungen hat deshalb weder polemische noch apologetische Bedeutung."[88] Die historische Rekonstruktion der wirtschaftlichen Wirkungen des Luthertums liefert also keinen Gesichtspunkt seiner ausschließlich im Verhältnis zur Rechtfertigungslehre zu bestimmenden Gegenwartsgeltung. Freilich ließen sich gerade von dem im Luthertum lebendigen Genossenschafts- und Gemeinschaftsgedanken her – hier stellt Elert Luther gegen Otto von Gierke in die Tradition des mittelalterlichen Genossenschaftsrechts[89] – Kriterien sozialethischer Art entwickeln, die die schrankenlose Profitmaximierung einzelner zugunsten des Gemeinwohls verhinderten.[90] Mit Holl und gegen Troeltsch[91] betont

85 ML I, 366.

86 ML I, 390–393.

87 ML I, 433: „Auch wir bejahen die Flucht der Zeit mitsamt allem ‚geistesgeschichtlichen Fortschritt'. Auch für uns ist die räumliche Welt ‚keine bleibende Statt'. Aber wir tun es, weil wir mit Luther gelernt haben, ut transferamus nos extra tempus et oculis Dei inspiciamus nostram vitam."

88 ML II, 492 f.

89 ML II, 431 ff.

90 „Wer immer den Staat mit Luther als göttliche Stiftung ansieht [...], wird jedenfalls denen nicht beipflichten, die ihn zur bloßen Funktion der Wirtschaft herabsetzen wollen und die sich davon die Lösung der sozialen Frage versprechen. [...] Und wer überhaupt ethisch empfindet, wird die Degradierung der übrigen idealen Güter unter die materiellen als Rückkehr zum Tierzustand empfinden. Das gilt auch von der Kapitalanhäufung um des Geldes willen und vollends von allen Versuchen, die idealen Mächte in den Dienst des Kapitals zu zwingen. [...] Eine Rückkehr zum reinen Rechtsstaat ist danach undenkbar. Der Staat ist für alle seine Glieder in ideeller und materieller Hinsicht verantwortlich, um der Glieder wie um seiner selbst willen." ML II, 428. Die Absage an die Idee des bloßen Rechtsstaates begründet Elerts vorübergehende frühe Affinität zum nationalsozialistischen Staat, vgl. *Kaufmann* (Anm. 1), passim.

91 Vgl. *Holl* (Anm. 23), 261 f.; 475 f.; ML I, 468; *Ernst Troeltsch,* Die Soziallehren der christlichen Kirchen und Gruppen (= Gesammelte Schriften Bd. 1), 1919, Nachdrucke Aalen 1965 und Tübingen 1994, 572.

Elert das als Wirken Gottes durch den Menschen theologisch gedeutete sozial gebundene lutherische Arbeitsethos.[92] Gegenüber Holl erweitert er es um den Aspekt der Mühe und der Last der Arbeit – also den Aspekt, an dem Troeltsch vor allem lag. Obschon Elert betont, daß es keine prinzipielle Bindung des Luthertums an eine bestimmte wirtschaftsgeschichtliche Entwicklungsstufe gebe, und er auf wirtschaftliche Leistungen etwa des skandinavischen Luthertums breit hinweisen kann, die der Beweiskraft Troeltsch-Weberscher Analysen für die konfessionsgeschichtliche Herleitung des Kapitalismus aus dem Calvinismus in nichts nachstehen, sucht Elert trotz des Luthers Wirtschaftsethik anhaftenden „eigenwirtschaftlichen Erdgeruch[s]" „Gesichtspunkte von rettender Kraft"[93] gegen die vollständige Vernutzung des Humanum im Kapitalismus aufzubringen.[94] Die Eigendynamik des Kapitalismus, die anonyme Massen „standardisierte[r] Mensch[en] mit standardisierter Leistung, standardisierten Genüssen und standardisiertem Geiste"[95] hervorbringe, der „seelische Bankrott" als Inbegriff der erlebten Not des Jahres 1932[96], führe freilich in eine Verzweiflung, in der der moderne Mensch wie Luther vor dem *deus absconditus* stehe[97], und so die als

---

92 ML I, 468 f. In seiner Kritik an Troeltsch und Wünsch sieht sich Elert in einer gemeinsamen Front mit *Paul Joachimsen,* den er unter den Historikern, „die ein Bekenntnis zur lutherischen Reformation ablegten" [ML II, 162, Anm. 1; vgl. zu den lutherischen Historikern der Zeit auch die Hinweise von *Sparn* (Anm. 7) 161], aufführt und dessen Schrift Sozialethik des Luthertums, München 1927 (Nachdruck in: Paul Joachimsen, Gesammelte Aufsätze Bd. 1, hrsg. v. Notker Hammerstein, Aalen 1983², 481–536) Elert positiv rezensierte, vgl. Theologisches Literaturblatt 49 (1928), 216. Trotz seiner Kritik an der weitgehend an Holl orientierten Lutherinterpretation und seiner nach Elerts Auffassung zu starken Ausrichtung an der Sozialethik Melanchthons als Ursache ökonomischer Hemmungen des Luthertums sieht Elert in „dieser Antithese zu Troeltsch und seinem Schüler Wünsch [...] die hohe programmatische Bedeutung dieser Abhandlung." Ebd. In Vorwegnahme seiner eigenen, im 2. Bd. der „Morphologie" ausgeführten Darstellung der wirtschaftsgeschichtlichen Bedeutung des Luthertums formuliert Elert: „[...] die Dynamik des Luthertums, auch die sozialethische, ist tatsächlich größer gewesen, als es beim Blick auf Melanchthon und seine Schule scheinen könnte. Das würde sich namentlich am außerdeutschen Luthertum zeigen lassen. Die entscheidenden Hemmungen lagen nicht in erster Linie in der Theorie Melanchthons, sondern im deutschen Territorialkirchentum." Ebd. Zu Joachimsen vgl. den Beitrag von *Notker Hammerstein* in diesem Band. Zur Frage der wirtschaftlichen und kulturellen Leistungskraft des Luthertums – bei grundsätzlich skeptisch-distanzierter Haltung gegenüber dem Kapitalismus – vgl. die ganz aus der Opposition zu Troeltsch und Weber heraus entstandenen Arbeiten von *Heinrich Boehmer,* Die Bedeutung des Luthertums für die europäische Kultur (1921), zuletzt in: *ders.,* Studien zur Kirchengeschichte, hrsg. v. Heinrich Bornkamm und Hans Hofmann (= Theologische Bücherei 52), München 1974, 124–156, und *Karl Holl,* Die Kulturbedeutung der Reformation (1911/1918), in: *ders.* (Anm. 23), 468–543.

93 ML II, 492.

94 Elerts Kapitalismuskritik weist deutliche Affinitäten zur vorwiegend ethisch ausgerichteten, „neokonservativ-antiliberalistischen Orientierung deutschnationaler protestantischer Eliten auf, vgl. *Nowak,* Evangelische Kirche und Weimarer Republik (Anm. 76), 126–136.

95 ML II, 518.

96 ML II, 520.

forderndes göttliches Gesetz verstandene Erfahrung der Wirklichkeit für das Evangelium empfänglich mache.

Gerade in dieser kulturtherapeutischen Bezugnahme auf die eigene Gegenwart berühren sich die in ihren historisch-rekonstruktiven Bemühungen radikal dissonanten Anliegen des diastatischen Theologieprogramms Elerts und des kultursynthetischen Programms Troeltschs. Zugleich zeigt sich besonders an der wirtschaftsgeschichtlichen Analyse, wie unmittelbar das systematische Anliegen und die historische Rekonstruktion bei Elert zusammenhängen. Ein begründetes Selbstverständnis in der neuzeitlichen Gegenwart ist nur von ihrer lutherischen Bestimmtheit her möglich – so könnte die von Elert antiindividualistisch aktualisierte Diltheysche Hermeneutik zusammengefaßt werden. Steht das Luthertum zur grundsätzlich positiv beurteilten weltanschaulichen Entwicklung der Neuzeit in einem genetischen Verursachungsverhältnis, so steht es gegenüber der negativ beurteilten wirtschaftsgeschichtlichen Entwicklung in einem Verhältnis der Distanz. Die Luthertumsdeutung Elerts erweist sich als Projektionsfläche der theologiepolitischen Geltungsansprüche in der Gegenwart. Im „Kampf um die Reformation" führt Elert den Kampf um die Geltung des Christentums im 20. Jahrhundert. Im antiindividualistischen „Ethos" des nationalsozialistischen Staates sah Elert 1933/34 eine positive, zeitgemäße Anschlußmöglichkeit lutherischen Christentums.[98]

III. Aporien und Perspektiven

Die Rezeption der Elertschen „Morphologie" innerhalb der evangelischen Theologie wurde vor allem durch die bis heute umstrittene theologische Beurteilung seiner Rolle im „Kirchenkampf" nachhaltig behindert.[99] Die Aufnahme der „Morphologie" in der evangelischen Kirchengeschichtsschreibung scheint von der Spannung geprägt zu sein, daß sie einerseits als wissenschaftliche Leistung von hohem Rang gerühmt wurde und wird[100], ande-

---

97 ML II, 519: „Wer die wirtschaftliche und soziale Lage der Gegenwart bis zum Ende durchdenkt, steht genauso vor dem deus absconditus wie er (sc. Luther)."

98 Vgl. *Kaufmann* (Anm. 1).

99 Aufs ganze gesehen dürfte sich das scharfe Wort *Karl Barths* über die „nicht genug zu verdammende Morphologie" (*Ders.*, Kirchliche Dogmatik I/2, 936) als stärkstes Hemmnis der Elert-Rezeption erweisen lassen. Zur gegenwärtigen Diskussion um die Deutung der Rolle Elerts vgl. außer den Arbeiten von *Beyschlag* (Anm. 4): *Berndt Hamm,* Schuld und Verstrickung der Kirche. Vorüberlegungen zu einer Darstellung der Erlanger Theologie in der Zeit des Nationalsozialismus, in: Kirche und Nationalsozialismus, hrsg. v. Wolfgang Stegemann, Stuttgart [2]1992, 13–49; *ders.* (Anm. 117).

100 Ich beschränke mich auf einige Zitate: *Walther von Loewenich* nennt die „monumentale" „Morphologie des Luthertums" Elerts „Hauptwerk" und spricht sie als die „bedeutendste Leistung der Erlanger Theologie seit den Tagen Hofmanns" an

rerseits, vor allem wegen ihres auf Gegenwartsgeltung Anspruch erhebenden systematischen Charakters, auf die ohnehin noch weithin unterentwikkelte kirchenhistorische Forschung zum „Zeitalter der Orthodoxie" kaum unmittelbar anregend gewirkt hat. Die von Hans Leube in bezug auf die Orthodoxie herausgestellte Deutungsperspektive, nach der diese, wie auch Elert in seiner „Morphologie" gezeigt habe, „nicht bloß Wissenschaft, sondern Leben, nicht bloß Theologie, sondern eine ganz bestimmte Kultur, in der Staat und Kirche durch gegenseitige Verpflichtungen miteinander verkettet waren"[101], gewesen sei, ist – darin dürfte Blaufuß zuzustimmen sein – in der bisherigen Forschung „wenig verwertet".[102]

In bezug auf die Aufnahme Elerts in der Geschichtswissenschaft ließen sich, trotz Elerts Hinweis, seine „Morphologie" habe bei „nicht-theologischen Historikern" „Anerkennung"[103] gefunden, bisher kaum wirkliche Rezeptionsspuren nachweisen.[104] Das scheint sich allerdings in der gegenwärtigen Frühneuzeitdiskussion geändert zu haben. Rublack stellt fest, was an Elerts „Morphologie" bleibe, sei eine „Materialsammlung, die in Einzelstudien systematisch zu erweitern wäre".[105] Als Grenze der Elertschen Gesamtkonzeption stellt Rublack die Fixierung auf das originäre individuelle Erlebnis Luthers als organisierenden Wesenskern des Luthertums und den einseitigen Ansatz „von oben" heraus, der soziale Formierungen ausschließlich als Wirkung ideeller Vorgaben zu analysieren erlaube. Rublack und Haag erscheint allerdings das von Leube verständnisvoll aufgenommene, freilich nicht zuletzt durch Troeltsch provozierte Verfahren Elerts, das spätere Luthertum ständig mit Luther zu vergleichen, problematisch.[106] Das

---

(*Ders.*, Erlebte Theologie, München 1979, 119), ein Urteil, dem sich *Peters* (Anm. 4), 494 f. anschließt. *Beyschlag,* Werner Elert in memoriam (Anm. 4), 43, bezeichnet sie als „eine einsame wissenschaftliche Spitzenleistung, die zu den bedeutendsten theologischen Werken unseres Jahrhunderts zählen dürfte". *Klaus Scholder* hebt hervor, daß sich Elert durch seine „zweibändige Darstellung der Geschichte des Luthertums als einer der ersten Kenner des lutherischen Erbes ausgewiesen" habe. Elerts „Morphologie" sei ein „glänzend geschriebene[s] und noch immer anregende[s] Werk", Die Kirchen und das Dritte Reich, Band 2: Das Jahr der Ernüchterung 1934, 1985, 208.

101 *Hans Leube,* Die altlutherische Orthodoxie. Ein Forschungsbericht (1933). Wiederabgedruckt in: *ders.,* Orthodoxie und Pietismus. Gesammelte Studien, hrsg v. Dietrich Blaufuß (= Arbeiten zur Geschichte des Pietismus 13), Bielefeld 1975, 19–35, 34 f.

102 *Blaufuß* (Anm. 101), 16.

103 Vorwort zu ML^2 (1952) II, VI.

104 Elerts Kritik an Troeltsch, daß dieser verkannt habe, daß sich die Reformation „wie bis dahin kein kirchengeschichtliches Ereignis ‚im vollen Licht der Öffentlichkeit' abgespielt habe" (ML II, 21), wurde allerdings von *Heinrich Ritter von Srbik,* Geist und Geschichte vom deutschen Humanismus bis zur Gegenwart Bd. 2, (1951), 274, positiv aufgenommen.

105 *Hans-Christoph Rublack,* Zur Problemlage der Forschung zur lutherischen Orthodoxie in Deutschland, in: *ders.* (Anm. 2), 13–32, 28 f.

106 *Rublack* (Anm. 105), 29; *Leube* (Anm. 101), 30; *Norbert Haag,* Predigt und Gesellschaft. Die lutherische Orthodoxie in Ulm 1640–1740 (= VIEG 145), Mainz 1992, 3.

von Elert und Leube herausgestellte Verständnis der Orthodoxie „als einer alle Lebensgebiete umfassenden Kultur“ ist unlängst von Holtz aufgegriffen und eindrücklich bekräftigt worden.[107] Elerts theologiepolitisch begründete scharfe Absage an die Troeltsch-Webersche These einer traditionellen politischen Passivität des Luthertums ist von Schorn-Schütte positiv aufgenommen und im Horizont wegweisender komparatistisch angelegter Studien zur Rolle der evangelischen Geistlichkeit in der Frühneuzeit historisch bestätigt worden.[108] Unter Historikern wird Elert zur Zeit also in einem Maße diskutiert, wie seit Erscheinen der „Morphologie“ nicht.

An Elerts „Morphologie“ bleibt – darüber dürfte sich leicht ein Konsens erzielen lassen – über die zweifellos aporetische Zeitbindung hinaus sein Versuch bemerkenswert, das Luthertum im Lichte einer vielfältigen, wissenschaftsgeschichtlich innovativen Quellenperspektive zu erfassen, die Postillen und Leichenpredigten ebenso berücksichtigt wie normative dogmatische, Bekenntnis- und Rechtstexte und die das Luthertum in der Vielzahl seiner Inkulturationen „total“ zu erfassen sucht. Auch darin, daß Elert die lutherische Frömmigkeitsgeschichte nicht eigenständig thematisiert, dürfte er – gegen die Kritik Kattenbuschs –[109] im Recht sein, da der frühneuzeitlichen Integration von Theologie und religiöser Kultur, von Lehre und Leben und der „professionellen“ Verbindung von wissenschaftlich-theologischer und „erbaulicher“ Literaturproduktion seitens der theologischen Eliten eine segmentierende Betrachtung der *pietas* möglicherweise schwerer gerecht würde.

Elert studiert eine konfessionelle „Monokultur“ und blickt nur am Rande, zumeist polemisch und vorwiegend mit Argwohn, auf die anderen Konfessionssysteme. Luthertum und Calvinismus erscheinen ihm – seinem Ansatz in Luthers „Urerlebnis“ entsprechend – als „unvereinbar“.[110] Die „Überfremdung“ des Luthertums, die Elert in verschiedenen Kulturbereichen diagnostiziert, erfolgt, seiner eigenen antiliberalen theologischen und politischen Positionsbestimmung entsprechend, „vor allem vom Westen her“.[111] Diese Grundperspektive Elerts ist mit dem komparatistischen An-

---

107 *Sabine Holtz,* Theologie und Alltag. Lehre und Leben in den Predigten der Tübinger Theologen 1550–1750 (= Spätmittelalter und Reformation N. R. 3), Tübingen 1993, 372.

108 Vgl. *Schorn-Schütte* (Anm. 3), 136; *dies.,* Evangelische Pfarrer in der Frühneuzeit (= QFRG 62), Gütersloh 1996.

109 Vgl. *Ferdinand Kattenbusch,* Das Luthertum als Konfession, in: Zeitschrift für Theologie und Kirche 15 (1934), 193–222.

110 ML I, 367; die ebd. ausgeführte Polemik gegen „gewisse theologische Richtungen“, die „den theologischen Abstand zwischen Luther und Calvin möglichst zu verkleinern“ bestrebt seien, dürfte außer gegen die Dialektische Theologie gegen die Hollschule gehen.

111 ML I, 9.

satz des Konfessionalisierungsparadigmas prinzipiell unvermittelbar, auch wenn die historische Bewertung der Konfessionen als einer schlechterdings lebensbestimmenden, die gesamte Gesellschaft der Frühneuzeit prägenden Realität durchaus mit Elerts Charakterisierung derselben als „überindividuelle Mächte“[112] konvergiert.

Freilich lassen sich von Elert her durchaus Anfragen an das Konfessionalisierungskonzept und seine Betonung einer in allen drei Konfessionssystemen wahrnehmbaren „Modernisierungstendenz“[113] und die Fähigkeit dieses Ansatzes, Spezifika der einzelnen Konfessionen zu erfassen, formulieren. Dem Konfessionalisierungsparadigma eignet eine Tendenz zur Nivellierung konfessioneller Spezifika und zur Ausblendung ihrer Selbstdeutungen. Die konfessionelle Religion wird als zentrales Funktionsmoment gesamtgesellschaftlicher Veränderungen analysiert und thematisiert und hinsichtlich ihrer Rolle in den verschiedenen Konfessionssystemen analogisiert. „Religion“ erscheint in dieser Perspektive als ein, wiewohl bestimmender und maßgeblicher Faktor unter anderen, dessen Bedeutung in Hinblick auf Prozesse wie „Staatsbildung“, „Sozialdisziplinierung“ oder „Modernisierung“ beschrieben werden kann. Diese funktionale Perspektive, unter der Religion betrachtet wird, dürfte als eine implizite Folge des etwa von Schilling in Anwendung gebrachten systemtheoretischen Religionsbegriffs anzusprechen sein.[114] Ob dieses Verständnis der Religion ihrem Charakter als alles bestimmender, nicht segmentierter Wirklichkeit in der „Vorneuzeit“, als prägendem, norm- und sinngebendem Deutungs- und Lebenshorizont von schlechterdings unableitbarer und einzigartiger Totalität gerecht wird, dürfte keineswegs sicher sein. Im Horizont der über die funktionale Perspektive hinausweisenden Frage, was Religion Menschen der „Vormo-

---

112 ML I, 9.

113 Vgl. die Übersicht bei *Schorn-Schütte* (Anm. 3) sowie den Beitrag von *Heinz Schilling,* in: Reinhard / Schilling (Anm. 2).

114 Vgl. *Heinz Schilling,* Konfessionskonflikt und Staatsbildung (= QFRG 49), Gütersloh 1981, 22: „Aufgrund der spezifischen Bedingungen der mittelalterlichen und frühneuzeitlichen Vergesellschaftung sind Religion und Kirche vielmehr als eigene Leit*sektoren* zu behandeln, deren Analyse direkt ins Zentrum der gesamtgesellschaftlichen Zusammenhänge führt.“ (Hervorhebung von mir, Th. K.). Der Begriff „Leitsektor“ dürfte einer von Schilling ja selbst intendierten Erfassung der Totalität des Religiös-Konfessionellen durchaus hinderlich sein. Schilling scheint die Totalität der Religion auf der Ebene des Geltungs*anspruchs,* nicht jedoch der geschichtlichen Realität anzuerkennen. Von dieser Prämisse her scheint es mir aber fraglich, ob der von *Troeltsch* im ganzen nicht unzutreffend mit der Kategorie der *Einheitskultur* beschriebene Zusammenhang *religiös integrierter vormoderner Gesellschaftlichkeit* angemessen, und d. h. in einer das jeweilige Selbstverständnis der in diesen Kulturen lebenden Menschen einbeziehenden Weise erfaßt werden kann. Noch immer anregend scheint mir folgende Formulierung *Troeltschs* zu sein: „Die Religion wird zu einer Lebensmacht nur, wenn sie das Kulturleben in sich hineinzieht und eigentümlich bestimmt. Aber sie bleibt von diesem doch immer unterschieden. Sie ist immer mehr gestaltende als erzeugende Kraft.“ Bedeutung (Anm. 28), 87 f.

derne", die Begegnungen mit gottheitlicher Macht als lebendige Erfahrung erlebten, bedeutete, könnten sich Gesprächsansätze mit Elerts in bezug auf das Luthertum ausgeführtem Versuch, die Eigenständigkeit und Unableitbarkeit der Religion auch in der historischen Analyse zu wahren, ergeben.

Wie aber, hypothetisch gefragt, hätte sich Elert zu den mit dem Epochenbegriff der „Frühen Neuzeit" verbundenen, in der neueren Forschung sukzessive etablierten Deutungsperspektiven verhalten?[115] Zum einen scheint es mir fraglich zu sein, daß er sich eindeutig positiv dazu verhalten hätte. Einen wirklichen Begriff vom Mittelalter, ohne den sich das Nicht-mehr-Mittelalterliche und Noch-nicht-Neuzeitliche, „Moderne" der „Frühen Neuzeit" schwerlich bilden läßt, hatte Elert nicht. Das Mittelalter interessierte ihn beinahe nur – darin an die Aporien der Troeltschschen Verhältnisbestimmung von Reformation und Mittelalter gebunden – als negativer Hintergrund der sich von ihm abhebenden Reformation, dem eigentlich neuzeitfähigen, aber auch die Neuzeit überbietenden, geschichtlichen und noch heute existenziell relevanten, apologetisch einzubringenden Wendepunkt. Gerade das distanzierende Moment, das dem Epochenbegriff der „Frühen Neuzeit" auch gegenüber der Modernität der Moderne eignet und die Epoche von Gegenwartsbeanspruchungen weitgehend frei hält, enthält eine historische Perspektive, der Elerts primäres Anliegen nicht verpflichtet war.

In anderer Hinsicht sehe ich aber durchaus verbindende Züge zwischen Elerts Deutung v. a. des 16. und 17. Jahrhunderts und dem Periodisierungskonzept „Frühe Neuzeit". Als frühe *Neuzeit* rücken diese Jahrhunderte nun doch auch wieder stärker an das 18. Jahrhundert heran, ein Moment, dem Elert Interesse entgegengebracht haben dürfte, behandelte er doch bestimmte Entwicklungen innerhalb der lutherischen Orthodoxie vielfach als Auftakt zur freilich im ganzen negativ beurteilten Aufklärung. Zugleich – und besonders darin sehe ich gewisse Affinitäten Elertscher Anliegen zum Periodisierungskonzept „Frühe Neuzeit" – rückt die Reformation und v.a. Luther näher an ihre historisch unmittelbarste Wirkungsgeschichte, die verfemte Orthodoxie, heran. Die seit dem Pietismus sistierte Abspaltung der frühen Reformation und des jungen Luther von dem angeblich die spätere Streittheologie vorbereitenden alten Luther als dem Vater der Orthodoxie, hat ein Geschichtsbild produziert, das bis zu Troeltsch und z. T. weit über ihn hinaus nachwirkt. Es ist dadurch gekennzeichnet, daß die Zeit etwa zwischen der Mitte des 16. und dem Ende des 17. Jahrhunderts als

115 Vgl. zur gegenwärtigen Diskussion nur: *Rudolf Vierhaus,* Vom Nutzen und Nachteil des Begriffs „Frühe Neuzeit", in: Frühe Neuzeit – Frühe Moderne? (= Veröffentlichungen des Max-Planck-Instituts für Geschichte 104), hrsg. von dems., Göttingen 1992, 13–25; *Hans Erich Bödecker / Ernst Hinrichs,* Alteuropa – Frühe Neuzeit – Moderne Welt? in: Alteuropa – Ancien Régime – Frühe Neuzeit. Probleme und Methoden der Forschung (= Problemata 124), hrsg. von dens., Stuttgart 1991, 11–50.

dunkle *Zwischenzeit* gesehen wird, als Epoche zwischen dem hellen Großereignis Reformation und ihrer Erneuerung oder Überbietung im Pietismus oder in der Aufklärung.[116] Die Folgen dieser Bewertung des Zeitalters für die kirchen- und gesamtgeschichtliche Erforschung der Epoche sind bekanntermaßen ruinös. Elerts Interesse gerade an der Orthodoxie hätte ihn deshalb – nun doch! – für den Begriff der „Frühen Neuzeit" empfänglich machen können, weil er die von Troeltsch als Altprotestantismus abgeschobene Epoche aus dem Halbdunkel einer Zwischen- oder Un-Zeit zu befreien geeignet sein könnte und nach der Verbindung sowohl zur Reformation, dem primären Anliegen Elerts, als auch zur Neuzeit zu fragen erlaubt.[117]

116 *Johannes Wallmann* hat unlängst den Vorschlag gemacht, die Erforschung der Orthodoxie und des Pietismus durch die Klammer des Epochenbegriffs *„Zeitalter des Barock"* zu verbinden, vgl. *ders.*, Theologie und Frömmigkeit im Zeitalter des Barock, Tübingen 1995. Inwiefern allerdings die ja im 18. Jahrhundert keineswegs „tote" Orthodoxie in ein solches Periodisierungskonzept zu integrieren ist, wäre eigens zu diskutieren. Ein weiteres Problem des Periodisierungsansatzes Wallmanns scheint mir darin zu bestehen, daß er dem unmittelbaren historischen Zusammenhang der Reformation und der Orthodoxie nur unzureichend Rechnung trägt.

117 Bibliographischer Nachtrag: An einschlägigen Arbeiten zu Elert, die nach Abschluß dieses Beitrages veröffentlicht wurden, sind zu erwähnen: eine geschichtliche Übersicht von *Walter Sparn*, Werner Elert, in: Profile des Luthertums, hrsg. v. Wolf-Dieter Hauschild, Gütersloh 1998, 159–183; die umfassende systematisch-theologische Rekonstruktion von *Notger Slenczka*, Selbstkonstitution und Gotteserfahrung. Werners Elerts Deutung der neuzeitlichen Subjektivität, Göttingen 1999, und eine v. a. auf einer bisher nicht gedruckten Predigt basierende Analyse von Elerts Stellung zum Krieg von *Berndt Hamm*, Werner Elert als Kriegstheologe. Zugleich ein Beitrag zur Diskussion „Luthertum und Nationalsozialismus", in: Kirchliche Zeitgeschichte 11/2, 1998, 206–254; vgl. auch *Thomas Kaufmann*, Art. Werner Elert, in: RGG^4, Bd. 2, 1999.

Von der „Staatsbildung" zur „Volkwerdung"

Otto Brunners Perspektivenwechsel der Verfassungshistorie im Spannungsfeld zwischen völkischem und alteuropäischem Geschichtsdenken[1]

Von Reinhard Blänkner, Frankfurt (Oder)

Rudolf Vierhaus zum 75. Geburtstag

„Worum es heute geht, ist eine *Revision der Grundbegriffe.*"
(Otto Brunner, 1937).[2]

I.

„Nicht der Staat, nicht die Kultur sind uns heute Gegenstand der Geschichte, sondern Volk und Reich." Mit diesem Satz in seinem im Jahr 1939, noch vor Erscheinen seines Buches „Land und Herrschaft" veröffentlichten Aufsatz „Moderner Verfassungsbegriff und mittelalterliche Verfassungsgeschichte"[3] formulierte Otto Brunner die programmatische Abkehr von der bis dahin vorherrschenden „Staats-" und „Kulturgeschichte"[4] hin zur „politischen Volksgeschichte". Diese „Volksgeschichte" war politisch der „völkischen Bewegung" eng verbunden, die sich vor allem um die seit 1925 er-

---

1 Für Anregungen und die kritische Lektüre einer früheren Fassung danke ich Rüdiger vom Bruch, Valentin Groebner und Otto Gerhard Oexle, für Einzelhinweise Hans-Christof Kraus, Peter Schöttler und Ingeborg Villinger. Für langjähriges Gespräch möchte ich an dieser Stelle besonders meinem akademischen Lehrer Rudolf Vierhaus danken. Mehr als vielleicht unmittelbar erkennbar, sind seine vielfältigen Anregungen auch in diesen Aufsatz eingeflossen. (Abschluß des Manuskripts Februar 1996).

2 *Otto Brunner,* Politik und Wirtschaft in den deutschen Territorien des Mittelalters, in: Vergangenheit und Gegenwart 27 (1937), 404–422, hier: 422.

3 *Otto Brunner,* Moderner Verfassungsbegriff und mittelalterliche Verfassungsgeschichte, in: Mitteilungen des Österreichischen Instituts für Geschichtsforschung, XIV. Erg. Bd., Innsbruck 1939, 513–528, hier: 516.

4 Vgl. hierzu: Deutsche Geschichtswissenschaft um 1900, hrsg. von *Notker Hammerstein,* Stuttgart 1988; Kultur und Kulturwissenschaften um 1900. Krise der Moderne und Glaube an die Wissenschaft, hrsg. von *Rüdiger vom Bruch / Friedrich Wilhelm Graf / Gangolf Hübinger,* Stuttgart 1989.

scheinende, von Friedrich Heiß herausgegebene Zeitschrift „Volk und Reich“[5] und die im Jahre 1926 gegründete „Stiftung für deutsche Volks- und Kulturbodenforschung“[6] sammelte. Keineswegs ist diese die politischen Grenzen des Deutschen Reiches überschreitende „völkische Bewegung“ mit dem Nationalsozialismus in eins zu setzen. Gleichwohl sind Affinitäten zum gesamt- und großdeutschen Programm des Nationalsozialismus unübersehbar, und im Zuge der realpolitischen Zuspitzung der „völkischen Bewegung“ nach der nationalsozialistischen Machtergreifung 1933 schlossen sich etliche ihrer Repräsentanten dem Nationalsozialismus an.[7]

Diese realpolitisch motivierte Nähe zum Nationalsozialismus hat auch Brunner gesucht, wenngleich erst im Zuge des Anschlusses Österreichs ans Deutsche Reich.[8] Nachdem er sich seit den ausgehenden 1920er Jahren durch politische und wissenschaftliche Publikationen besonders zum Burgenland und Mitarbeit an herausgehobener Stelle etwa an den „Deutsche(n) Heften(n) für Volks- und Kulturbodenforschung“ und dem „Handwörterbuch des Grenz- und Auslandsdeutschtums“ in der „völkischen Bewegung“ für die Vereinigung der Republik Österreich mit dem Deutschen Reich engagiert hatte[9], begrüßte er den i. J. 1938 herbeigeführten Anschluß empha-

5 Volk und Reich. Politische Monatsheft für das junge Deutschland, hrsg. von *Friedrich Heiß,* Berlin 1925 ff.

6 Vgl. hierzu *Willi Oberkrome,* Volksgeschichte. Methodische Innovation und völkische Ideologisierung in der deutschen Geschichtswissenschaft 1918 – 1945, Göttingen 199; zur „Volks- und Kulturbodenforschung“ insbes. 28 – 30; *Karen Schönwälder,* Historiker und Politik. Geschichtswissenschaft im Nationalsozialismus, Frankfurt a.M. 1992, 45 – 53 u. 111 – 119; *Michael Fahlbusch,* „Wo der deutsche [...] ist, ist Deutschland!“. Die Stiftung für deutsche Volks- und Kulturbodenforschung in Leipzig 1920 – 1933, Bochum 1994.

7 Zum Begriff „Reich“ bzw „Drittes Reich“ vgl. *Kurt Sontheimer,* Antidemokratisches Denken in der Weimarer Republik. Die politischen Ideen des deutschen Nationalismus zwischen 1918 und 1933, München 1962, 222 – 250; *Lothar Kettenacker,* Der Mythos vom Reich, in: Mythos und Moderne. Begriff und Bild einer Rekonstruktion, hrsg. von Karl Heinz Bohrer, Frankfurt a. M. 1983, 261 – 289; *Klaus Schreiner,* Führertum, Rasse, Reich. Wissenschaft von der Geschichte nach der nationalsozialistischen Machtergreifung, in: Wissenschaft im Dritten Reich, hrsg. von Peter Lundgreen, Frankfurt a.M. 1985, 163 – 252, insbes. 190 – 203; *K. Schönwälder,* Historiker und Politik (Anm. 6), 61 – 63; *Andreas Koenen,* Visionen vom „Reich“. Das politisch-theologische Erbe der Konservativen Revolution, in: Metamorphosen des Politischen. Grundfragen politischer Einheitsbildung seit den 20er Jahren, hrsg. von Andreas Göbel, Dirk van Laak, Ingeborg Villinger, Berlin 1995, 53 – 74; *Elmar Waldle,* Visionen vom „Reich“. Streiflichter zur Deutschen Rechtsgeschichte zwischen 1933 und 1945, in: Deutsche Rechtsgeschichte in der NS-Zeit, hrsg. von Joachim Rückert / Dietmar Willoweit, Tübingen 1995, 241 – 299.

8 Vgl. hierzu *Gernot Heiß,* Von Österreichs deutscher Vergangenheit und Aufgabe. Die Wiener Schule der Geschichtswissenschaft und der Nationalsozialismus, in: Willfährige Wissenschaft. Die Universität Wien 1938 – 1945, hrsg. von Gernot Heiß, Siegfried Mattl, Sebastian Meissl, Edith Saurer, Karl Stuhlpfarrer, Wien 1989, 39 – 76, hier: 52; *James Van Horn Melton,* From Folk History to Structural History: Otto Brunner (1898 – 1982) and the Radical-Conservative Roots of German Social History, in: Paths of Continuity. Central European Historiography from the 1930s to 1950s, ed. by Hartmut Lehmann / James Van Horn Melton, Cambridge (MA) / Washington 1994,

tisch „als das Werk Adolf Hitlers und der nationalsozialistischen Bewegung. Der Führer hat seine Heimat Österreich zurück ins Reich geführt.“ Allerdings betrachtete Brunner die Rolle Österreichs in dieser großdeutschen Vereinigung keineswegs als die eines passiven Juniorpartners. Selbstbewußt, um die historische Bedeutung des habsburgischen Kaisertums für die Geschichte des Heiligen römischen Reiches, aber ebenso um die Tragik der Donaumonarchie wissend, schrieb Brunner: „Wenn Österreich nun wieder seine alte Mission aufnimmt, wenn es sich wieder ‚am Hofzaun des Reiches‘ weiß, aber auch in dessen ‚Schutz und Schirm‘, dann ist es heimgekehrt in dem stolzen Bewußtsein, das Seine zum Werden des neuen Großdeutschland, dem es den Führer, den Einiger von Volk und Reich gab, getan zu haben.“[10] Brunners Engagement für den Nationalsozialismus wurde – wenngleich wegen der antinationalsozialistischen Gesinnung seiner Frau und des gegen ihn selbst zunächst erhobenen Vorbehalts als sog. „Märznationalsozialist“ erst spät – durch die Aufnahme in die NSDAP i. J. 1943 honoriert.[11] Durch die Bekleidung offizieller Funktionen wie als Direktor des

---

263–292, hier: 267; *Günter Fellner*, Die österreichische Geschichtswissenschaft vom „Anschluß“ zum Wiederaufbau, in: Kontinuität und Bruch 1938–1945-1955. Beiträge zur österreichischen Kultur- und Wissenschaftsgeschichte, hrsg. von Friedrich Stadtler, Wien-München 1988, 135–155, insbes. 141 ff.

9 Vgl. *Otto Brunner*, Die geschichtliche Funktion des alten Österreich, in: Die Anschlußfrage in ihrer kulturellen, politischen und wirtschaftlichen Bedeutung, hrsg. von Friedrich F. G. Kleinwächter/Heinz von Paller, Wien/Leipzig 1930, 1–11; *ders.*, Geschichte des Burgenlandes im Rahmen der deutsch-ungarischen Beziehungen, in: Deutsche Hefte für Volks- und Kulturbodenforschung Jg. 1 (1930/31), 152–166; *ders.*, Art. Burgenland-Westungarn, Abschnitte: Territorialgeschichte, 678–681; Volksordnung und Volksgut, 709–711; Die Teilung des westungarischen deutschen Siedlungsgebietes und die Entstehung des Burgenlandes, 716–719; Wandlungen des deutschen Volkstums, 724; Die Parteien, 726–727, in: Handwörterbuch des Grenz- und Auslandsdeutschtums, hrsg. von Carl Petersen/Paul Hermann Ruth/Otto Scheel/Hans Schwalm Bd. 1, Breslau 1933; *ders.*, Das Burgenland, in: Bekenntnis zu Österreich. Ein Buch der Gemeinschaft, hrsg. von Friedrich Heiß/A.Hillen Ziegfeld (= Volk und Reich. Politische Monatshefte für das junge Deutschland 3. Beiheft), Berlin 1932, 40–46; der Titel dieses Bandes, an dem u. a. auch Brunnners Wiener Kollege Reinhold Lorenz mitgearbeitet hat, ist irreführend, handelt es sich tatsächlich doch um ein Bekenntnis zum Deutschen Reich. Die Einführung des Bandes schließt mit den Sätzen: „Bekenntnis zu Österreich ist das Bekenntnis zum Deutschen Reich, zu dem unsere Sehnsucht uns treibt als unsere letzte Erfüllung, ist das Bekenntnis zu dem Dienst und der Herrschaft in dem Raume, um den durch die Jahrhunderte unser Blut floß und unsere Seelen rangen. Dieser Bereitschaft, die unser ganzes Sein umschließt, ist dieses Buch gewidmet mit dem Gelöbnis: ‚Deutschland, Deutschland über alles.‘“; *ders.*, Die Südgrenze des alten deutschen Reiches und des Deutschen Bundes zwischen Ortler und Quarnero, in: Gesamtdeutsche Vergangenheit. Festgabe für Heinrich Ritter von Srbik zum 60. Geburtstag, München 1938, 1–13; vgl. hierzu auch *Adam Wandruszka*, Österreichs politische Struktur. Die Entwicklung der Parteien und politischen Bewegungen, in: Geschichte der Republik Österreich, hrsg. von Heinrich Benedikt, München 1954, 411 f.; *Robert Jütte*, Zwischen Ständestaat und Austrofaschismus. Der Beitrag Otto Brunners zur Geschichtsschreibung, in: Jahrbuch des Instituts für deutsche Geschichte 13, Tel Aviv 1984, 237–262, hier: 245 f.; *W. Oberkrome*, Volksgeschichte (Anm. 6), 80, 175 u.ö..

10 *Otto Brunner*, Österreichs Weg zum Großdeutschen Reich, in: Deutsches Archiv für Landes- und Volksforschung 2 (1938), 519–528, hier: 528.

„Österreichischen Instituts für Geschichtsforschung" (von 1942–1945), als Leiter der gemeinsam vom Reichsinnenministerium und dem Auswärtigen Amt ins Leben gerufenen „Südostdeutsche[n] Forschungsgemeinschaft" oder als Mitglied des Sachverständigenbeirats in Walter Franks „Reichsinstitut für Geschichte des neuen Deutschland" ab Februar 1941[12] wurde er, ähnlich wie Hans Rothfels über Heinrich Ritter von Srbik gesagt hat, zum „Aushängeschild [...] des Nationalsozialismus".[13]

Die Tatsache dieses völkischen und pronationalsozialistischen politischen Engagements und ihrer öffentlichen Wirkung kann bei der Beschäftigung mit dem wissenschaftlichen Werk Brunners nicht übersehen werden, und es ist geradezu erkenntnishemmend, dies mit dem Argument retuschieren zu wollen, Brunner sei eigentlich nur ein „Deutschnationaler"[14] gewesen. Wäre Brunner tatsächlich lediglich ein konservativer „Deutschnationaler" und Vertreter der „gesamtdeutschen Geschichtsauffassung" gewesen, so wären seine Arbeiten ebenso wie die anderer Repräsentanten dieser wissenschaftlich-politischen Strömung mit großer Wahrscheinlichkeit alsbald nach dem Scheitern dieses Programms infolge des Zusammenbruchs des Nationalsozialismus und der gewaltsamen Bevölkerungsbewegungen in Mitteleuropa nach dem Ende des Zweiten Weltkrieges in Vergessenheit geraten. Abgesehen davon, daß Brunner eben kein Vertreter „nationaler", sondern – zumindest bis Mitte der vierziger Jahre – „völkischer" Politik und Geschichtsschreibung war, wird ein solcher Entlastungsversuch auch durch Brunners – freilich weithin übersehene – „alteuropäische" Wende nach 1945 sowie

---

11 Vgl. hierzu die Hinweise bei *G. Heiß,* Von Österreichs deutscher Vergangenheit und Aufgabe (Anm. 8), 52; *James Van Horn Melton,* From Folk History to Structural History (Anm. 8), 267; zu Brunners Unterstützung jüdischer Kollegen und Bekannter gegenüber nationalsozialistischer Verfolgung vgl. ebd. 269 f.; zur antinationalsozialistischen Gesinnung von Brunners Frau Stephanie Brunner vgl. *Howard Kaminsky / James Van Horn Melton,* Translators' Introduction, in: Otto Brunner. Land and Lordship. Structures of Governance in Medieval Austria. Translated from the fourth, revised edition. Translation and Introduction by Howard Kaminski and James Van Horn Melton, Philadelphia (University of Pennsylvania Press) 1992, XIV, Anm. 4.

12 Vgl. *Helmut Heiber,* Walter Frank und sein Reichsinstitut für Geschichte des neuen Deutschlands, Stuttgart 1966, 609. Auch an der vom Amt für Schrifttumspflege für den Reichsparteitag i. J. 1938 offiziell veranstalteten Ausstellung „Europas Schicksalkampf im Osten" arbeitete Brunner mit, s.: Zeugnisse der Geschichte. Das Ausstellungswesen des Amtes für Schrifttumswesen, in: Bücherkunde. Organ des Amtes für Schrifttumspflege Bd. 5 (1938), 449–468, Brunners eigener Beitrag: Die Ostmark Europas, 466–468. Zu weiteren wissenschaftlich-politischen Aktivitäten Brunners s. auch *H. Kaminsky / J. Van Horn Melton,* Translators' Introduction (Anm. 11), XV f.; *K. Schönwälder,* Historiker und Politik (Anm. 6) 126, 234, 277, 315, Anm. 123, 368 f., Anm. 666.

13 *Hans Rothfels,* Die Geschichtswissenschaft in den dreißiger Jahren, in: Deutsches Geistesleben und Nationalsozialismus. Eine Vortragsreihe der Universität Tübingen, hrsg. von Andreas Flitner, Tübingen 1965, 90–107, hier: 95.

14 *Max Weltin,* Der Begriff des Landes bei Otto Brunner und seine Rezeption durch die verfassungsgeschichtliche Forschung, in: ZRG (GA) 107 (1990), 339–376, hier 358, Anm. 81.

durch selbstkritische Bemerkungen in späteren Publikationen entkräftet.[15] Das Politische im Werk Brunners ist, wie Christof Dipper zurecht betont hat, „keineswegs [...] akzidentieller Natur.“[16] Allerdings ist auch umgekehrt gegenüber einem vorschnellen Richterspruch über Brunners Engagement, in dem persönliche Überzeugung, Karrieregründe[17] und wissenschaftliche Aspekte zusammengeflossen sein mögen, Zurückhaltung geboten. Insbesondere gegenüber der Kritik Nachgeborener ist an die von Ralf Dahrendorf gefordete Umgangsmaxime bei der Aufarbeitung des Nationalsozialismus zu erinnern, daß „es dem nicht zu (steht), moralische Urteile über andere zu fällen, der selbst nicht in die Versuchung geführt wurde.“[18]

Ergiebiger als die isolierte Frage nach der politischen Zugehörigkeit ist die nach dem Zusammenhang zwischen dem politischen Engagement Brunners und seinem wissenschaftlichen Werk, vor allem „Land und Herrschaft“ (1939), dem Peter Blickle attestiert hat, „eines der wichtigsten Werke der deutschsprachigen Geschichtswissenschaft dieses Jahrhunderts“[19] zu sein. Der innovative Gehalt und die nachhaltige Wirkung des Brunnerschen Œuvres sind in der Forschung unbestritten. Heftig umstritten in der neuerlich auflebenden Debatte über Brunner ist jedoch, ob dessen frühe Arbeiten wegen ihres „völkisch“ geleiteten Erkenntnisinteresses und Brunners politischen Engagements heute prinzipiell diskreditiert, oder ob nicht umgekehrt Brunners auch vor 1945 entstandene Arbeiten „ein gutes Beispiel“ dafür sind, „daß auch politisch bedingte Erkenntnisinteressen zu theoretisch und methodisch neuen Einsichten führen können, die ihre Ausgangslage überdauern.“[20] Zu fragen ist also zunächst nach dieser Ausgangslage und

---

15 S. hierzu u. 115 ff.

16 *Christof Dipper,* Otto Brunner aus der Sicht der frühneuzeitlichen Historiographie, in: Annali dell' Istituto storico italo-germanico in Trento Bd. 13 (1987), 73–96, hier: 95.

17 Vgl. hierzu *G. Heiß,* Von Österreich deutscher Vergangenheit und Aufgabe (Anm. 8), 52. Aus wissenschaftsgeschichtlicher Perspektive vgl. hierzu allgemein den anregenden Aufsatz von *Albert Müller,* Alte Herren / Alte Meister. ‚Ego-Histoire‘ in der österreichischen Geschichtswissenschaft. Eine Quellenkunde, in: Österreichische Zeitschrift für Geschichtswissenschaften (ÖZG) 4 (1993), 120–133, zu Brunner 127 f. u. 130 f.

18 *Ralf Dahrendorf,* Soziologie und Nationalsozialismus, in: Deutsches Geistesleben und Nationalismus (Anm. 13), 108–124, hier: 117.

19 *Peter Blickle,* Otto Brunner (1898–1982), in: HZ 236 (1983), 779–781, hier: 779.

20 *Reinhart Koselleck,* Sozialgeschichte und Begriffsgeschichte, in: Sozialgeschichte in Deutschland. Entwicklungen und Perspektiven im internationalen Zusammenhang, hrsg. von Wolfgang Schieder u. Volker Sellin Bd. I, Göttingen 1986, 89–109, hier: 108 f., Anm. 4; zur jüngeren Debatte über Brunner vgl. *Ludolf Kuchenbuch,* Der Feudalismusbegriff der Fachwissenschaften als Gegenstand historiographischer Kritik. Vorbemerkung, in: Feudalismus – Materialien zur Theorie und Geschichte, hrsg. von Ludolf Kuchenbuch in Zusammenarbeit mit Bernd Michael, Frankfurt a. M./Wien/Berlin 1977, 145–154; *Otto Gerhard Oexle,* Sozialgeschichte – Begriffsgeschichte – Wissenschaftsgeschichte. Anmerkungen zum Werk Otto Brunners, in: VSWG 71 (1984), 305–341; *ders.,* Was deutsche Mediävisten an der französi-

der Problemstellung Brunners sowie den Antworten, die er hierauf formulierte. Zwischen beiden – Problemstellung und Antworten – muß unterschieden werden, gerade wenn in der gegenwärtigen Grundlagendiskussion über Konzept und erkenntnisleitende Kategorien der „Frühen Neuzeit"[21] theoretische und methodische Einsichten Brunners und deren wissenschaftliche Anschlußfähigkeit erörtert werden sollen. Mit Blick auf „Religion", „Kultur" und „Staat" als möglichen Deutungsschemata der „Vormo-

---

schen Mittelalterforschung interessieren muß, in: Mittelalterforschung nach der Wende 1989, hrsg. von Michael Borgolte, München 1995, 89–127, hier: 124–126, insbesondere zum Problem von Genese und Geltung im Werk Brunners; *R. Jütte,* Zwischen Ständestaat und Austrofaschismus (Anm. 9); die Beiträge auf der Brunner-Tagung in Trient 1987, veröffentlicht in: Annali dell'Istituto storico italo-germanico (Anm. 16); vgl. hierzu auch *Reinhard Blänkner,* Spät-Alteuropa oder Früh-Neuzeit? Anmerkungen zur Otto-Brunner-Tagung in Trient (19.-21. März 1987), in: GG 13 (1987), 559–564; *J. Van Horn Melton,* From Folk History to Structural History (Anm. 8); *Klaus Schreiner,* Führertum, Rasse, Reich. Wissenschaft von der Geschichte nach der nationalsozialistischen Machtergreifung, in: Wissenschaft im Dritten Reich, hrsg. von Peter Lundgreen, Frankfurt a.M. 1985, 163–252, insbes. 208–211; *Luise Schorn-Schütte,* Otto Brunner, in: Historikerlexikon, hrsg. von Rüdiger vom Bruch / Rainer A. Müller, München 1991, 38 f.; *Claudia Opitz,* Neue Wege der Sozialgeschichte? Ein kritischer Blick auf Otto Brunners Konzept des „ganzes Hauses", in: GG 20 (1994), 88–98; *Valentin Groebner,* Außer Haus. Otto Brunner und die „alteuropäische Ökonomik", in: GWU 46 (1995), 69–80; *Michael Borgolte,* Das soziale Ganze als Thema deutscher Mittelalterforschung vor und nach der Wende, in: Francia. Forschungen zur westeuropäischen Geschichte, hg. von Deutschen Historischen Institut Paris, Bd. 22/1 (1995), 155–171; *Gadi Algazi,* Otto Brunner: ‚Konkrete Ordnung' und Sprache der Zeit, in: Geschichtsschreibung als Legitimationswissenschaft 1918–1945, hrsg. von Peter Schöttler, Frankfurt a. M. 1996 (im Druck).

21 Vgl. hierzu *Stephan Skalweit,* Der Beginn der Neuzeit. Epochengrenze und Epochenbegriff, Darmstadt 1982; *Reinhart Koselleck,* Das achtzehnte Jahrhundert als Beginn der Neuzeit, in: Epochenschwelle und Epochenbewußtein, hrsg. von Reinhart Herzog / Reinhart Koselleck, München 1987, 269–282; *ders.,* Wie neu ist die Neuzeit?, in: HZ 251 (1990), 539–553; speziell zur „Frühen Neuzeit" vgl.: Alteuropa – Ancien Régime – Frühe Neuzeit. Probleme und Methoden der Forschung, hrsg. von *Hans Erich Bödeker / Ernst Hinrichs,* Stuttgart 1991; Frühe Neuzeit – Frühe Moderne ? Forschungen zur Vielschichtigkeit von Übergangsprozessen, hrsg. von Rudolf Vierhaus und Mitarbeitern des Max-Planck-Instituts für Geschichte, Göttingen 1992; *Rudolf Vierhaus,* Vom Nutzen und Nachteil des Begriffs „Frühe Neuzeit". Fragen und Thesen, in: ebd., 13–25; *Johannes Burckhardt,* Frühe Neuzeit, in: Das Fischer Lexikon: Geschichte, hrsg. von Richard van Dülmen, Frankfurt a.M. 1991, 364–385; *Johannes Kunisch,* Über den Epochencharakter der frühen Neuzeit, in: Die Funktion der Geschichte in unserer Zeit. FS für Karl Dietrich Erdmann, hrsg. von E. Jäckel / E. Weymar, Stuttgart 1975, 150–161; *Winfried Schulze,* „Von den großen Anfängen des neuen Welttheaters". Entwicklung, neuere Ansätze und Aufgaben der Frühneuzeitforschung, in: GWU 43 (1993), 3–18; *Richard van Dülmen,* Historische Kulturforschung zur Frühen Neuzeit. Entwicklung-Probleme-Aufgaben, in: GG 21 (1995), 403–429; unter den deutschsprachigen Epochendarstellungen sei verwiesen auf: *Richard van Dülmen,* Entstehung des frühneuzeitlichen Europa 1550–1648 (= Fischer Weltgeschichte 24), Frankfurt a.M. 1982; *Rudolf Vierhaus,* Staaten und Stände. Vom Westfälischen bis zum Hubertusburger Frieden 1648 bis 1763 (= Propyläen Geschichte Deutschlands Bd. 5), Berlin 1984; *Heinz Schilling,* Aufbruch und Krise. Deutschland 1517–1648 (= Siedler Deutsche Geschichte: Das Reich und die Deutschen Bd. 4), Berlin 1988, insbes. 11 f.; *ders.,* Höfe und Allianzen. Deutschland 1648–1763 (= Siedler Deutsche Geschichte: Das Reich und die Deutschen Bd. 5), Berlin 1989, insbes. 12–15.

derne“[22] soll im folgenden hierauf in vier Abschnitten näher eingegangen werden: Brunners Ausgangslage in der Krise der Moderne um 1900 (II.); Von der „Staatsbildung“ zur „Volkwerdung“ (III.); Von der „politischen Volksgeschichte“ zur „Strukturgeschichte“ (IV.); Brunner und die Vormoderne (V.).

II. Brunners Ausgangslage in der Krise der Moderne um 1900

Brunners Ausgangslage ist durch die vielschichtige Krise der Moderne um 1900 gepägt, die durch den Ersten Weltkrieg und deren Folgen nochmals verschärft wurde.[23] Diesen Ausgangspunkt teilt Brunner mit vielen seiner Zeitgenossen, allerdings mit einer spezifisch österreichischen Differenz, auf die noch zurückzukommen sein wird. Er selbst nahm diese Krise vor allem als Krise der Kultur und des Staates wahr, der er wissenschaftlich durch die Wendung zum politischen Gelehrtentum zu begegnen suchte.

Der seit dem letzten Drittel des 19. Jahrhunderts sich beschleunigende Urbanisierungs- und Industrialisierungsprozeß, die rapide kulturelle Umgestaltung der Metropolen zu Großstädten einer Massengesellschaft, die wachsende Tendenz sozialer, ökonomischer und politischer Differenzierungsprozesse – all diesem gegenüber hat Brunner, der diese vielschichtigen Umbrüche nach seiner Demobilisierung in Wien erlebte, wo er als Zwanzigjähriger nach dem Kriegsende sein Studium aufnahm, offenbar ein großes Unbehagen empfunden.[24] In einem Wien, das nach dem Untergang des habsburgischen Reiches als Hauptstadt eines nunmehr eigenständigen „Staates wider Willen“[25] eine alle politischen Lager durchziehende Gefühlslage politischer Dekadenz hervorbrachte, zugleich aber während der Zwischenkriegszeit zum Fokus und Mikrokosmos über Österreich hinausgreifender diverser neuer oder bereits bestehender wissenschaftlicher „Wiener Schulen“ wie der Psychoanalyse, des philosophischen Neopositivismus, der Nationalökonomie, der Kunstgeschichte[26] oder der Urkundenforschung

22 Vgl. *Luise Schorn-Schütte* in der Einleitung zu diesem Band.

23 Vgl. *Pierangelo Schiera,* Otto Brunner, uno storico della crisi, in: Annali dell' Istituto storico italo-germanico (Anm. 16), 19–37; allgem. zur Krise der Moderne vgl. Jahrhundertwende. Der Aufbruch in die Moderne, 2 Bde., hrsg. *von August Nitschke / Gerhard A. Ritter / Detlev J. K. Peukert / Rüdiger vom Bruch,* Reinbek 1990; Kultur und Kulturwissenschaften um 1900, hrsg. von *Bruch / Graf / Hübinger* (Anm. 4).

24 Zur literarischen Seite dieses Prozesses vgl. *Ernst Fischer,* Literatur und Ideologie in Österreich 1918–1938, in: IASL, 1. Sonderheft. Forschungsreferate, Tübingen 1985, 183–255; *Gotthart Wunberg,* Unverständlichkeit. Historismus und literarische Moderne, in: Hofmannsthal Jahrbuch. Zur europäischen Moderne 1 (1993), 309–350; *Walter Prigge,* Geistesgeschichte und Stadtgeschichte: Wien, Frankfurt, Paris. Eine Skizze, in: Städtische Intellektuelle. Urbane Milieus im 20. Jahrhundert, hrsg. von dems., Frankfurt a.M. 1992, 12–46, insbes. 13–24.

25 Vgl. das gleichnamige Buch des Wiener Historikers und Kollegen Brunners *Reinhold Lorenz,* Der Staat wider Willen. Österreich 1918–1938, Berlin 1940.

ebenso wie zahlreicher intellektueller Zirkel wurde, und das Elias Canetti in seiner – im Titel auf Karl Kraus anspielenden – Autobiographie so glänzend beschrieben hat.[27]

Über Brunners allgemeinen Antiliberalismus und Antiintellektualismus[28] hinaus mehr über seine Stellung zu diesen verschiedenen Schulen und Zirkeln zu erfahren als seinen wissenschaftlichen Arbeiten unmittelbar zu entnehmen ist, so etwa die ablehnende Haltung gegenüber der Wiener Schule der Nationalökonomie und dem Neopositivismus[29], wäre nicht nur von rein biographischem Interesse. Es wäre vor allem aufschlußreich für eine schärfere Konturierung und Positionierung Brunners in den politisch-kulturellen Feldern Wiens und Österreichs der 20er und 30er Jahre[30], wo, wie auch andernorts in Deutschland und Europa nach Antworten auf die Krise der Moderne gesucht wurde. Denn mit dem Problem der Bewältigung der Kontingenzerfahrungen in der Moderne stand Brunner keineswegs allein, und aus der ähnlichen Diagnose dieses krisenhaften, von Brunners Wiener Zeitgenossen Hermann Broch als „Zerfall der Werte" beschriebenen Prozesses folgten doch keineswegs ähnliche Ursachenanalyse oder Therapievorschläge. So stand Brunner, im Unterschied etwa zu dem demokratisch gesinnten Broch, der seine kulturkritsche Diagnose in der seit 1930 erschienenen Romantrilogie „Die Schlafwandler" darlegte[31], oder dem kulturkonservativen Philosophen Karl Jaspers, dessen 1931/1932 veröffentliche

26 Vgl. hierzu: Philosophie, Wissenschaft, Aufklärung. Beiträge zur Geschichte und Wirkung des Wiener Kreises, hrsg. von *Achim Dahms,* Berlin/New York 1985; Die Wiener Schule der Nationalökonomie, hrsg. von *Norbert Leser,* Wien/Köln/Graz 1986; *Norbert Leser,* Genius Austriacus. Beiträge zur politischen Geschichte und Geistesgeschichte Österreichs, Wien/Köln/Graz 1986, 233–272; *William M. Johnston,* The Austrian Mind. An Intellectual and Social History 1848–1938, Berkeley: University of California Press 1972, 76–98, 181–195; Aufbruch und Untergang. Österreichische Kultur zwischen 1918 und 1938, hrsg. von *Franz Kadrnoska,* Wien/München/Zürich 1981.

27 *Elias Canetti,* Die Fackel im Ohr. Lebensgeschichte 1921–1931, München/Wien 1980; vgl. auch *W.M. Johnston,* The Austrian Mind (Anm. 26), 119–124.

28 Zu den Intellektuellendiskursen des frühen 20. Jahrhunderts vgl. *Fritz K. Ringer,* Die Gelehrten. Der Niedergang der deutschen Mandarine 1890–1933, Stuttgart 1987 (amerik. 1969); Intellektuellendiskurse in der Weimarer Republik, hrsg. von *Manfred Gangl/Gérard Raulet,* Frankfurt a. M. 1994; *Gangolf Hübinger,* Die europäischen Intellektuellen 1890–1933, in: NPL 39 (1995), 34–54; zu Brunner: *Hans Medick,* Naturzustand und Naturgeschichte der bürgerlichen Gesellschaft. Die Ursprünge der bürgerlichen Sozialtheorie als Geschichtsphilosophie und Sozialwissenschaft bei Samuel Pufendorf, John Locke und Adam Smith, Göttingen 1973, 16–18.

29 Vgl. *Otto Brunner,* Das österreichische Institut für Geschichtsforschung und seine Stellung in der deutschen Geschichtswissenschaft, in: MIÖG 52 (1938), 385–416, hier 412–416; *ders.,* Zum Problem der Sozial- und Wirtschaftsgeschichte, in: Zeitschrift für Nationalökonomie, Bd. 7 (1936), 671–685.

30 Vgl. hierzu *A. Wandruszka,* Österreichs politische Struktur (Anm. 9), 289–485.

31 Vgl. *Monika Ritzer,* Hermann Broch und die Kulturkrise im frühen 20. Jahrhundert, Stuttgart 1988; *Paul Michael Lützeler,* Hermann Broch. Eine Biographie, Frankfurt a.M. 1985, 114–135; *W. M. Johnston,* The Austrian Mind (Anm. 26), 315–317.

Schrift „Die geistige Situation der Zeit“ auf den ersten Blick ebenfalls hiermit übereinstimmte[32], im Strom der seit der Mitte des 19. Jahrhunderts sich ausbreitenden Kulturkritik bis hin zu Vertretern der sog. „Konservativen Revolution“.[33]

Während Brunners kulturkritische Haltung im deutschen Kontext des späten Kaiserreichs und der Weimarer Republik sowie darüber hinaus im Kontext der europäischen Diskussion über die Krise der Moderne gelesen werden kann, sind seine politische Orientierung und die hiermit eng verwobenen historischen Arbeiten ohne den spezifisch österreichischen Hintergrund nicht zu verstehen.[34] Vor allem führten die Kriegsniederlage und die anschließenden Friedensverträge von Versailles und St. Germain unter den Historikern in Österreich und in Deutschland zu sehr unterschiedlichen Reaktionen. In Deutschland löste die Auflösung der preußisch-deutschen Monarchie und der Zusammenbruch des Staates zugleich eine „Krise des deutschen Staatsgedankens“ aus, die jedoch nur vereinzelt die grundsätzliche Infragestellung des „Staates“ als ethischer und universalhistorischer Kategorie zur Folge hatte. Statt dessen begab man sich in einem gleichsam historiographischen Großprogramm auf die Suche nach den entweder freiheitlichen oder autoritären Traditionslinien des „deutschen Staatsgedankens“. Unter den zahlreichen Arbeiten, die unter diesem Titel publiziert wurden, ist neben Friedrich Meineckes „Idee der Staatsräson“[35] vor allem

---

32 Vgl. hierzu: Karl Jaspers. Denken zwischen Wissenschaft, Politik und Philosophie, hrsg. von *Dietrich Harth,* Stuttgart 1989, darin insbes. die Beiträge von Gelbert Merlio, Manfred Gangl, Ruthard Stäblein u. Helmut Fahrenbach.

33 Vgl. hierzu *Hans-Joachim Schoeps,* Vorläufer Spenglers. Studien zum Geschichtspessimismus im 19. Jahrhundert, 2. erw. Aufl., Leiden 1955; *Siegbert Peetz,* Die Wiederkehr im Unterschied. Ernst von Lasaulx, Freiburg 1989; *Fritz Stern,* Kulturpessimismus als politische Gefahr. Eine Analyse nationaler Ideologie in Deutschland, München 1986 (engl. 1961); *Kurt Sontheimer,* Antidemokratisches Denken in der Weimarer Republik (Anm. 7), 118–123; *Norbert J. Schürgers,* Politische Philosophie in der Weimarer Republik. Staatsverständnis zwischen Führerdemokratie und bürokratischem Sozialismus, Stuttgart 1989, 258–275; *Georg Bollenbeck,* Bildung und Kultur. Glanz und Elend eines deutschen Deutungsmusters, Frankfurt a.M./Leipzig 1994, 225–268; *Armin Mohler,* Die Konservative Revolution in Deutschland 1918–1932, 4. Aufl., Darmstadt 1994 (1. Aufl. 1949); zur Kritik des Begriffs und des ideengeschichtlichen Konzepts „Konservative Revolution“ vgl. *Stefan Breuer,* Anatomie der Konservativen Revolution, Darmstadt 1993, insbes. 180 ff.; diese Arbeit ist für den vorliegenden Kontext allerdings nicht nur darum von begrenztem Nutzen, weil speziell Österreich zu wenig berücksichtigt wird (vgl. hierzu ebd. 7). In seiner Reichweite begrenzt ist vor allem Breuers anstelle des Begriffs „Konservative Revolution“ vorgeschlagener Alternativbegriff „Neuer Nationalismus“. Im Hinblick auf die völkische Bewegung der „Volksdeutschen“, und insbesondere mit Blick auf Brunners gerade nicht „nationalistische“, sondern „völkische“ Position ist Breuers Begrifflichkeit geradezu irreführend.

34 Vgl. *W. M. Johnston,* The Austrian Mind (Anm. 26); *Carl E. Schorske,* Wien. Geist und Gesellschaft im Fin des Siècle, Frankfurt a. M. 1982 (engl. 1961); Aufbruch und Untergang, hrsg. von F. Kadrnoska (Anm. 25); *Stefan Zweig,* Die Welt von Gestern. Erinnerungen eines Europäers, Stockholm 1944; *Hilde Spiel,* Glanz und Untergang. Wien 1866–1938, Wien 1987.

die 27 Bände umfassende, im Münchener Drei Masken Verlag erschienene und von Arno Duch begründete Sammlung „Der deutsche Staatsgedanke“[36] hervorzuheben, die 1921 mit einem Band von Paul Joachimsen eröffnet wurde.[37] Dieser historiographische Versuch, der politischen Krise in Deutschland mit Hilfe der „Ideengeschichte“ beizukommen und so deutsche Identität zu restabilisieren, ist hier nicht näher kritisch zu beleuchten. Festzuhalten ist lediglich, daß hierdurch der Staatszentrismus zunächst eher bestätigt als abgebaut wurde. Dennoch gab es innerhalb dieses Staatszentrismus eine gewichtige Verschiebung, denn das noch bis zum Krieg ungebrochene Bewußtsein eines preußisch-deutschen Sonderwegs, der sich vom westeuropäischen Konstitutionalismus und Parlamentarismus positiv abzuheben schien, war brüchig geworden, und bei denen, die eine Annäherung an den Westen suchten, wurde aus dem positiven alsbald ein negativer deutscher Sonderweg.[38]

Ganz anders dagegen war die Reaktion der Historiker in Österreich, dem „Land ohne Eigenschaften“, wo es aufgrund der ethnischen und politischen Struktur des Habsburgerreiches ein spezifisch österreichisches Staatsbewußtsein oder gar einen österreichischen Staats*gedanken* vor dem Zusammenbruch nicht gegeben hat. Aus dieser Situation eines nationalpolitischen und memorialen Vakuums entstand nach dem Zerfall des habsburgischen Vielvölkerreichs unter breiten Teilen der deutschsprachigen Bevölkerung und den politischen Gruppierungen bis hin zur Sozialdemokratie sehr rasch der Wunsch nach einem Anschluß ans Deutsche Reich, der allerdings durch das von den Siegermächten in den Pariser Friedensbestimmungen festgelegte Anschlußverbot und den Zwang zur österreichischen Eigenstaatlichkeit blockiert wurde. Im Kontext dieser gegen den „Staat wider Willen“ gerichteten Anschlußbestrebungen, ohne deren Berücksichtigung der dann faktisch erfolgte politische Anschluß 1938 nicht verständlich ist[39], steht die

---

35 *Friedrich Meinecke,* Die Idee der Staatsräson in der neueren Geschichte, Berlin 1924; vgl. hierzu, den zeithistorischen Bezug, insbesondere den Nachkriegscharakter des Buches betonend, *Michael Stolleis,* Friedrich Meineckes „Die Idee der Staatsräson“ und die neuere Forschung, in: Friedrich Meinecke heute, bearb. u. hrsg. von Michael Erbe, Berlin 1981, 50–75.

36 Der deutsche Staatsgedanke, 27 Bde., hrsg. von *Arno Duch,* München 1921–1925.

37 *Paul Joachimsen,* Der deutsche Staatsgedanke. Von den Anfängen bis auf Leibniz und Friedrich den Großen, München 1921; vgl. auch *ders.*, Zur historischen Psychologie des deutschen Staatsgedankens (1922), wiederabgedruckt in: ders., Gesammelte Aufsätze. Beiträge zu Renaissance, Humanismus und Reformation. Ausgew. und eingel. von Notker Hammerstein Bd. 1, Aalen 1970, 549–620; zu Joachimsens Deutung der Frühen Neuzeit vgl. *Ulrich Muhlack,* „Deutsche Neuzeit“. Zur Historiographie Paul Joachimsen, in: ZHF 1 (1974), 88–115, sowie den Beitrag von *Notker Hammerstein* in diesem Band.

38 Vgl. hierzu *Bernd Faulenbach,* Ideologie des deutschen Weges. Die deutsche Geschichte in der Historiographie zwischen Kaiserreich und Nationalsozialismus, München 1980, insbes. 122–177.

zunächst vor allem von Heinrich Ritter von Srbik und Harold Steinacker formulierte, darüber hinaus aber fast ausnahmslos auch von den übrigen österreichischen Historikern vertretene Idee einer „gesamtdeutschen Geschichtsauffassung".[40] Wie Srbik und Steinacker gehörte neben dem Literaturwissenschaftler Josef Nadler, dem Rechtshistoriker Karl Gottfried Hugelmann, dem Kunsthistoriker Hans Sedlmayr, dem Neuzeithistoriker Wilhelm Bauer sowie dem Mediävisten – und Patron Otto Brunners – Hans Hirsch auch Brunner zum engeren großdeutsch orientierten Kreis der Vertreter der „gesamtdeutschen Geschichtsauffassung".[41] Zentrum dieses Kreises war das „Österreichische Institut für Geschichtsforschung", das in den dreißiger Jahren von dem bereits erwähnten Hans Hirsch und nach dessen Tod (1940) von Brunner geleitet wurde.[42] Politisch ist dieser Kreis der „Wiener Schule"[43] sowohl vom ästhetizistischen „Altösterreichertum", das Hermann Broch in seinem großen Essay „Hofmannsthal und seine Zeit" (1949) beschrieben hat[44], als auch vom „Austrofaschismus" Othmar Spanns

39 Vgl. hierzu *Francis L. Carsten,* Faschismus in Österreich, München 1978, 267–294; *Walder Goldinger / Dieter A. Binder,* Geschichte der Republik Österreich 1918–1938, Wien/München 1992, 258–304; Fünfzig Jahre danach, der „Anschluß" von innen und außen gesehen, hrsg. von *Felix Kreissler,* Wien/Zürich 1989; *Gerhard Botz,* Der „Anschluß von 1938 als österreichisches Problem, in: APZG 38 (1988), B. 9, 3–19; *Rolf Steininger,* Der Anschluß Österreichs – Stationen auf dem Weg zum März 1938, in: ebd., 20–33; speziell zu Wien vgl. *Gerhard Botz,* Wien vom „Anschluß" zum Krieg. Nationalsozialistische Machtübernahme und politisch-soziale Umgestaltung am Beispiel der Stadt Wien 1938/39, Wien/München 1978; aus der zeitgenössischen Literatur ist besonders zu nennen: Die Anschlußfrage, hrsg. von *F. G. Kleinwächter / H. v. Paller,* der mit Brunners Aufsatz „Die geschichtliche Funktion des alten Österreich" (vgl. Anm. 9) eröffnet wird.

40 *Heinrich Ritter von Srbik,* Zur gesamtdeutschen Geschichtsauffassung. Ein Versuch und sein Schicksal, in: HZ 156 (1937), 229–262; *ders.,* Deutsche Einheit. Idee und Wirklichkeit vom Heiligen Reich bis Königgrätz, 4 Bde., München 1935–1942; *Harold Steinacker,* Volk und Geschichte. Ausgewählte Reden und Aufsätze, Brünn/München/Wien 1943; *Reinhold Lorenz,* Drei Jahrhunderte Volk, Staat und Reich. Fünfzehn Beiträge zur Neueren Deutschen Geschichte, Wien 1942; vgl. auch *Herbert Dachs,* Österreichische Geschichtswissenschaft und Anschluß 1918–1930, Wien/Salzburg 1974; *Günter Fellner,* Ludo Moritz Hartmann und die österreichische Geschichtswissenschaft, Wien/Salzburg 1985, insbes. 259–270; *W. Oberkrome,* Volksgeschichte (Anm. 6), 73–81.

41 In etlichen Publikationen sind die Genannten als Autoren versammelt, vgl. etwa: Die Anschlußfrage in ihrer kulturellen, politischen und wirtschaftlichen Bedeutung, hrsg. *F. G. Kleinwächter / H. v. Paller* (Anm. 9); Österreich. Erbe und Sendung im deutschen Raum, hrsg. von *Josef Nadler* u. *Heinrich Ritter von Srbik,* Salzburg/Leipzig 1936; Gesamtdeutsche Vergangenheit (Anm. 9); vgl. zu diesem Kreis auch *A. Wandruszka,* Österreichs politische Struktur (Anm. 9), 334–338, 411–417.

42 Vgl. *Alphons Lhotsky,* Geschichte des Instituts für Österreichische Geschichtsforschung 1854–1954 (MIÖG Erg. Bd. 17), Graz-Köln 1954, 368; *G. Heiß,* Von Österreichs deutscher Vergangenheit und Aufgabe (Anm. 8), 52.

43 Zur „institutionelle[n] und gruppensoziologische[n] Seite" dieses Kreises als – soweit es es sich um Historiker handelt – „Wissenschaftlergruppe" vgl. *Fellner,* Die österreichische Geschichtswissenschaft vom „Anschluß" zum Wiederaufbau (Anm. 8), 135–147; zur „Gruppenideologie" dieses Kreises vgl. *G. Heiß,* Von Österreichs deutscher Vergangenheit und Aufgabe (Anm. 8), insbes. 39.

zu unterscheiden.[45] Von Brunner und Sedlmayr, den jüngeren Mitgliedern dieses Kreises, führen über das Programm einer „gesamtdeutschen Geschichtsauffassung" hinausgehend zudem wissenschaftliche und politische Verbindungen zur neuen Volkswissenschaft des „Leipziger Kreises" um Hans Freyer.[46]

Die lebensweltlichen Erfahrungen der krisenhaften Moderne ließen Brunner indes weder in einen verbreiteten Kulturpessimismus noch in eine generelle Abwendung von der Kultur- und Politikgeschichte verfallen. Wie sein Engagement in der „Volks- und Kulturbodenforschung" und seine Forderung nach einer „politischen Volksgeschichte"[47] zeigen, führten sie ihn vielmehr, getragen von der politischen Utopie einer völkischen Überwindung der bürgerlichen Klassengesellschaft, zur historistischen Erneuerung der historischen Wissenschaften im Geist der „Volkswissenschaften".[48] Doch führte die produktive wissenschaftliche Umsetzung des Unbehagens an der modernen Kultur bei Brunner nicht zu einem selbstreflexiven kulturwissenschaftlichen Ansatz einer Theorie der Moderne, im Unterschied etwa zu Georg Simmel, Max Weber oder Norbert Elias, mit dem Brunner aufgrund der gemeinsamen Generationszugehörigkeit in mancher Hinsicht eher vergleichbar und zu kontrastieren ist, und dessen „Prozeß der Zivilisation" im gleichen Jahr wie Brunners „Land und Herrschaft" erschien (1939). Statt dessen wandte Brunner sich in „Land und Herrschaft" dem Entwurf eines „anderen" Mittelalters zu, das sich nicht nur von verschiedenen bis dahin einflußreichen Mittelalterdeutungen unterscheidet, sondern zugleich einen utopischen Gegenentwurf zur Moderne enthält, der im Sinne radikal-totalitärer „Gemeinschaftsbildung" auf die Reduzierung politisch-sozialer Komplexität und Differenzierung zielt, wie sie zuvor von Emile Durkheim, Georg Simmmel, Max Weber u. a. analysiert und beschrieben worden waren.[49] Die im engeren Sinn mediävistischen Probleme dieses Hauptwerks[50] von Brun-

---

44 *Hermann Broch,* Hugo von Hofmannsthal und seine Zeit (1947/48), in: *Hermann Broch,* Kommentierte Werkausgabe, hrsg. von Paul Michael Lützeler, Bd. 9/1: Schriften zur Literatur 1. Kritik, Frankfurt a.M. 1975, 111-284.

45 Vgl. hierzu: „Austrofaschismus". Beiträge über Politik, Ökonomie und Kultur 1934-1938, hrsg. von *Emmerich Tálos/Wolfgang Neugebauer,* Wien 1985; *R. Jütte* (Anm. 9); zu Spann vgl. *Martin Schneller,* Zwischen Romantik und Faschismus. Der Beitrag Othmar Spanns zum Konservatismus der Weimarer Republik, Stuttgart 1970.

46 S. hierzu u. 107 ff.

47 *Otto Brunner,* Land und Herrschaft. Grundfragen der territorialen Verfassungsgeschichte Südostdeutschlands im Mittelalter, 3. erg. Aufl., Brünn 1943, 188.

48 S. hierzu u. 107 ff.

49 Zur zeitgenössischen Kritik linker und rechter radikal-totalitärer Gemeinschaftsideologien in den zwanziger Jahren vgl. *Helmuth Plessner,* Grenzen der Gemeinschaft. Eine Kritik des sozialen Radikalismus (1924), in: ders., Gesammelte Schriften, Bd. V: Macht und menschliche Natur, hrsg. von Günter Dux/Odo Marquard/Elisabeth Ströker, Frankfurt a.M. 1981, 7-133; vgl. auch *K. Sontheimer,* Antidemokratisches Denken in der Weimarer Republik (Anm. 7), 250 ff.

ner sind hier ebenso wenig zu diskutieren wie die reduktionistischen Harmonisierungen in Brunners Entwurf eines „anderen“ Mittelalters, dessen soziale Differenzierung und Dynamik gewiß größer waren als Brunners Mittelalterbild nahezulegen versucht. Festzuhalten bleibt allerdings, daß Brunners Beitrag zu „einer wesensgemäßen Theorie der mittelalterlichen Welt und der Darstellung ihrer inneren Struktur“[51] sich deutlich abhebt von jenen zeitgleichen neoromantischen Mittelalterbeschwörungen, denen Otto Gerhard Oexle in jüngster Zeit nachgegangen ist.[52]

Die Abkehr von der Moderne und die Hinwendung zum Mittelalter als neue leitende Orientierungsepoche hat Brunner mit einem wissenschaftlichen Methodenwechsel verbunden, der seinerseits in der Unübersichtlichkeitskrise der Moderne und der „Krisis der modernen Wissenschaft“ (E. Husserl) wurzelt. Ein zentraler Aspekt der das Verhältnis von Lebenswelt und Wissenschaft berührenden Probleme war für Brunner die Standortgebundenheit wissenschaftlicher Erkenntnis. Dieses Problem war um die Wende zum 20. Jahrhundert keineswegs neu. Es lag vielmehr bereits in den verschiedenen Anläufen und Varianten zu einer Theorie des perspektivischen Sehens begründet, die in der Kunstgeschichte bis zur Renaissance und in den historischen Wissenschaften bis auf Chladenius' Theorie vom „Sehepunkt“ oder Droysens „Historik“ zurückführen. Die politisch-sozialen Umbrucherfahrungen des 19. Jahrhunderts hatten allerdings die Verschärfung dieses Problems der Standortgebundenheit und des Wahrheitsgehalts historischer Erkenntnis zur Folge, die um die Wende zum 20. Jahrhundert bekanntermaßen zu einer Grundlagendebatte in den Sozial- und Kulturwissenschaften führten, als deren wichtigste Stationen hier Max Weber, Ernst Troeltsch, die Wissenssoziologie (v. a. Karl Mannheim) und die philosophische Phänomenologie zu nennen sind.[53] Die von Nietzsche erhobene

50 Vgl. hierzu *Karl Kroeschell,* Haus und Herrschaft im frühen deutschen Recht, Göttingen 1968; *František Graus,* Verfassungsgeschichte des Mittelalters, in: HZ 243 (1986), 529–589, insbes. 566–573. Zur Kritik an Brunners ‚Schutz-und-Schirm-Lehre‘ und deren begriffsgeschichtlicher Problematik vgl. die anregende Arbeit von *Gadi Algazi,* Herrengewalt und Gewalt der Herren im späten Mittelalter. Herrschaft, Gegenseitigkeit und Sprachgebrauch, Frankfurt a.M./New York 1996, insbes. 97–129 u. 249–253.

51 *O. Brunner,* Land und Herrschaft (Anm. 47), 132. Zur Kritik an Brunners unterstellten Wesenheiten konkreter Ordnungsgebilde vgl. *Algazi* (Anm. 50)

52 *Otto Gerhard Oexle,* Das Mittelalter und das Unbehagen an der Moderne. Mittelalterbeschwörungen in der Weimarer Republik und danach, in: Spannungen und Widersprüche. Gedenkschrift für Frantisek Graus, hrsg. von Susanna Burghartz/Hans Jörg Kromen u. a., Sigmaringen 1992, 125–153. Als späteren Beleg vgl. auch Brunners Absage an ein „romantisiertes ‚Mittelalter‘, das von seinen Lobrednern in seinem wirklichen Wesen gar nicht erkannt wurde.“, *Otto Brunner,* Adeliges Landleben und europäischer Geist. Leben und Werk Wolf Helmhards von Hohberg 1612–1688, Salzburg 1949, 10.

53 Vgl. hierzu *Max Weber,* Die „Objektivität“ sozialwissenschaftlicher Erkenntnis (1904), in: ders., Gesammelte Abhandlungen zur Wissenschaftslehre. Dritte., erw. u. verb. Aufl., hrsg. von J. Winckelmann, Tübingen 1968, 146–214; *Ernst Troeltsch,* Der

und seitdem verbreitete Forderung einer Erneuerung der Verbindung von „Wissenschaft und Leben" mündete in die erkenntnistheoretische, klassisch von Ernst Troeltsch formulierte Einsicht der „grundsätzlichen Historisierung alles unseres Denkens über den Menschen, seine Kultur und seine Werte [...]".[54] An diese historistische Problemstellung lebensweltlich rückgebundener Bedingung moderner Wissenschaft als Forschung[55] knüpfte Brunner mit seinen begriffs- und wissenschaftsgeschichtlichen Reflexionen in „Land und Herrschaft" und den umliegenden Arbeiten an.

Die politisch-soziale Erfahrung schwindender Kohäsionsleistung des Staates und der Verfassung, die er zugleich als Integrationskrise der Moderne überhaupt deutete, führte Brunner dabei nicht nur zur Erwartung einer völkisch-gemeinschaftlich begründeten Überwindung der bürgerlichen „Gesellschaft", sondern zugleich zur Abkehr von der aus ihr hervorgegangenen historisch-sozialwissenschaftlichen Begriffssprache. Begriffe wie „Staat", „Gesellschaft" oder „Verfassung", und besonders das Diktum von der Trennung zwischen „Staat und Gesellschaft", denen zuvor normativ-

---

Historismus und seine Probleme, Tübingen 1922; Der Streit um die Wissenssoziologie, 2 Bde., hrsg. von *Volker Meja / Nico Stehr*, Frankfurt a. M. 1982; Kultur und Kulturwissenschaften um 1900, hrsg. *von R. v. Bruch / F. W. Graf / G. Hübinger* (Anm. 4); *Reinhart Koselleck*, Standortbindung und Zeitlichkeit. Ein Beitrag zur Erschließung der geschichtlichen Welt (1977), in: ders., Vergangene Zukunft. Zur Semantik geschichtlicher Zeiten, Frankfurt am Main 1979, 176–207; *ders.*, Erfahrungswandel und Methodenwechsel. Eine historisch-anthropologische Skizze, in: Alteuropa – Ancien Régime – Frühe Neuzeit (Anm. 20), 215–254; *Otto Gerhard Oexle*, Die Geschichtswissenschaft im Zeichen des Historismus, in: HZ 238 (1984), 17–55; *Gunter Scholz*, Das Historismusproblem und die Geisteswissenschaften im 20. Jahrhundert, in: ders., Zwischen Wissenschaftsanspruch und Orientierungsbedürfnis. Zu Grundlage und Wandel der Geisteswissenschaften, Frankfurt a. M. 1991, 130–157; *Annette Wittkau*, Historismus. Zur Geschichte des Begriffs und des Problems, Göttingen 1992, 25–60. Unter dem Stichwort des „Relationismus" wurde dieses Problem parallel auch in den Naturwissenschaften geführt, ohne daß es jedoch zu einer nachhaltigen problemorientierten kulturwissenschaftlichen Vernetzung zwischen Natur- und Geisteswissenschaften gekommen wäre. Vgl. hierzu grundlegend *Ernst Cassirer*, Das Erkennntnisproblem in der Philosophie und Wissenschaft der neueren Zeit, 4 Bde. (1906–1950), Darmstadt 1994; vgl. auch *Otto Gerhard Oexle*, „Der Teil und das Ganze" als Problem geschichtswissenschaftlicher Erkenntnis. Ein historisch-typologischer Versuch, in: Teil und Ganzes, hrsg. von Karl Acham / Winfried Schulze (= Theorie der Geschichte. Beiträge zur Historik Bd. 6), München 1990, 348–384; *Gunter Scholz*, Historismus und Wahrheit in der Wissenschaftstheorie, in: ders., Zwischen Wissenschaftsanspruch und Orientierungsbedürfnis, 158–200, inbes. 166–173.

54 *E. Troeltsch*, Der Historismus und seine Probleme (Anm. 53), 102.

55 Vgl. hierzu *Ulrich Muhlack*, Geschichtswissenschaft im Humanismus und in der Aufklärung. Die Vorgeschichte der Aufklärung, München 1991, 67–87; *Wolfgang Hardtwig*, Konzeption und Begriff der Forschung in der deutschen Historie des 19. Jahrhunderts, in: Konzeption und Begriff der Forschung in den Wissenschaften des 19. Jahrhunderts, hrsg. von Alwin Diemer, Meisenheim am Glan 1978, 11–26; *O. G. Oexle*, Die Geschichtswissenschaft im Zeichen des Historismus (Anm. 52), 38 ff., 24 ff., 30; *ders.*, ‚Wissenschaft' und ‚Leben'. Historische Reflexionen über Tragweite und Grenzen moderner Wissenschaft, in: GWU 41 (1990), 145–161; *Andrea Germer*, Wissenschaft und Leben. Max Webers Antwort auf eine Frage Friedrich Nietzsches, Göttingen 1994.

universalhistorische Geltung zugesprochen worden waren, erwiesen sich für Brunner als Selbstbeschreibungskategorien, die für das Verständnis anderer historischer politisch-sozialer Systeme und anderer Epochen unhaltbar seien. Mit dieser Historisierung politisch-sozialer Grundbegriffe vollzog Brunner in kritischem Anschluß an die bereits zu Beginn des Jahrhunderts, maßgeblich durch Paul Sanders Buch „Feudalstaat und bürgerliche Verfassung“ (1906) ausgelöste Debatte einen über die Mittelalterforschung hinausreichenden perspektivistischen Umbruch, in dessen Mittelpunkt bei Brunner selbst Begriff und Methode der „Verfassungsgeschichte“ standen.[56]

In polemischer Abgrenzung von der bis dahin die mediävistische Diskussion dominierenden Debatte über den „deutschen Staat des Mittelalters“ und in kritischer Auseinandersetzung mit der „Verfassungslehre“ Carl Schmitts (1928) übernahm Brunner zunächst dessen Verfassungsbegriff als „konkrete[r] Gesamtzustand politischer Einheit und sozialer Ordnung eines bestimmten Staates“.[57] Zugleich jedoch ersetzte er Schmitts etatistisches Konzept[58] der Verfassung als Staatsverfassungslehre des bürgerlich-liberalen Rechtsstaats durch den normativen Bezug auf das „Volk“ und eröffnete hierdurch die Perspektive einer Verfassungsgeschichte jenseits ihres bisherigen Verständnisses als Geschichte des Konstitutionalismus.[59]

Diese wegweisende Unterscheidung zwischen „Verfassung“ und „Konstitution“ überdeckt freilich allzu leicht Brunners Traditionsbezug zur germanistischen deutschen Verfassungsgeschichtsschreibung des 19. Jahrhunderts.[60] Mit Recht hat František Graus diese vornehmlich auf Georg Waitz

---

56 Vgl. hierzu *Reinhart Koselleck,* Begriffsgeschichtliche Probleme der Verfassungsgeschichtsschreibung, in: Gegenstand und Begriffe der Verfassungsgeschichtsschreibung (= Der Staat, Beih. 6), Berlin 1983, 7–21, insbes. 12–17; *O. G. Oexle,* Sozialgeschichte – Begriffsgeschichte – Wissenschaftsgeschichte (Anm. 19), 316–321; *F. Graus,* Verfassungsgeschichte des Mittelalters (Anm. 50), 566 ff.; *Hans Boldt,* Einführung in die Verfassungsgeschichte. Zwei Abhandlungen zu ihrer Methodik und Geschichte, Düsseldorf 1984, 152–157; *ders.,* Otto Brunner. Zur Theorie der Verfassungsgeschichte, in: Annali dell' Istituto storico italo-germanico (Anm. 16), 39–61.

57 *Carl Schmitt,* Verfassungslehre, München/Leipzig 1928, 4.

58 Zu Schmitts Etatismus im Moment seiner paradigmatischen Erschöpfung und Transformation eines auf „Großraum“ und „Reich“ gegründeten „Nomos“ vgl. *Andreas Göbel,* Paradigmatische Erschöpfung. Wissenssoziologische Bemerkungen zum Fall Carl Schmitts, in: Metamorphosen des Politischen (Anm. 7), 267–286; *Armin Adam,* Rekonstruktion des Politischen. Carl Schmitt und die Krise der Staatlichkeit 1912–1933, Weinheim 1992; unter den Schriften Schmitts sei hier lediglich besonders verwiesen auf: Staatliche Souveränität und Meer. Über den Gegensatz von Land und Meer im Völkerrecht der Neuzeit, in: Das Reich und Europa, hrsg. von Fritz Hartung, Theodor Mayer u. a., Leipzig 1941, 78–105, in erw. Fassung wieder abgedr. u. d. T.: „Staat als ein konkreter, an eine geschichtliche Epoche gebundener Begriff“, in: Carl Schmitt, Verfassungsrechtliche Aufsätze, Berlin 1958, 375–385.

59 *O. Brunner,* Moderner Verfassungsbegriff und mittelalterliche Verfassungsgeschichte (Anm. 3), inbes. 517: „Dem Nationalsozialismus ist nicht mehr der Staat, sondern das Volk oberstes Prinzip des politischen Denkens.“; vgl. auch *ders.* Land und Herrschaft (Anm. 47), 134–150.

zurückgehende „Deutsche Verfassungsgeschichte" als „neues Paradigma der Historiographie"[61] bezeichnet, dabei aber, ebenso wie zuvor auch Fritz Hartung und Ernst-Wolfgang Böckenförde übersehen, daß dieser „Paradigmawechsel" erst in Auseinandersetzung mit der kontraktualistisch begründeten konstitutionellen Verfassungshistorie der aufgeklärt-liberalen Geschichtsschreibung, besonders des Leipziger Staatswissenschaftlers Karl Heinrich Ludwig Pölitz erfolgte. Raumzeitlicher Gegenstandsbereich dieser aufgeklärt-liberalen konstitutionellen Verfassungshistorie, der der moderne, in Europa seit der Französischen Revolution zum Durchbruch gekommene Verfassungsbegriff zu Grunde lag, war die Geschichte der modernen geschriebenen Verfassungen seit der amerikanischen Konstitution i. J. 1787.[62] Im Unterschied hierzu war die neoaristotelisch begründete „Deutsche Verfassungsgeschichte" im Kern mittelalterliche Rechtsgeschichte, die mit einem weitem, durchaus im Schmittschen Sinn auf den „Gesamtzustand politischer Einheit und sozialer Ordnung" abzielenden Verfassungsbegriff arbeitete. Wie ein Vergleich vor allem mit der französischen Rechtshistorie zeigt, ist die Verwendung dieses weiten Verfassungsbegriff keineswegs selbstverständlich. Was in Deutschland als mittelalterliche „Verfassungsgeschichte" bezeichnet wurde, war in Frankreich Gegenstand einer „histoire des institutions", die sich konzeptionell abhob von der „histoire constitutionelle".[63] Mit der Verwendung des umfassenden, gleichsam totalen Verfassungsbegriffs bewegte Brunner sich also durchaus im Rahmen des überkommenen Paradigmas der „Deutschen Verfassungsgeschichte". Was Brunner indes von der bisherigen germanistischen Verfassungshistorie unterschied, war seine Ablehnung der Anwendbarkeit moderner Begriffe wie „Staat" und „Gesellschaft", insbesondere dichotomischer Schemata wie „Staat und Gesellschaft", „Verfassung und Verwaltung", oder „öffentliches

---

60 Vgl. hierzu *Ernst-Wolfgang Böckenförde,* Die deutsche verfassungsgeschichtliche Forschung im 19. Jahrhundert. Zeitgebundene Fragestellungen und Leitbilder, Berlin 1961; *F. Graus,* Verfassungsgeschichte des Mittelalters (Anm. 50), 537–552.

61 *F. Graus,* Verfassungsgeschichte des Mittelalters (Anm. 50), 547.

62 Vgl. hierzu *Eberhard Schmidt-Aßmann,* Der Verfassungsbegriff der deutschen Staatslehre der Aufklärung und des Historismus, Berlin 1967, 178–186, sowie die knappen Hinweise bei *H. Boldt,* Einführung in die Verfassungsgeschichte (Anm. 50), 126; *ders.,* Deutsche Staatslehre im Vormärz, Düsseldorf 1975, 186–193, allerdings wird hier die systematische Differenz zwischen Pölitz und Waitz unterschätzt; *R. Koselleck,* Begriffsgeschichtliche Probleme der Verfassungsgeschichtsschreibung (Anm. 56), 18 f.; *Reinhard Blänkner,* Die Idee der Verfassung in der politischen Kultur des 19. Jahrhunderts in Deutschland, in: Bürgerreligion und Bürgertugend. Debatten über die vorpolitischen Grundlagen politischer Ordnung, hrsg. von Herfried Münkler, Baden-Baden 1996, 308–338, insbes. 316.

63 Vgl. hierzu *F. Graus,* Verfassungsgeschichte des Mittelalters (Anm. 50), 543 f.; *H. Boldt,* Einführung in die Verfassungsgeschichte (Anm. 50), 126–131; *Reinhard Blänkner,* Überlegungen zum Verhältnis von Geschichtswissenschaft und Theorie politischer Institutionen, in: Die Eigenart der Institutionen. Zum Profil politischer Institutionentheorie, hrsg. von Gerhard Göhler, Baden-Baden 1994, 85–122, inbes. 90–94.

und privates Recht“ auf das Mittelalter, die er durch „konkrete Ordnungsbegriffe“ wie „Reich“, „Volk“, „Land“ und „Haus“ ersetzte.

Ob die quellengemäßen „konkreten Ordnungsbegriffe“ das von Brunner durchgängig unterlegte „Wesen“ mittelalterlicher Institutionen angemessener beschreiben können als die zurecht als ahistorisch kritisierte Terminologie der Begriffsjurisprudenz des 19. Jahrhunderts, ist allerdings fraglich. Der Grund hierfür liegt jedoch nicht in dem bei der Rekonstruktion und Darstellung vergangener Epochen unhintergehbaren Spannungsverhältnis zwischen Quellensprache und der zeitgenössischen Sprache des Historikers, sondern in dem substantialistischen Rest des Brunnerschen Historismus. Trotz berechtigter grundsätzlicher Einwände gegen das u. a. von Carl Schmitt postulierte „konkrete Ordnungsdenken“[64] ist demgegenüber Brunners Versuch, die mittelalterlichen Ordnungen nicht durch „technisch dienliche Definitionen“, sondern mit Hilfe konkret-historischer Begriffe „aus den Quellen [...] zu beschreiben“,[65] als innovativ hervorzuheben. Mit dieser Forderung einer „quellenmäßigen Begriffssprache“[66] meinte Brunner freilich keineswegs die puristische Ersetzung moderner Begriffe durch die Sprache der Quellen. Entgegen diesem verbreiteten Mißverständnis hat Brunner selbst keinen Zweifel darüber gelassen, daß seine erkenntnisleitenden Begriffe keineswegs unmittelbar den Quellen entnommen sind, sondern in der Gegenwart gründen, und in klarer Erkenntnis des Zusammenhangs zwischen seinen eigenen Forschungen und den Veränderungen seiner politischen Umwelt hat er vehement die „Revision der Grundbegriffe“ des bisherigen Geschichtsbildes gefordert.[67]

Spannender als eine weitere, in der Sache unergiebige Diskussion dieses Mißverständnisses[68] ist Brunners gegen die zeitgenössische Verfassungsge-

---

64 Vgl. *Carl Schmitt,* Über die drei Arten des rechtswissenschaftlichen Denkens, Hamburg 1934; zur Kritik des konkreten Ordnungsdenkens vgl. *Bernd Rüthers,* „Wir denken die Rechtsbegriffe um ...“ – Weltanschauung als Auslegungsprinzip, Zürich 1987; *ders.,* Entartetes Recht. Rechtslehren und Kronjuristen im Dritten Reich, München 1988, 54–98 u. 184–203; *Joachim Rückert,* Der Rechtsbegriff der Deutschen Rechtsgeschichte in der NS-Zeit: der Sieg des „Lebens“ und des konkreten Ordnungsdenkens, seine Vorgeschichte und seine Nachwirkungen, in: Deutsche Rechtsgeschichte in der NS-Zeit, ihre Vorgeschichte und ihre Nachwirkungen (Anm. 7), 177–240.

65 *O. Brunner,* Land und Herrschaft (Anm. 47), 484. Den innovativen Gehalt von Brunners „Land und Herrschaft“ innerhalb der deutschen Rechtshistorie während der NS-Zeit hebt nachdrücklich auch Michael Stolleis hervor, vgl. *Michael Stolleis,* „Fortschritte der Rechtsgeschichte in der Zeit des Nationalsozialismus? in: Rechtsgeschichte im Nationalsozialismus. Beiträge zur Geschichte einer Disziplin, hrsg. von Michael Stolleis / Dieter Simon, Tübingen 1989, 177–197, hier: 197.

66 Vgl. *O. Brunner,* Land und Herrschaft (Anm. 47), 187 f.

67 *O. Brunner,* Politik und Wirtschaft in den deutschen Territorien des Mittelalters (Anm. 2), 421 f.; vgl. auch *ders.,* Land und Herrschaft (Anm. 47), 187 f.

68 Vgl. hierzu *Winfried Schulze,* Theoretische Probleme bei der Untersuchung vorrevolutionärer Gesellschaften, in: Theorien in der Praxis des Historikers (= GG,

schichtsschreibung gerichtete Methode des „Fremdmachens“ (C. Ginzburg) durch „konkrete Ordnungsbegriffe“, mit deren Hilfe er die prinzipielle Andersartigkeit der mittelalterlichen Welt gleichsam anschaulich zu beschreiben versuchte. Mit Recht hat Heinrich Mitteis diese „methodische Problematik“ einer quellengemäßen Beschreibung der „inneren Struktur“ der mittelalterlichen Institutionen als das „eigentlich Erregende“ des Brunnerschen Buches bezeichnet.[69] Zwischen der Methode des „Fremdmachens“ und der Einsicht in die zeitgebundenen Fragestellungen in „Land und Herrschaft“ besteht kein Widerspruch. Vielmehr handelt es sich hierbei um ein unauflösbares Spannungsverhältnis der „Geschichtswissenschaft im Zeichen des Historismus“ (O. G. Oexle).[70] Die ideologische Überschattung der Erkenntnis des Zusammenhangs zwischen wissenschaftlicher Forschung und Gegenwartsinteresse in Brunners Arbeiten der späten dreißiger und frühen vierziger Jahre ist nicht zu übersehen.[71] Doch ändert sie nichts an

---

Sh. 3), hrsg. von Jürgen Kocka, Götttingen 1977, 55–74, hier: 56–62; *O. G. Oexle,* Sozialgeschichte – Begriffsgeschichte – Wissenschaftsgeschichte (Anm. 19), 321–327; *Hans Boldt,* Otto Brunner. Zur Theorie der Verfassungsgeschichte (Anm. 56), 39–61.

69 Vgl. *Heinrich Mitteis,* Rezension: Otto Brunner, Land und Herrschaft. Grundfragen der territorialen Verfassungsgeschichte Südostdeutschlands im Mittelalter. 3. erg. Aufl., Brünn/München/Wien 1943, in: ZRG (GA) 64 (1944), 410–419, hier: 417. Auf Brunners Ziel, „die Andersartigkeit der Epochen“ hervorzuheben, weist mit Recht auch *H. Boldt,* Otto Brunner (Anm. 56), 45, hin, mißversteht jedoch Brunners Absicht als antievolutionistischen Neorankeanismus.

70 Das unhintergehbare historistische Spannungsverhältnis zwischen zeitgebundenen Fragestellungen und methodischem „Fremdmachen“ bleibt bei *G. Algazi,* Otto Brunner (Anm. 20) unberücksichtigt. Jenseits politischer Herkunftsmilieus und Optionen schiene es im übrigen lohnenswert, den Affinitäten und Differenzen zwischen der Methode kategorialer Beschreibung in „konkreten Ordnungsbegriffen“ und „dichter Beschreibung“ weiter nachzugehen. Über die grundsätzliche epistemologische Problemstellung des Historismus sind auch die neueren ethnologischen, historisch-sozialanthropologischen und praxeologischen Ansätze in den Kulturwissenschaften nicht hinausgegangen. Daß nicht nur die Geschichtswissenschaft, sondern auch die Ethnologie „im Zeichen des Historismus“ steht, ist bisher, vor allem im gegenseitigen Bezug zwischen Geschichtswissenschaft und Ethnologie noch kaum debattiert worden; zur Problemstellung sei hier lediglich verwiesen auf: *Clifford Geertz,* Dichte Beschreibung. Bemerkungen zu einer deutenden Theorie der Kultur (1973), in: ders., Dichte Beschreibung. Beiträge zum Verstehen kultureller Systeme, Frankfurt a. M. 1983, 7–43; *ders.,* „Aus der Perspektive des Eingeborenen“. Zum Problem des ethnologischen Verstehens (1977), in: ebd., 289–309; *ders.,* Die künstlichen Wilden. Der Anthropologe als Schriftsteller, München 1990 (amerik. 1988); *James Clifford,* Über ethnographische Autorität (1988), in: Kultur, soziale Praxis, Text. Die Krise der ethnographischen Repräsentation, hrsg. von Eberhard Berg / Martin Fuchs, Frankfurt a. M. 1993, 109–157; *Martin Fuchs / Eberhard Berg,* Phänomenologie der Differenz. Reflexionsstufen ethnographischer Repräsentation, in: ebd., 11–108; *Hans Medick,* „Missionare im Ruderboot“? Ethnologische Erkenntnisweisen als Herausforderung an die Sozialgeschichte (1984), in: Alltagsgeschichte. Zur Rekonstruktion historischer Erfahrungen und Lebensweisen, hrsg. von Alf Lüdtke, Frankfurt a. M. 1989, 48–84; *Doris Bachmann-Medick,* „Writing Culture“ – ein Diskurs zwischen Ethnologie und Literaturwissenschaft, in: KEA. Zeitschrift für Kulturwissenschaften 4 (1992), 1–20; *O. G. Oexle,* Die Geschichtswissenschaft im Zeichen des Historismus (Anm. 53).

71 Beklemmend vor allem Brunners wortradikaler Vortrag auf dem Erfurter Historikertag (1937). „Angesichts einer neuen Wirklichkeit“, so Brunner, „versinken vor

dem konstitutiven Zusammenhang zwischen Lebenswelt und Wissenschaft, und Brunner selbst hat an dem historistisch-innovativen Aspekt des daraus hervorgehenden Postulats der Begriffs- und Wissenschaftsgeschichte in seinen späteren – im übrigen auch gegenüber seinen eigenen – Arbeiten festgehalten.[72]

III. Von der „Staatsbildung“ zur „Volkwerdung“

Neben der liberalen Kulturgeschichtsschreibung, die Brunner als „leeren Sammelnamen“[73] zurückwies, stand im Zentrum seiner methodologischen Neubegründung der Verfassungshistorie die Kritik an der bis dahin vorherrschenden historiographischen Orientierung am „Staat“ als Leitkategorie, die er durch „Volk“ und „Reich“ ersetzte. Wiederholt und ausführlich hat Brunner sich besonders in den Jahren zwischen 1937 bis 1943 zu den Voraussetzungen einer an diesen neuen Leitbegriffen orientierten Geschichtsauffassung geäußert, die sich aus historischen Gründen nicht an der aus der kleindeutsch-preußischen Perspektive gewonnenen Leitkategorie des „modernen Staates“ ausrichten könne. Hauptsächlich drei Gründe sind es, die Brunner hierfür anführt:

- erstens: der Charakter der Habsburger Monarchie als dynastische Verbindung. Die habsburgischen Kaiser seien in ihrer Politik dem Reich und der

uns die Begriffe einer Zeit, die den Anspruch erhob, an ihren Grundkategorien jede geschichtliche Wirklichkeit zu messen. [...] Unerträglich ist der Zustand, daß Begriffe, die einer toten Wirklichkeit entstammen, noch immer die wesentlichen Maßstäbe und Fragestellungen für eine Zeit [sc. das Mittelalter, R.B.] bestimmen, deren innerer Bau durchaus anderer Art gewesen ist. Die Forderung kann gar nicht radikal genug formuliert werden.“ [...] „Nichts ist gefährlicher“, so Brunner abschließend, „als der Wahn, man könne den ganzen ererbten Schatz an Kenntnissen und Begriffen im Kerne unverändert übernehmen.“, *O. Brunner,* Politik und Wirtschaft in den deutschen Territorien des Mittelalters (Anm. 2), S. 421 f.; vgl. auch *ders.*, Land und Herrschaft (Anm. 47), 187 f. Zur politischen Linie Walter Franks, auf diesem ersten – und schließlich auch letzten – Historikertag während der Zeit des Nationalsozialismus jüngere, dem Nationalsozialismus wohl gesonnene Historiker zu präsentieren, zu denen auch Brunner gehörte, vgl. *H. Heiber,* Walter Frank und sein Reichsinstitut (Anm. 12), 708–715.

72 Vgl. hierzu *O. G. Oexle,* Sozialgeschichte – Begriffsgeschichte – Wissenschaftsgeschichte (Anm. 19), 310–32; *James Van Horn Melton,* Otto Brunner and the Ideological Origins of Begriffsgeschichte, in: The Meaning of Historical Terms and Concepts, ed. by Hartmut Lehmann/Melvin Richter, Washington (= German Historical Institute: Occasional Paper Nr. 15) 1996, 21–33; sowie – nicht nur zu Brunner – *Luise Schorn-Schütte* Ernst Troeltschs „Soziallehren“ und die gegenwärtige Frühneuzeitforschung. Zur Diskussion um die Bedeutung von Luthertum und Calvinismus für die Entstehung der modernen Welt, in: Ernst Troeltschs Soziallehren. Studien zu ihrer Interpretation, hrsg. von Friedrich Wilhelm Graf/Trutz Rendtorff, Gütersloh 1993, 133–151, hier: 136; zu Brunners späterer begriffsgeschichtlicher Kritik seiner eigenen „völkisch“ orientierten Arbeiten s. u. S. 115 ff.

73 *O. Brunner,* Moderner Verfassungsbegriff und mittelalterliche Verfassungsgeschichtsschreibung (Anm. 3), 514.

universalen Reichsidee verpflichtet gewesen, was sie in einer Zeit aufkommender Nationalstaaten ohnehin schon, darüber hinaus aber durch das „Abgleiten des Hauses [sc. Österreich, R.B.] aus einer zentral deutschen in eine europäische Stellung, durch den Aufstieg zu einer europäischen Großmacht in der Erwerbung Burgunds, der spanischen Kronen und ihrer Nebenländer" strukturell von anderen aufsteigenden Mächten unterschieden habe[74]:

- sodann: die Türkenabwehr als über zwei Jahrhunderte wichtigste Aufgabe der Habsburger, die nicht nur den Bestand der habsburgischen Monarchie, sondern auch des Reiches und des christlichen Europa gesichert hätten.[75] Der Abwehrkampf gegen die Osmanen habe auf die „innere Struktur"[76] dieser um 1500 als „Haus Österreich" entstandenden dynastischen Verbindung in der Weise zurückgewirkt, daß ihr stärkster Integrationsfaktor die kaiserliche Armee geworden sei.[77] Eine spezifische „Staatsräson", einen einheitlichen Staatsapparat, eine „österreichische Staatsidee im modernen Sinn" bzw. eine „Gesamtstaatsidee" habe die Habsburger Monarchie trotz verschiedentlich, besonders seit der Zeit Joseph II. unternommener, allerdings immer wieder gescheiterter Versuche nie besessen[78];
- und schließlich: nach der unter Ausschluß Österreichs erfolgten kleindeutsch-preußischen Reichsgründung 1866/1871, die Brunner als historisch notwendig anerkennt, dem Zerfall der Donaumonarchie und zuletzt dem – wie Brunner 1938 schreibt – „Notbau der wider eigenen Willen selbständigen Republik Österreich"[79], sei die wirtschaftliche und politische Überlebensfähigkeit der Deutschösterreicher stark gefährdet gewesen. „Jede echte Staatlichkeit – so Brunner – drohte den Österreichern verloren zu gehen", nachdem sie „seit 1866 des Rückhalts am ganzen deutschen Volk beraubt" worden und „in einen verzweifelten Daseinskampf mit den nichtdeutschen Völkern der Monarchie" geraten seien. „In

---

74 Vgl. *O. Brunner,* Österreichs Weg zum Großdeutschen Reich (Anm. 10), 520 f.; vgl. *ders.*, Die Habsburgermonarchie und die politische Gestaltung des Südostens, in: Deutsche Ostforschung 2 (1943), 43–84, hier: 45.

75 Vgl. *O. Brunner,* Österreichs Weg zum großdeutschen Reich (Anm. 10), 521.

76 Vgl. *O. Brunner,* Die Habsburgermonarchie und die politische Gestaltung des Südostens (Anm. 71), 47.

77 Vgl. *O. Brunner,* ebd., 59.

78 Vgl. *Otto Brunner,* Das österreichische Institut für Geschichtsforschung (Anm. 29), 398–410; vgl. auch: *ders.*, Zur Frage der österreichischen Geschichte, in: Mitteilungen des Instituts für Geschichtsforschung und Archivwissenschaft in Wien, Bd. 55 (1944), 433–439. An dieser Auffassung hat Brunner auch in seinen nach 1945 entstandenen Schriften festgehalten, vgl. etwa: Das Haus Österreich und die Donaumonarchie, in: Südost-Forschungen, geleitet u. hrsg. von Fritz Valjavec, Bd. 14 (1955) (FS für Harold Steinacker), 122–144, insbes. 125, 133 f.

79 *O. Brunner,* Das österreichische Institut (Anm. 29), 416.

diesem Kampfe“, folgert Brunner, „erfuhren sie aber eins: der nationale Gedanke, die Idee des Volkstums rückte völlig in den Mittelpunkt ihres Denkens, nicht der Staat, das Volk wird zur primären, leitenden Idee ihres Denkens und Handelns.“ Dieses Ringen mit den nichtdeutschen Völkern der Monarchie habe sich „vor allem an den Sprachgrenzen abgespielt“, und hierbei sei „etwas Großes und Einzigartiges [geschehen]: die entscheidende Gestaltung des volksdeutschen Denkens.“ Im kleindeutschen Reich habe der „Volksgedanke der Deutschösterreicher“ allerdings nur „schwachen Widerhall“ gefunden. „Hier, wo man sich der endlich errungenen Einheit des schwer erkämpften deutschen *Staates* freute, [...] konnte dem volksdeutschen Denken kein Raum gegeben werden.“ Und Brunner resümmiert: „So stehen staatliche Macht im zweiten Reich und volkhaftes, aber letzlich unstaatliches Denken der Deutschösterreicher unverbunden nebeneinander.“ Habe „Deutsches Bündnis und Waffenbrüderschaft des Weltkrieges [...] diesen Gegensatz“ zunächst nur überwölbt, so sei er schließlich durch den Anschluß Österreichs ans Deutsche Reich als Ausweis des „innere[n] Wandel[s] reichsdeutschen Denkens zum Volkstum“ aufgehoben worden.[80]

Mit dieser volksgeschichtlichen Perspektive – an anderer Stelle spricht er von der „Volksgeschichte“ als dem „Gebot der Stunde“[81], – stand Brunner inmitten jenes Diskurses, der die Forderung nach einer gesamt- und großdeutschen Politik und Geschichtsschreibung mit der innovativen Perspektive einer disziplinübergreifenden „Volkswissenschaft“ verband.[82] Im Zentrum dieser neuen „Volkswissenschaft“ stand der Begriff der „Volkwerdung“, dessen programmatische Entfaltung besonders in den seit 1933 bzw. 1934 erschienenen Zeitschriften „Deutsche Hefte für Volksforschung“, herausgegeben von Gunther Ipsen u. a.[83], „Volk im Werden“, herausgegeben

80 *O. Brunner*, Österreichs Weg zum großdeutschen Reich (Anm. 10), 526 ff.

81 *O. Brunner*, Land und Herrschaft (Anm. 47), 188.

82 Vgl. hierzu *Karl-Siegbert Rehberg*, „Leipziger Schule“ der Soziologie – Ein Mythos der Wissenschaftsgeschichtsschreibung? in: Leipziger Tradition der Kulturwissenschaften, hrsg. von Klaus Lichtblau, Frankfurt a. M. (im Druck); *Jerry Z. Muller*, The Other God That Failed. Hans Freyer and the Deradicalization of German Conservatism, Princeton/NJ 1987, 143–161; *Elfriede Üner*, Soziologie als „geistige Bewegung“. Hans Freyers System der Soziologie und die „Leipziger Schule“, Weinheim 1992; *dies.*, Jugendbewegung und Soziologie. Wissenschaftssoziologische Skizzen zu Hans Freyers Werk und Wissenschaftsgemeinschaft bis 1933, in: Soziologie in Deutschland und Österreich 1918–1945. Materialien zur Entwicklung, Emigration und Wirkungsgeschichte (= KZfSS Sh. 23), hrsg. von Rainer Lepsius, Opladen 1981, 131–159; *Hans Linde*, Soziologie in Leipzig 1925–1945, in: ebd., 102–130; *Ottheim Rammstedt*, Deutsche Soziologie 1933–1945. Die Normalität einer Anpassung, Frankfurt a. M. 1986, 31–35; *ders.*, Theorie und Empirie des Volksfeindes. Zur Entwicklung einer „deutschen Soziologie“, in: Wissenschaft im Dritten Reich (Anm. 20), 253–313; vgl. auch *K. Sontheimer*, Antidemokratisches Denken in der Weimarer Republik (Anm. 7), 244–250; für die geschichtswissenschaftliche Ausformung der „Volkswissenschaft“ grundlegend *W. Oberkrome*, Volksgeschichte (Anm. 6), zum „Leipziger Kreis“ um Freyer und Ipsen insbes. 111–122.

von Ernst Krieck, und dem von Hans Freyer, Max Hildebert Boehm und Max Rumpf herausgegeben „Volksspiegel“[84] zu verfolgen ist. Bei diesem Konzept der „Volkwerdung“ handelt es sich nicht lediglich um eine Abwendung vom „Staat“ in historiographisch-kategorialer Perspektive. Die Betonung des auf gemeinschaftlichen (politischen) Erlebens, wie etwa in der Jugendbewegung oder des Jahres 1933 abstellenden Ausdrucks „Werden“ enthält vielmehr zugleich eine Kritik an dem neuhumanistischen Begriff der „Bildung“[85] und an dem hieraus hervorgegangenen umfassenden Konzept der „Staatsbildung“. Die Quintessenz dieses umfassenden Konzepts, das das historisch-politische Denken in Deutschland im 19. Jahrhundert durchzog und dessen Wirkung bis ins 20. Jahrhundert reichte, liegt in seiner Doppeldeutigkeit als historische „Bildung“ im Sinne der „Entstehung“ des Staates einerseits und der neuhumanistisch-individualistischen Bildung zum Staat und somit der Bildung des Menschen zum politischen Staatsbürger andererseits. In seinen geschichtsphilosophischen Grundlagen von Hegel formuliert und nachfolgend von Eduard Gans historisiert, avancierte das Konzept der „Staatsbildung“ seit den 1830er Jahren, transportiert über Johann Gustav Droysen, Heinrich von Sybel, Lorenz von Stein, Gustav Schmoller und Otto Hintze, zum leitenden Paradigma der deutschen Absolutismus- und Frühneuzeitforschung bis ins frühe 20. Jahrhundert.[86] Poli-

---

83 Deutsche Hefte für Volksforschung, hrsg. von *Gunther Ipsen, Carl Petersen, Hans Schwalm,* Breslau 1934. Diese Zeitschrift trat an die Stelle der „Deutsche(n) Hefte für Volks- und Kulturbodenforschung“, erschien jedoch lediglich in einem Jahrgang (1934).

84 Volksspiegel. Zeitschrift für deutsche Soziologie und Volkswissenschaft. In Verbindung mit der Deutschen Gesellschaft für Soziologie hrsg. von *Max Hildebert Boehm, Hans Freyer, Max Rumpf,* Stuttgart/Berlin 1934 ff.; vgl. hierzu *J. Z. Muller,* The Other God That Failed (Anm. 82), 271 f.; *W. Oberkrome,* Volksgeschichte (Anm. 6), 188–191.

85 Vgl. hierzu *K. Sontheimer,* Antidemokratisches Denken in der Weimarer Republik (Anm. 7), 244–250; *Rudolf Vierhaus,* Art. Bildung, in: Geschichtliche Grundbegriffe. Historisches Lexikon zur politisch-sozialen Sprache in Deutschland, hrsg. von Otto Brunner/Werner Conze/Reinhart Koselleck, Bd. 1. Stuttgart 1972, 508–551, insbes. 515–536, zur kulturpessimistischen Kritik des Bildungsbegriffs bei Friedrich Nietzsche und Paul de Lagarde 549 f.; *Aleida Assmann,* Arbeit am nationalen Gedächtnis. Eine kurze Geschichte der deutschen Bildungsidee, Frankfurt a. M./New York/Paris 1993, inbes. 66–77; *G. Bollenbeck,* Bildung und Kultur (Anm. 33), insbes. 289–291.

86 Vgl. hierzu *Reinhard Blänkner,* „Der Absolutismus war ein Glück, der doch nicht zu den Absolutisten gehört“. Eduard Gans und die hegelianischen Ursprünge der Absolutismusforschung in Deutschland, in: HZ 256 (1993), 31–66; *ders.,* „Absolutismus“ und „frühmoderner Staat“. Probleme und Perspektiven der Forschung, in: Frühe Neuzeit – Frühe Moderne? (Anm. 20), 48–74, insbes. 51–56; *Ernst Hinrichs,* Zum Stand und zu den Aufgaben gegenwärtiger Absolutismusforschung, in: Absolutismus, hrsg. von Ernst Hinrichs, Frankfurt a. M. 1986, 7–32, insbes. 8. Zu dem lange Zeit fast vergessenen, erst in jüngster Zeit in seiner zeitgenösischen Bedeutung wieder entdeckten Eduard Gans vgl. *Norbert Waszek,* Eduard Gans (1797–1838): Hegelianer – Jude – Europäer. Texte und Dokumente, Frankfurt a. M./Bern/New York/Paris 1991.

tisch fand es Niederschlag in der selbstreflexiven Bezeichnung als „staatsbildender Liberalismus" bei Heinrich von Sybel[87], und in der Pädagogik führte diese Linie bis zu Theodor Litt und Eduard Spranger.

Das neue Programm der „Volkwerdung", das von der Volkssoziologie G. Ipsens und H. Freyers[88] über die Ethnologie Wilhelm Emil Mühlmanns[89], die philosophische Anthropologie Arnold Gehlens[90] und die völkische Erziehungs- und Wissenschaftstheorie E. Kriecks[91] bis zur Geschichtswissenschaft reichte, ist als Antwort auf die Krise des neuhumanistischen Bildungskonzepts und des Bildungsbürgertums seit dem ausgehenden 19. Jahrhundert zu verstehen. Es handelt sich bei dieser Antwort um nichts Geringeres als um den Versuch einer grundlegenden Revision der Politik des 19. Jahrhunderts sowie des „positivistischen Trennungsdenkens" der Staats- und Sozialwissenschaften des 19. Jahrhunderts mitsamt ihrer dichotomischen Begriffsapparate wie „Staat und Gesellschaft", „Verfassung und Verwaltung" usw.. Das zugleich gegen Ernst Rudolf Hubers Versuch einer Erneuerung der „gesamten Staatswissenschaften" gerichtete Programm der „Volkwerdung"[92] wurde dabei ebenso umfassend verstanden wie das

---

87 Vgl. *Heinrich von Sybel,* Das neue Deutschland und Frankreich (1866), in: ders., Vorträge und Aufsätze, Berlin 1874, 277 - 302, hier: 297; vgl. auch *Helmut Seier,* Sybels Vorlesungen über Politik und die Kontinuität des ‚staatsbildenden' Liberalismus, in: HZ 187 (1959), 90 - 112.

88 Zur „Idee" der „Volkwerdung" vgl. ausführlich *O. Rammstedt,* Deutsche Soziologie (Anm. 82), 27 - 36, u. 42 - 63; *E. Üner,* Soziologie als „geistige Bewegung" (Anm. 82), insbes. 33, 83 ff.; zur Durchsetzung dieses Programms innerhalb der „Deutsche[n] Gesellschaft für Soziologie" und die Rolle Freyers hierbei vgl. auch *Dirk Käsler,* Die frühe deutsche Soziologie 1909 bis 1934 und ihre Entstehungsmilieus. Eine wissenschaftssoziologische Untersuchung, Opladen 1984, 520 - 527.

89 Vgl. *Ute Michel,* Neue ethnologische Forschungsansätze im Nationalsozialismus? Aus der Biographie von Wilhelm Emil Mühlmann (1904 - 1988), in: Lebenslust und Fremdenfurcht. Ethnologie im Dritten Reich, hrsg. von Thomas Hauschild, Frankfurt a. M. 1995, 141 - 167; *Edouard Conte,* Völkerkunde und Faschismus? Fragen an ein vernachlässigtes Kapitel deutsch-österreichischer Wissenschaftsgeschichte, in: Kontinuität und Bruch (Anm. 8), 229 - 264, insbes. 250 - 256.

90 Vgl. etwa *Arnold Gehlen,* Deutschtum und Christentum bei Fichte (1935), in: Arnold Gehlen, Gesamtausgabe Bd. 2, hrsg. von Lothar Samson, Frankfurt a. M. 1980, 215 - 293, passim; vgl. hierzu auch *Karl-Siegbert Rehberg,* Niederlage als Medium der Volkswerdung. Zum Deutschlandbild Arnold Gehlens, in: Welche Geschichte wählen wir? hrsg. von Antonia Grunenberg, Hamburg 1992, 90 - 102.

91 Vgl. *Karl-Christoph Lingelbach,* Erziehung und Erziehungstheorien im nationalsozialistischen Deutschland, Frankfurt a. M. 1987, 65 - 80 u. 162 - 179; *Gerhard Müller,* Die Wissenschaftslehre Ernst Kriecks. Motive und Strukturen einer gescheiterten nationalsozialistischen Wissenschaftsreform, Diss. phil. Freiburg i. Br. 1976.

92 Ganz in diesem Sinn wandte Max Hildebert Boehm gegen E. R. Huber ein, es gehe heute nicht um die Reformulierung der „gesamten Staatswissenschaften", sondern um den „Aufbau einer gesamten Volkswissenschaft"; vgl. *Max Hildebert Boehm,* Gesamte Staatswissenschaft oder gesamte Volkswissenschaft? in: Volksspiegel 2 (1935), 36 - 41. Zum Konzept der Volkwerdung vgl. auch: *Max Hildebert Boehm,* Das eigenständige Volk. Grundlegung der Elemente einer europäischen Völkersoziologie (1932), Ndr. Darmstadt 1965; zur Auseinandersetzung zwischen Boehm und Huber vgl. auch die i. J. 1959 aus dem Rückblick vorgenommenen Präzisierungen und wei-

kritisierte Konzept der „Staatsbildung“, nämlich als historisch-politischer Prozeß der Entstehung des Volkes sowie als „Geschehen“ und gemeinschaftlich-völkisches Erleben. Mit dieser tiefgreifenden konzeptuellen Neuorientierung, die sich unter dem prägenden Eindruck der Fronterlebnisse im Ersten Weltkrieg und der Jugendbewegung vollzog[93], ist auch eine Neuordnung des kulturellen Wissens und die Entstehung neuer historischer Deutungsmuster verbunden, die in der Geschichtswissenschaft zu einer paradigmatischen Umkehrung jener mit dem Konzept der „Staatsbildung“ verknüpften Perspektive führte, wie sie in Paul Joachimsens Buchtitel „Vom deutschen Volk zum deutschen Staat“ (1916) beispielhaft zum Ausdruck kommt.[94]

Otto Brunner hat diese neue volksgeschichtliche Perspektive in seinem Buch „Land und Herrschaft“ anhand der mittelalterlichen „Verfassungsgeschichte Südostdeutschlands“ exemplifiziert. Über die im engeren Sinn mediävistischen Problemfelder hinaus enthält dieses Hauptwerk Brunners Aspekte, die – wie etwa die Kategorien „Land“, „Stände“, „Haus“ oder Brunners Verfassungsverständnis – auch für die Diskussion über die Frühe Neuzeit bzw. die „Vormoderne“ von grundlegender Bedeutung sind. In Brunners – nach „Die Finanzen der Stadt Wien“ (1929) und „Land und Herrschaft“ (1939) – dritter großer Monographie, „Adeliges Landleben und europäischer Geist“ (1949), kehren diese Aspekte wieder, und für Brunners Deutung der Vormoderne wird man neben seinen Aufsätzen vornehmlich der

terführenden Überlegungen von *M. H. Boehm,* Das eigenständige Volk in der Krise unserer Zeit, in: Festschrift für Karl Gottfried Hugelmann, dargebracht von Freunden, Kollegen und Schülern, Aalen 1959, Bd. 1, 77–106, insbes. 85 f. u. 100; zu Boehm vgl. auch *K. Sontheimer,* Antidemokratisches Denken (Anm. 7), 246 f.; *Hans Freyer,* Volkwerdung. Gedanken über den Standort und über die Aufgaben der Soziologie, in: Volksspiegel 1 (1934), 3–9; *ders.*, Das Volk als werdende Ganzheit, in: Ganzheit und Struktur. Festschrift zum 60. Geburtstage Felix Kruegers, hrsg. von Otto Klemm / Hans Volkelt / Karlfried Graf von Dürckheim-Montmartin, München 1934, Bd. 3, 1–8; zu Freyer vgl. auch *W. Oberkrome* (Anm. 6), 111–116; *Paul Hermann Ruth,* Die Idee der Volkwerdung und die Volkstheorie der Gegenwart, in: Deutsche Hefte für Volksforschung 1 (1934), 3–19.

93 Vgl. hierzu *H. Linde,* Soziologie in Leipzig (Anm. 82), 105 f.; *E. Üner,* Jugendbewegung und Soziologie (Anm. 82); *dies.,* Soziologie als „geistige Bewegung“ (Anm. 82), 4–11.

94 Vgl. etwa *Erwin Hölzle,* Das Zeitalter der Völker, in: HZ 160 (1939), 480–495; *Hans Haussherr,* Verfassungstypen deutscher Volksgruppen im Auslande, in: HZ 160 (1939), 35–78; *Theodor Schieder,* Ländständische Verfassung, Volkstumspolitik und Volksbewußtsein. Eine Studie zur Verfassungsgeschichte ostdeutscher Volksgruppen, in: Deutsche Ostforschung. Ergebnisse und Aufgaben seit dem ersten Weltkrieg Bd. 2, hrsg. von H. Aubin / O. Brunner / W. Kohte / J. Papitz, Leipzig 1943, 257–288; zu Schieder vgl. *Jörn Rüsen,* Kontinuität, Innovation und Reflexion im späten Historismus: Theodor Schieder, in: ders., Konfigurationen des Historismus. Studien zur deutschen Wissenschaftskultur, Frankfurt a. M. 1993, 357–397; zum politischen Engagement Theodor Schieders und Werner Conzes zur Zeit des Nationalsozialismus vgl. *Götz Aly,* Rückwärtsgewandte Propheten. Willige Historiker – Bemerkungen in eigener Sache, in: ders., Macht – Geist – Wahn. Kontinuitäten deutschen Denkens, Berlin 1997, 153–183; allgemein vgl. auch *Oberkrome* (Anm. 6), 22–25.

fünfziger Jahre[95] vor allem dieses Werk heranziehen müssen. Allerdings gibt es zwischen „Land und Herrschaft“ sowie den im Umfeld dieses Werkes entstandenen Aufsätzen und Brunners späteren Arbeiten keinen bruchlosen Zusammenhang. Denn zwischen ihnen liegt Brunners politisch-wissenschaftliche Wende vom völkisch-germanozentrierten[96] Programm der „Volkwerdung“ zum alteuropäischen Programm der „Paideia“-Humanitas, wie es, konkurrierend mit dem Konzept der „Volkwerdung“, Werner Jaeger als Antwort auf die Krise des Bildungsbürgertums und des neuhumanistischen Bildungskonzepts formuliert hatte.[97] Verknüpft mit dieser politisch-wissenschaftlichen Alteuropa-Wendung, ohne deren Berücksichtigung Brunners Gesamtwerk nicht verständlich ist, ist die Umformulierung der „politischen Volksgeschichte“ des Mittelalters zur Sozial- und „Strukturgeschichte“ Alteuropas, die Folgen auch für Brunners Bild der Vormoderne hat.

IV. Von der „politischen Volksgeschichte“ zur „Strukturgeschichte“

Auf diese in der 4. Auflage von „Land und Herrschaft“ (1959) vorgenommene umstrittene terminologische Ersetzung[98] ist hier nicht zuletzt darum erneut einzugehen, weil Brunner im Vorwort zu dieser vierten Auflage betont, daß das Buch „in seinem Grundcharakter unverändert geblieben (ist).“[99] Will man den terminologischen Wechsel von der „Volksgeschichte“ zur „Strukturgeschichte“ nicht als bloß opportunistisches „Zugeständnis

---

95 *Otto Brunner*, Neue Wege der Verfassungs- und Sozialgeschichte, Göttingen-Zürich 1968.

96 Vgl. hierzu jetzt die zusammenfassenden Untersuchungen von *Klaus von See*, Barbar, Germane, Arier. Die Suche nach der Identität der Deutschen, Heidelberg 1994.

97 Vgl. *Werner Jaeger*, Paideia. Die Formung des griechischen Menschen I, 2. Aufl. Berlin 1936, Bd. II und III, Berlin 1944 u. 1947; zu Brunners nunmehr durchgehenden Bezug auf W. Jaeger vgl. etwa *O. Brunner*, Adeliges Landleben (Anm. 52), passim.; *ders.*, Das „Ganze Haus“ und die alteuropäische „Ökonomik“ (1952/1966), in: Neue Wege der Verfassungs- und Sozialgeschichte (Anm. 95), 103–127, hier: 116 ff.; *Otto Brunner*, Humanismus und Renaissance, in: Historia Mundi. Ein Handbuch der Weltgeschichte in zehn Bänden, hrsg. von Fritz Valjavec Bd. 6, Bern 1958, 557–583, 560.

98 *O. Brunner*, Land und Herrschaft. Grundfragen der territorialen Verfassungsgeschichte Österreichs im Mittelalter, 4. Auflage, Darmstadt 1959. Hier zit. nach der unveränderten 5. Aufl., Wien 1965, 164; vgl. hierzu die Diskussionen bei *R. Koselleck*, Begriffsgeschichtliche Probleme der Verfassungsgeschichtsschreibung (Anm. 56), 15 f.; *Chr. Dipper*, Otto Brunner aus der Sicht der frühneuzeitlichen Historiographie, (Anm. 16), 75–81; *H. Boldt*, Otto Brunner. Zur Theorie der Verfassungsgeschichte (Anm. 56), 52 ff.; *ders.*, Einführung in die Verfassungsgeschichte (Anm. 56), 161–164; *J. Van Horn Melton*, From Folk History to Structural History (Anm. 8), 280–292; zum historiographischen Kontext der Nachkriegszeit in Deutschland vgl. *Jürgen Kocka*, Sozialgeschichte. Begriff – Entwicklung – Probleme, 2. erw. Aufl., Göttingen 1986, 70 ff.; *Winfried Schulze*, Deutsche Geschichtswissenschaft nach 1945, München 1989, 281–301.

99 *O. Brunner*, Land und Herrschaft, 4. Aufl. (Anm. 98), VII.

an den neuen Zeitgeist"[100] nach 1945 auslegen, so ist nach Brunners Verständnis von „Volksgeschichte" und dem konzeptuellen Verhältnis zwischen „Volksgeschichte" und „Struktur"- bzw. „Sozialgeschichte" zu fragen.

Brunners Begriff des „Volkes", wie er ihn während der Zeit seiner völkischen Orientierung verwendet, enthält mindestens drei Bedeutungsebenen:

- Die erste bezieht sich auf jene politisch-soziale Gruppe, die im Mittelpunkt dieses Werkes steht, den Adel. „Land und Herrschaft" enthält in seinen drei ersten Auflagen (1939–1943) eine gegen den modernen Repräsentationsbegriff gerichtete dreigliedrige Begriffskette: das Land „sind" die Stände, die Stände sind der Adel (ausgenommen der Landesherr); der Adel ist das (Land-)Volk.[101] Diese einseitige Orientierung auf den Adel hat Brunner später relativiert und auch die übrigen sozialen Gruppen in sein Konzept miteinbezogen, und wenn Brunner nach 1945 von der „alteuropäischen Adelswelt" spricht, so sind hierin Bauerntum und Bürgertum ausdrücklich begrifflich einbezogen.[102] Der Begriff „Volk" wird aufgelöst in „soziale Gruppen". Aus dieser erweiterten, nicht aber grundsätzlich veränderten Forschungsperspektive kommt Brunner zu seinem Begriff der Sozialgeschichte als „eine[r] Betrachtungsweise, bei der der innere Bau, die Struktur der menschlichen Verbände im Vordergrund steht [...]".[103] Und ganz ähnlich formuliert Brunner in der Neufassung (1955) seines programmatischen, zuerst i. J. 1939 veröffentlichten Aufsatzes „Moderner Verfassungsbegriff und mittelalterliche Verfassungsgeschichte": „Nicht der Staat, nicht die Kultur sind uns Gegenstand der Geschichte, sondern Menschen und menschliche Gruppen".[104]
- Die zweite Bedeutungsebene des Begriffs „Volk" bezieht sich auf (gemeinschaftliche) „Ganzheit" und rückt damit in die Nähe des allgemeineren Begriffs „Struktur". Wenn Brunner in der vierten Auflage von „Land und Herrschaft" (1959) schreibt, er habe den Begriff „Volksgeschichte"

---

100 *R. Jütte,* Zwischen Ständestaat und Austrofaschismus (Anm. 9), 239.

101 Vgl. *O. Brunner,* Land und Herrschaft (Anm. 47), 484 („Die Stände ‚vertreten' nicht das Land, sondern sie ‚sind' es"); 512, 515.

102 Vgl. etwa *Otto Brunner,* Österreichische Adelsbibliotheken des 15. bis 18. Jahrhunderts als geistesgeschichtliche Quelle (1949), in: ders., Neue Wege der Verfassungs- und Sozialgeschichte (Anm. 95), 281–293, hier: 288; *ders.,* Das „Ganze Haus" und die alteuropäische „Ökonomik" (Anm. 97), 107–109.

103 *Otto Brunner,* Das Problem einer europäischen Sozialgeschichte (1954), in: ders., Neue Wege der Verfassungs- und Sozialgeschichte (Anm. 95), 80–102, hier: 82; vgl. auch *ders.,* Sozialgeschichtliche Forschungsaufgaben, erörtert am Beispiel Niederösterreichs, in: Anzeiger der österreichischen Akademie der Wissenschaften. Philosophisch-historische Klasse, Jg. 1948, Nr. 23, 335–362, hier: 335; *ders.,* Grundlinien der Sozialgeschichte, in: Handbuch der Weltgeschichte, hrsg. von Alexander Randa Bd. 2, Olten-Freiburg i. Br. 1956, 2672–2680, hier: 2672.

104 *O. Brunner,* Moderner Verfassungsbegriff und mittelalterliche Verfassungsgeschichte (Neufassung 1955), in: Herrschaft und Staat im Mittelalter, hrsg. von Hellmut Kämpf, Darmstadt 1956, 1–19, hier: 4.

bzw. „Geschichte der Volksordnung" durch „Strukturgeschichte" ersetzt und dabei auf Werner Conze verweist, der diesen Ausdruck „jüngst [...] geprägt" habe[105], so wird man sich hierdurch nicht irreführen lassen dürfen. Zwar hat Brunner selbst zuvor tatsächlich nicht explizit von „Strukturgeschichte" gesprochen, aber der Begriff „Struktur" oder „innere Struktur" durchzieht doch seit den dreißiger Jahren seine Schriften. Dies wirft die Frage nach den Quellen und Bezügen des Brunnerschen Strukturbegriffs auf. Wenngleich eine disziplinübergreifende einschlägige begriffsgeschichtliche Studie hierzu noch aussteht[106], so wird aus der Zusammenschau vorliegender Untersuchungen der begriffsgeschichtliche Kontext dennoch deutlich.

Ausgehend von der Dilthey-Rezeption fand der Strukturbegriff in den verschiedenen Geistes- und Kulturwissenschaften in Deutschland in den zwanziger Jahren rasch Verbreitung.[107] Wirkungsgeschichtlich bedeutend über die eigenen Disziplingrenzen hinaus waren vor allem die strukturtheoretischen Diskussionen in den psychologischen Ganzheits- und Gestalttheorien sowie in der Kunstwissenschaft. Neben dem Grazer Gestalttheoretiker Christian von Ehrenfels ist hier besonders der Leipziger Ganzheitspsychologe Felix Krueger zu nennen, dessen analogische Verwendung der Begriffe „Gestalt", „Struktur" und „Volk"[108] u. a. in das Programm einer histori-

---

105 *O. Brunner,* Land und Herrschaft, 4. Aufl. (Anm. 98), 164; vgl. *Werner Conze,* Die Strukturgeschichte des technisch-industriellen Zeitalters als Aufgabe für Forschung und Unterricht (= Arbeitsgemeinschaft für Forschung des Landes Nordrhein-Westfalen. Geisteswissenschaften H. 66), Köln-Opladen 1957.

106 Vgl. aber *Friedrich Kambartel,* Art. „Struktur", in: Handbuch philosophischer Grundbegriffe, hrsg. von Hermann Krings / Hans-Michael Baumgartner / Christian Wild Bd. 5, München 1974, 1430 – 1439; *Peter Christian Ludz,* Der Strukturbegriff im Marxismus, in: Soziologie und Sozialgeschichte. Aspekte und Probleme, hrsg. von Peter Christian Ludz (= KZfSS Sh. 16), Opladen 1972, 419 – 477; *Manfred Riedel,* Art. „System, Struktur", in: Geschichtliche Grundbegriffe (Anm. 84), Bd. 6, 1990, 285 – 322; *Paola Bora,* Art. „Struktur", in: Europäische Enzyklopädie zu Philosophie und Wissenschaften, hrsg. von Hans-Jörg Sandkühler Bd. 4, Hamburg 1990, 461 – 466; *Jörg Stadlinger,* Art. „Strukturalismus", in: ebd., 466 – 474; *Robert Sctrick / Patrick Hochart,* Art. „Structuralisme, in: Encyclopaedia universalis Bd. 21, Paris 1989, 665 – 673; *Wolf-Dieter Stempel,* Gestalt, Ganzheit, Struktur. Aus Vor- und Frühgeschichte des Strukturalismus in Deutschland, Göttingen 1978.

107 *Otto Friedrich Bollnow,* Dilthey. Eine Einführung in seine Philosophie, Leipzig/Berlin 1936, 125 f., 129 – 139; *Hinrich C. Seeba*, Zum Geist- und Struktur-Begriff in der Literaturwissenschaft der zwanziger Jahre. Ein Beitrag zur Dilthey-Rezeption, in: Literaturwissenschaft und Geistesgeschichte 1910 bis 1925, hrsg. von Christoph König / Eberhard Lämmert, Frankfurt a. M. 1993, 240 – 254; *Jost Hermand,* Literaturwissenschaft und Kunstwissenschaft. Methodische Wechselbeziehungen seit 1900, 2. verb. Aufl., Stuttgart 1971, passim (zur Dilthey-Rezeption 30 ff.); zum Einfluß Diltheys und dessen Strukturlehre auf die Geschichtsphilosophie der frühen „Frankfurter Schule", insbesondere auf Max Horkheimer vgl. Alfred Schmidt, Die Kritische Theorie als Geschichtsphilosophie, München 1976, 47 – 62.

108 Vgl. hierzu *Hans Volkelt,* Grundbegriffe, in: Ganzheit und Struktur (Anm. 89), Bd. 1, 1 – 45; *Albert Wellek,* Das Problem des seelischen Seins. Die Strukturtheorie Felix Kruegers: Deutung und Kritik, in: Zeitschrift für angewandte Psychologie und

schen Soziologie seines Schülers Hans Freyer Eingang fand.[109] In engem interdisziplinären Zusammenhang zwischen Ganzheits- und Gestaltpsychologie, Soziologie und Kunstgeschichte[110] wird seit Mitte der zwanziger Jahre die Methode der sog. „Strukturanalyse" entwickelt, die auch die beiden jüngeren Vertreter der „Wiener Schule", den Kunsthistoriker Hans Sedlmayr und Otto Brunner in starkem Maße beeinflußt hat.[111] Die wissenschaftliche Methode in Brunners Hauptwerk „Land und Herrschaft" ist im Kern nichts anderes als Strukturanalyse; insofern läßt sich mit einigem Recht Brunners „Volksgeschichte" – vorläufig – als eine „Strukturgeschichte" *avant la lettre* bezeichnen. Im übrigen ist diese Diskussion über „Strukturanalyse" eine vom französischen Strukturalismus, der unter dem Einfluß der strukturalen Linguistik Ferdinand de Saussures und Roman Jakobsons seit den zwanziger Jahren aufkam, weitgehend unabhängige Parallelentwicklung.[112] Während in Frankreich die strukturale Linguistik Ausgangspunkt für die strukturale Anthropologie von Claude Lévi-Strauss und den Strukturalismus als

Charakterkunde, Bd. 61, H. 3/4, 1941, 129–238; *ders.*, Art. „Gestaltpychologie", in: Lexikon der Pädagogik, hrsg. von Heinrich Kleinert u. a. Bd. 1, Bern 1950, 570–577; *ders.* Art. „Strukturpsychologie", in: ebd. Bd. 2, Bern 1951, 726–728; *E. Üner,* Jugendbewegung und Soziologie (Anm. 82), 148–151; zum Zusammenhang zwischen Gestaltpsychologie, völkischer Bewegung und Nationalsozialismus vgl. *Wolfgang Prinz,* Ganzheits- und Gestaltpsychologie und Nationalsozialismus, in: Wissenschaft im Dritten Reich (Anm. 20), 55–81; *Ulfried Geuther,* Die Professionalisierung der deutschen Psychologie im Nationalsozialismus, Frankfurt a. M. 1986; vgl. auch *K. Sontheimer,* Antidemokratisches Denken (Anm. 7), 250.

109 Vgl. etwa *H. Freyer,* Das Volk als werdende Ganzheit (Anm. 92); *ders.*, Art. Typen und Stufen der Kultur, in: Handwörterbuch der Soziologie, hrsg. von Alfred Vierkandt, Stuttgart 1931, 294–308; vgl. auch *Eduard Spranger,* Bemerkungen zum Strukturbegriff in den Geisteswissenschaften, in: Ganzheit und Struktur (Anm. 92), Bd. 2, 81–96, u. *Max Wundt,* Der Gedanke des Volkstums in der Philosophie, in: ebd., Bd. 3, 9–27.

110 Vgl. hierzu *Werner Hofmann,* Studien zur Kunsttheorie des 20. Jahrhunderts, in: ders., Bruchlinien. Aufsätze zur Kunst des 19. Jahrhunderts, München 1979, 34–54; *ders.*, Fragen der Strukturanalyse, in: ebd., 70–89; *Sheldon Nodelman,* Structural analysis in art and anthropology, in: Yale French Studies 36/37 (1966), 89–103.

111 Vgl. hierzu *Julius von Schlosser,* Die Wiener Schule der Kunstgeschichte. Rückblick auf ein Säkulum deutscher Gelehrtenarbeit in Österreich (= Mitteilungen des Österreichischen Instituts für Geschichtsforschung Erg.-Bd. XIII, Heft 2), Innsbruck 1934, 195–201; aufschlußreich für die beiden Zweige des Österreichischen Instituts für Geschichtsforschung, die Kunstgeschichte und die Urkundenforschung, an deren wissenschaftlicher Spitze seit Mitte der dreißiger Jahre Sedlmayr und Brunner standen, *Heinrich Ritter von Srbik,* Geist und Geschichte vom Humanismus bis zur Gegenwart Bd. 2, Salzburg 1951, 302–310; *W. M. Johnston,* The Austrian Mind (Anm. 26), 151–155; *J. Van Horn Melton,* From Folk History to Structural History (Anm. 8), 289–291; *Norbert Schneider,* Hans Sedlmayr (1896–1984), in: Altmeister moderner Kunstgeschichte, hrsg. von Heinrich Dilly, Berlin 1990, 267–288; zu Sedlmayr und seinem Verhältnis zum Nationalsozialismus vgl. *Peter Haiko,* ‚Verlust der Mitte' von Hans Sedlmayr als kritische Form im Sinne der Theorie von Hans Sedlmayr, in: Willfährige Wissenschaft (Anm. 8), 77–88.

112 Vgl. hierzu: Sens et usages du terme „strucuture", hrsg. von R. Bastide, Paris-La Haye 1962; *Günther Schiwy,* Der französische Strukturalismus. Mode, Methode, Ideologie, Reinbek 1969; *Michael Oppitz,* Notwendige Beziehungen. Abriß der strukturalen Anthropologie, Frankfurt a.M. 1975, 15–71.

intellektuelle Bewegung wurde, blieb sie in Deutschland Episode.[113] Bemerkenswert und aufschlußreich für die Diskussion über den konzeptuellen Zusammenhang zwischen „Struktur“ und „Volk“ ist jedoch der Einfluß der strukturalen Linguistik auf den eng mit Hans Freyer kooperierenden, bereits früher mehrfach erwähnten Volkswissenschaftler und Sprachinselforscher Gunther Ipsen.[114]

- Schließlich enthält der Begriff „Volk“ noch eine dritte, politisch-ideologische Bedeutungsebene, die sich auf die „völkische Bewegung“ bezieht. Von dieser völkischen und nationalsozialistisch-totalitären Orientierung hat Brunner sich im Zuge seiner Alteuropawende nicht nur verschiedentlich an prominenter Stelle politisch distanziert. Er hat darüber hinaus, entgegen bis heute verbreiteter Behauptungen und Mutmaßungen[115], diesen eigenen lebensweltlich-wissenschaftlichen Bezug zum Volksbegriff auch historistisch-begriffsgeschichtlich reflektiert.[116] Hatte sich seine begriffsgeschichtliche Kritik zunächst gegen die universalhistorische Generalisierung der Begriffe „Staat“ und „Gesellschaft“ und gegen die aus dem „positivistischen Trennungsdenken“ hervorgegangene gedachte dichotomische Struktur dieses Begriffspaars gerichtet, so forderte Brunner

113 Vgl. *W.-D. Stempel,* Gestalt, Ganzheit, Struktur (Anm. 106), 39; zu Affinitäten zwischen Lévi-Strauss, Ernst Cassirer und Hans Sedlmayr s. die erhellenden Ausführungen von *W. Hofmann,* Fragen der Strukturanalyse (Anm. 110), 81–85.

114 Vgl. hierzu *W.-D. Stempel,* Gestalt, Ganzheit, Struktur (Anm. 106), 9, 15–22, 30, 34, 38.

115 Vgl. etwa *R. Jütte,* Zwischen Ständestaat und Austrofaschismus (Anm. 9), 239; *F. Graus,* Verfassungsgeschichte des Mittelalters (Anm. 50), 569, Anm. 135; *Chr. Dipper,* Otto Brunner aus der Sicht der frühneuzeitlichen Historiographie (Anm. 16), 77.

116 Mit Blick auf seine früheren Arbeiten hat Brunner in seiner Hamburger Antrittsvorlesung 1954 auf die prinzipiell unentrinnbaren möglichen Gefahren der „Geschichtswissenschaft im Zeichen des Historismus“ (O. G. Oexle) hingewiesen: „Wir können ihnen [sc. diesen Gefahren, R.B.] nicht ausweichen; wir müssen uns ihnen stellen. Es sind ‚Wege und Irrwege des geschichtlichen Denkens‘ (Th. Litt), die uns entgegentreten; aber man muß wohl auch einmal einen Irrweg zu Ende gehen, um ihn als solchen zu erkennen und den rechten Weg zu finden. Dazu bedarf es aber einer wissenschaftlichen Gesinnung, die sich der eigenen Grenzen bewußt ist.“, *O. Brunner,* Abendländisches Geschichtsdenken, in: ders., Neue Wege der Verfassungs- und Sozialgeschichte (Anm. 95), 26–44, hier: 43; ähnlich die selbstkritische Reflexion in dem Handbuchartikel: Grundlinien der Sozialgeschichte (Anm. 103), Sp. 2672: „Uns aber erscheint alles menschliche Dasein und damit auch die Geschichte als ewige Aufgabe, die der Verstrickung in Schuld und Irrtum nicht zu entgehen vermag. Eine solche Haltung vermag auch fremden Kulturen gerecht zu werden, sie wird auch der vielberufenen ‚Kulturkrise‘ der Gegenwart mit einer Haltung entgegentreten, die sie weder hinnimmt noch durch den Sprung in die Utopie zu überwinden sucht, sondern in ihrer Bezwingung eine Aufgabe sieht, wie sie in ihrer Art stets gegeben war.“; vgl. auch *ders.,* Das Zeitalter der Ideologien: Anfang und Ende (1954), in: ebd., 45–63. Diese und weitere Äußerungen lassen sich m. E. als deutliche Distanzierung früherer Positionen Brunners lesen. Fragen und Beklemmungen freilich bleiben. Warum etwa redet oder schreibt Brunner an den genannten Stellen nicht von „sich“, sondern von „uns“, und was bedeutet dieser Plural? Was meint Brunner angesichts des Holocausts, wenn er sagt, man müsse wohl „auch einmal einen Irrweg zu Ende gehen“?

nun auch die historistische Reflexion des Begriffs „Volk“: „[...] die Begriffe ‚Volk‘ und ‚Nation‘“, so Brunner i. J. 1954, „sind nicht minder als die der ‚Gesellschaft‘ oder des ‚Sozialen‘ mit modernen Bedeutungsschichten belastet, die erst geklärt werden müssen, bevor man sie auf ältere Jahrhunderte anwenden kann.“[117]

Nach dem historisierenden Abtrag dieser dritten, politisch-ideologisch aufgeladenen Bedeutungsschicht reduziert sich der Volksbegriff auf die beiden ersten Schichten, nämlich auf die „sozialen Gruppen“ und auf den Begriff „Struktur“. Und diese in historischer Forschung miteinander in Beziehung zu setzen, ist exakt das Forschungsprogramm einer europäischen Sozial- und Struktur- bzw. Verfassungsgeschichte, wie es Brunner 1954 formuliert hat. Der Übergang von der „Volksgeschichte“ zur „Strukturgeschichte“ ist also weit weniger spektakulär als oftmals behauptet.[118] Berücksichtigt man die revisionistischen Äußerungen Brunners der frühen fünfziger Jahre, so wird man die Ersetzung von „Volksgeschichte“ durch „Strukturgeschichte“ nicht länger als stillschweigende „begriffliche ‚Säuberung‘“ und „terminologische Camouflage“[119] abtun können. Andererseits hat Brunner selbst durch seine Kommentierung dieses terminologischen Austausches Anlaß zu Mißdeutungen gegeben. So ist durchaus umstritten, ob trotz dieses Austausches und weiterer Veränderungen in der vierten Auflage von „Land und Herrschaft“ das Buch, wie Brunner bemerkt, „in seinem Grundcharakter [...] unverändert geblieben [ist]“. Sieht man den „Grundcharakter“ dieses Buches in der verfassungsgeschichtlichen Strukturanalyse „Südostdeutschlands im Mittelalter“ – so der Untertitel der drei ersten Auflagen –, so mag dies zutreffen. Doch spricht Brunner in diesen Auflagen nicht von „Strukturanalyse“ bzw. „Strukturgeschichte“, sondern absichtsvoll von „politischer Volksgeschichte“, und diese geht wegen ihres ideologischen Überschusses über das Programm einer Strukturanalyse hinaus. Brunners Konzept der „Volksgeschichte“ enthält wesentliche Aspekte einer analytisch verstandenen „Strukturgeschichte“, ist mit dieser jedoch nicht deckungsgleich. Brunners spätere „Strukturgeschichte“ als historische Strukturanalyse ist eine entideologisierte „Volksgeschichte“, die des expliziten Bezugs auf den völkisch-politischen Begriff „Volk“ nicht nur nicht mehr bedarf, sondern ihren Verzicht mit Blick auf die beabsichtigte Entideologisierung auch erfordert.

---

117 *O. Brunner,* Das Problem einer europäischen Sozialgeschichte (Anm. 103), 81. Wie seine Hamburger Antrittsrede „Abendländisches Geschichtsdenken“ (1954), so hat Brunner auch diesen ein Jahr zuvor entstandenen Text an prominenter Stelle, nämlich auf dem Historikertag in Bremen 1953 vorgetragen.

118 Vgl. hierzu auch *Winfried Schulze,* Deutsche Geschichtswissenschaft nach 1945, München 1989, 288 ff.

119 *Chr. Dipper,* Otto Brunner aus der Sicht der frühneuzeitlichen Historiographie (Anm. 16), 77.

Nach den vorangegangenen Distanzierungen vom ideologisch aufgeladenen und nationalsozialistisch instrumentalisierten Volksbegriff hat Brunner in der veränderten vierten Auflage von „Land und Herrschaft“ auf weitere selbstkritische Kommentierungen und historisierende Reflexionen verzichtet und damit selbst möglichen Miß- und Fehldeutungen Vorschub geleistet. Allerdings konnte es hierzu nur durch eine isolierte Lektüre von „Land und Herrschaft“ kommen. Hineingestellt in den Kontext der übrigen nach 1945 entstandenen Arbeiten Brunners, steht dessen Wende von der germanozentriert-völkischen Ideologie zum alteuropäischen Konservatismus außer Zweifel. Berücksichtigt man zudem die strukturanalytischen Elemente des Konzepts der „Volksgeschichte“, so wird darüber hinaus deutlich, daß entscheidend für den wissenschaftlichen Gehalt von Brunners Arbeiten nicht der Schritt von der „Volksgeschichte“ zur „Strukturgeschichte“ war, sondern vielmehr der von der „Staatsbildung“ zur „Volksgeschichte“ bzw. zur „Sozial- und Verfassungsgeschichte“ Alteuropas.

V. Brunner und die „Vormoderne“

Die politische Differenz zwischen völkischem Germanismus und konservativem Alteuropadenken sowie der hiermit vorgenommene Perspektivenwechsel in Brunners Geschichtsbild ist bis heute weitgehend unberücksichtigt geblieben oder verkannt worden.[120] Dies gilt vor allem für Brunners Alteuropabegriff selbst, mit dem weder der Zeitraum zwischen dem 12. bis 18. Jahrhundert oder die sog. „altständische Gesellschaft“ des Ancien Régime, noch das christliche „Abendland“ seit dem frühen Mittelalter oder die Vorgeschichte Europas im Sinne von Carl Schuchhardt[121] gemeint ist, sondern die Zeitspanne von Homer bis Goethe. Für die Frühneuzeitforschung ist diese Verwirrung über Brunners Alteuropabegriff um so bemer-

120 Aus der Reihe der Mißverständnisse und Fehlurteile sei hier lediglich auf *R. Jütte,* Zwischen Ständestaat und Austrofaschismus (Anm. 9) verwiesen, dem zufolge Brunner nach 1945 seinen „politischen Standpunkt nicht wesentlich geändert“ habe, und der Brunners terminologische Modifikationen lediglich als „Zugeständnisse an den neuen Zeitgeist“ (239) abtut. Gänzlich verfehlt auch die in Anlehnung an Wolfgang Mommsen vertretene Auffassung, daß Brunners nach 1945 entstandene Arbeiten „den für den Historismus so eigentümlichen ‚apolitischen Grundzug‘“ (262) erhalten haben sollen. Jütte hat nicht nur die selbstkritischen revisionistischen Äußerungen Brunners übergangen, die ihrerseits alles andere als „apolitisch“ sind; ihm sind darüber hinaus auch die politischen und systematischen Differenzen zwischen den konkurrierenden historisch-politischen Konzepten des „Germanismus“ und „Alteuropas“ entgangen. Auf die Motive dieser Alteuropa-Wendung sowie auf den intellektuellen und wissenschaftlichen Gehalt des Alteuropakonzepts kann im Rahmen dieses Aufsatzes nicht im einzelnen eingegangen werden.

121 *Carl Schuchhardt,* Alteuropa, die Entwicklung seiner Kulturen und Völker, 4. stark erg. Auflage, Berlin 1941 (1. Aufl. 1918).

kenswerter, als – nach Auffassung des Mediävisten Reinhard Elze – „der so wichtige Mittelalterhistoriker Brunner seine eigentliche Bedeutung nicht für die mittelalterliche Geschichte gehabt hat, sondern für die Geschichte der frühen Neuzeit oder des späten Alteuropa."[122] Worin, so bleibt daher abschließend zu fragen, besteht Brunners in seiner an abgelegenem Ort publizierten programmatischen Rezension „Calvin und der Staat"[123] sowie seinem einige Jahre später erschienenen Buch „Adeliges Landleben und europäischer Geist" (1949) vollzogener alteuropäischer Perspektivenwechsel und welche Anschlußmöglichkeiten bietet Brunners Bild der Vormoderne für eine an den Leitkategorien „Religion", „Kultur" und „Staat" orientierte Frühneuzeitforschung? Gegenüber möglichen aktualistischen Mißverständnissen oder dem Versuch, Brunner post mortem auf heutige Fragestellungen festlegen zu wollen, wird man sich dabei zu allererst zu vergegenwärtigen haben, daß Brunners Arbeiten selbst als Antworten auf jene historische Problemlage zu verstehen sind, die ihrerseits das genannte Deutungsschema – „Religion", „Kultur", „Staat" – als Ergebnis des Krisenbewußtseins der Moderne, wie die Potenzenlehre Jacob Burckhardts oder die staatsrechtlichen und theologischen Debatten während der zwanziger Jahre, erst hervorgebracht hat.[124] Weder an diese Problemlage noch an die Antworten läßt sich heute beim Versuch einer Konzeptualisierung der „Frühen Neuzeit" bzw. „Vormoderne" vorbehaltlos anknüpfen. Wenn Brunners Beitrag zu einer an den Leitkategorien „Religion", „Kultur" und „Staat" orientierten aktuellen Frühneuzeitforschung erörtert werden soll, dann müssen nicht nur Brunners Arbeiten, sondern auch die historiographischen Debatten der zwanziger Jahre historisiert werden.

Schon an dieser Stelle ist festzuhalten, daß Brunners Arbeiten durchaus Anknüpfungspunkte für die aktuelle Forschung zur Vormoderne bieten. Allerdings gilt dies kaum für die an den genannten Leitkategorien orientierte

---

122 *Reinhard Elze,* Diskussionsbeitrag, in: Annali dell' Istituto storico italo-germanico (Anm. 16), 150 f.

123 *Otto Brunner,* Calvin und der Staat. Zu den Forschungen von Josef Bohatec, in: Jahrbuch der Gesellschaft für die Geschichte des Protestantismus in Österreich 65/66 (1944/45), 135–148. Das Datum der Niederschrift dieser programmatischen Rezension ist übrigens ebenso unklar wie das Erscheinungsdatum dieses Bandes. Die Tatsache, daß derselbe Band den am 4. Dezember 1946 gehaltenen Vortrag Brunners „Wolf Helmhart von Hohberg 1612–1688. Ein protestantischer Edelmann aus Niederösterreich", eine knappe Skizze seiner späteren Monographie „Adeliges Landleben" enthält (vgl. ebd., 5–20), läßt darauf schließen, daß der Band vermutlich erst i. J. 1947 (!) erschienen ist. Für Brunners Wende vom völkischen zum alteuropäischen Denken wäre die präzise Datierung der Niederschrift dieser Rezension außerordentlich nützlich.

124 Vgl. hierzu *Wolfgang Hardtwig,* Geschichtsschreibung zwischen Alteuropa und moderner Welt. Jacob Burckhardt in seiner Zeit, Göttingen 1974, 170–173; *Klaus Tanner,* Die fromme Verstaatlichung des Gewissens. Zur Auseinandersetzung um die Legitimität der Weimarer Reichsverfassung in Staatsrechtswissenschaft und Theologie der zwanziger Jahre, Göttingen 1989, 196–211.

Forschung zur Vormoderne, insbesondere wenn diese als „frühe Neuzeit“ verstanden wird. Wenig ergiebig sind zunächst Brunners Auslassungen zur Dimension „Religion“, die in Brunners Arbeiten der zwanziger und dreißiger Jahre auffällig ausgeblendet bleibt. Die von Max Weber und Ernst Troeltsch aufgeworfenen religionssoziologischen Problemstellungen, die Frage nach der Bedeutung des Protestantismus für die Entstehung der modernen Welt und insbesondere die Debatte über die Bedeutung des Luthertums für deutsches Staatsdenken[125] finden zu dieser Zeit im Werk Brunners ebenso wenig Resonanz wie die zu gleicher Zeit von Lucien Febvre in seinen Büchern über Luther und Rabelais ausgelegten mentalitätsgeschichtlichen Perspektiven[126] oder die Arbeiten des Brunner politisch nahe stehenden Theologen Emanuel Hirsch.[127] Die Ursache für dieses Desinteresse an „Religion“ dürfte in den bereits früher dargelegten Motiven für die Abwendung Brunners von der Moderne sowie in dem generellen Antikonfessionalismus des vom Katholizismus zum Protestantismus konvertierten Brunner[128] begründet liegen. Gegen die Behandlung der Religionsgeschichte als Geistesgeschichte gewandt, räumte Brunner später – in seiner Hamburger Antrittsvorlesung (1954) – ein, daß Religion „ein sozialgeschichtlicher Faktor ersten Ranges [ist], zumal die christliche Religion, die uns in der geschichtlichen Wirklichkeit keineswegs als ‚das Christentum‘ (ein typischer Begriff des 19. Jahrhunderts) begegnet, sondern als christliche Kirche und Kirchen. Die Kirche ist aber“, so Brunner, „als Sozialgebilde nicht trennbar von ihrem ‚Geist‘, von dem ihre irdische Existenz transzendierenden Glauben.“[129] Diese Formulierungen könnten die Vermutung einer Annäherung Brunners an die religionssoziologischen Fragestellungen Webers und Troeltschs nahe-

---

125 Stellvertretend für diese Debatte vgl.: Protestantismus und Neuzeit (= Troeltsch-Studien Bd. 3), hrsg. von *Horst Renz / Friedrich Wilhelm Graf,* Gütersloh 1984; zur geschichtswissenschaftlichen und theologischen Debatte zur Zeit der Weimarer Republik vgl. *K. Tanner,* Die fromme Verstaatlichung des Gewissens (Anm. 124), 157 – 179.

126 *Lucien Febvre,* Un destin: Martin Luther, Paris 1928 (dt. jetzt u. dem T.: Martin Luther, hrsg., neu übers. u. Nachwort von Peter Schöttler, Frankfurt a. M. 1996); *ders.*, Le problème de l'incroyance au XVIe siècle. La religion de Rabelais, Paris 1942.

127 127 *Robert P. Ericksen,* Theologen unter Hitler. Das Bündnis zwischen evangelischer Dogmatik und Nationalsozialismus, München / Wien 1986, 167 – 267; zu Emanuel Hirschs völkischer Theologie vgl.: *Wolfgang Tilgner,* Volksnomostheologie und Schöpfungsglaube. Ein Beitrag zur Geschichte des Kirchenkampfes, Göttingen 1966, 136 – 157; Christliche Wahrheit und neuzeitliches Denken. Zu Emanuel Hirschs Leben und Werk, hrsg. von Hans Martin Müller, Tübingen / Goslar 1984, hierin vor allem den Aufsatz von *Eilert Herms,* Die Umformungskrise der Neuzeit in der Sicht Emanuel Hirschs, 87 – 141; *Eilert Herms,* „Kultursynthese“ und „Geschichtswende“. Zum Troeltsch-Erbe in der Geschichtsphilosophie Emanuel Hirschs, in: Kulturprotestantismus. Beiträge zu einer Gestalt des modernen Christentums, hrsg. von Hans Martin Müller, Gütersloh 1992, 339 – 388; Klaus Tanner, Die fromme Verstaatlichung des Gewissens (Anm. 124), insbes. 68 – 100, 220 – 228, 235 ff.

128 Vgl. hierzu *H. Kaminsky / J. van Horn Melton,* Translators' Introduction (Anm. 11), XIV, Anm. 4.

129 *O. Brunner,* Abendländisches Geschichtsdenken (Anm. 116), 40.

legen. Tatsächlich hat Brunner sich allerdings einige Jahre zuvor in seiner alteuropäisch-programmatischen Rezension „Calvin und der Staat" explizit gegen die Religionssoziologie Max Webers, Ernst Troeltschs und Werner Elerts mit dem Argument gewandt, daß sie in unhistorischer Weise „mit dem Begriffsapparat der seit dem 18. Jahrhundert entstandenen modernen Staats- und Sozialwissenschaften (operiert)."[130] Diese Kritik ist keineswegs bloß methodologisch-begriffsgeschichtlich gemeint. Sie enthält vielmehr zugleich eine Absage an die religionssoziologische Frage nach dem Zusammenhang von Protestantismus und moderner Welt. Brunner hält dieser – aus seiner Sicht modernistischen – Perspektive entgegen, „daß es eine von der griechischen Antike bis ins 18. Jahrhundert reichende Denktradition von außerordentlicher Konstanz und innerer, das gesamte Weltbild einheitlich durchdringender Geschlossenheit gibt," die mit dem modernen, seit dem 18. Jahrhundert entstandenen Begriffsapparat nicht zu erschließen sei.[131]

Mit dieser alteuropäischen Perspektive – erst in dieser Arbeit verwendet er den Terminus „Alteuropa" bzw. „alteuropäisches Denken" – geht Brunner auch über die Beurteilung der Reformation bei Troeltsch hinaus und ebnet dessen typologische Unterscheidung zwischen dem noch der mittelalterlichen Welt verhafteten Luther und dem bereits stärker auf die Moderne verweisenden Calvin gleichsam alteuropäisch ein. Die Reformation begreift Brunner „als grandiosen Versuch zur Neuordnung des fraglich gewordenen Verhältnisses von Kirche und Welt, zur Erhaltung der Struktur Alteuropas [...]". Insofern, so Brunner, sei „Ernst Tröltsch (!) recht zu geben, wenn er Luther nicht zur ‚modernen Welt', sondern zum ‚Mittelalter' rechnen wollte. Nur ist ‚Mittelalter' hier ein ganz unzulänglicher Ausdruck. Luther gehört nicht zum ‚Mittelalter', sondern zur ‚Neuzeit', aber in dieser zu ‚Alteuropa'. Aber auch Calvin gehört in diesen Zusammenhang."[132]

Diese alteuropäisch-historistische Kritik an Weber und Troeltsch ist um so bemerkenswerter, als andererseits Brunners epistemologische Positionen sowie sein auf den Zusammenhang von Institutionen und Gruppen abzielendes Forschungsprogramm einer europäischen Sozialgeschichte den Problemhorizonten von Weber und Troeltsch durchaus nahe stehen.[133] Aus alt-

---

130 *O. Brunner*, Calvin und der Staat (Anm. 123), 135 f.; diese begriffsgeschichtliche Kritik an Max Weber, Otto Hintze und Ernst Troeltsch auch bereits in *O. Brunner*, Land und Herrschaft (Anm. 47), 182–187.

131 Vgl. ebd., 136.

132 Ebd., 144; auf der gleichen anti-modernistischen Linie liegt auch Brunners alteuropäische Deutung von Humanismus und Renaissance, vgl. *ders.*, Humanismus und Renaissance (Anm. 97), insbes. 557 f.; *ders.*, Adeliges Landleben und europäischer Geist (Anm. 52), 102.

133 Vgl. *O. Brunner*, Das Problem einer europäischen Sozialgeschichte (Anm. 103), insbes. 89 ff.; vgl. hierzu auch *O. G. Oexle*, Sozialgeschichte – Begriffsgeschichte – Wissenschaftsgeschichte (Anm. 20), 306–309 u. 329–333; *ders.*, Kulturwissenschaftliche Reflexionen über soziale Gruppen in der mittelalterlichen Gesellschaft: Tön-

europäisch-abendländischer Perspektive lehnt er jedoch eine isolierte Betrachtung der „Sphäre des Religiösen“[134] ab. Bei der Berücksichtigung der Religion als „Potenz“ (J. Burckhardt) in der europäischen Geschichte interessieren ihn vorrangig drei Aspekte: die Kirche als sozialhistorischer Verband, das Spannungsverhältnis zwischen Kirche und Welt im Rahmen des „inneren Gefüges des Abendlandes“ sowie die strukturelle Einheit und Kontinuität des alteuropäischen, d. h. antiken und abendländisch-christlichen Kosmosdenkens. Trotz stärkerer Einbeziehung der „Religion“ in seine Arbeiten nach 1945 bleiben spezifisch mentalitätsgeschichtliche Aspekte des „Religiösen“ wie das Problem von Glaube und Unglaube auch weiterhin ausgeblendet.[135] Mit Recht ist daher von einer „Vernachlässigung des Religiösen“[136] im Werk Brunners gesprochen worden, das für derzeit in der Forschung aktuelle Fragen nach Frömmigkeitsformen und religiösen Praktiken kaum direkte Anknüpfungspunkte bietet.[137] Ähnliches trifft für die Konfessionalisierungsforschung zu, und es ist nicht erstaunlich, daß Brunners einschlägige Epochendarstellung „Das konfessionelle Zeitalter (1555–1648)“[138] im Vergleich zu den stark konzeptionellen Arbeiten wie „Land und Herrschaft“ oder „Adeliges Landleben“ auffällig blaß und traditioneller Politik- und Ereignisgeschichte verhaftet bleibt. Wenn Brunners Arbeiten nur wenig Antworten auf heutige Fragestellungen der Frömmigkeits- und Konfessionalisierungsforschung im Rahmen der Frühneuzeitforschung zu entnehmen sind, so gilt dies, mutatis mutandis, allerdings auch für die Max Weber und Ernst Troeltsch leitende Frage nach dem Zusammenhang von Protestantismus und moderner Welt. Die jüngere Forschung ist über diese einseitige Zuordnung hinweggegangen und hat zu einer deutlichen Akzentverlagerung geführt.[139]

---

nies, Simmel, Durkheim und Max Weber, in: Die okzidentale Stadt nach Max Weber. Zum Problem der Zugehörigkeit in Antike und Mittelalter, hrsg. von Christian Meier, München 1994, 115–159, sowie zu den partiellen Berührungspunkten zwischen Brunner und Troeltsch: *L. Schorn-Schütte,* Ernst Troeltschs „Soziallehren“ und die gegenwärtige Frühneuzeitforschung (Anm. 72), 134 f.

134 *O. Brunner,* Inneres Gefüge des Abendlandes, in: Historia Mundi (Anm. 97), 319–385, hier: 322; ebenso: *Otto Brunner,* Grundlinien der Sozialgeschichte (Anm. 103), 2672.

135 Vgl. hierzu zuletzt *Richard van Dülmen,* Wider die Ehre Gottes. Unglaube und Gotteslästerung in der Frühen Neuzeit, in: Historische Anthropologie 2 (1994), 20–38.

136 *Alfred Haverkamp,* Diskussionsbeitrag, in: Annali dell' Istituto storico italogermanico (Anm. 16), 200.

137 Zur Bedeutung des „Hauses“ für frühneuzeitliche häusliche Frömmigkeitskultur im Anschluß an Brunner vgl. jedoch *Patrice Veit,* Private Fömmigkeit, Lektüre und Gesang im protestantischen Deutschland der frühen Neuzeit: Das Modell der Leichenpredigten, in: Frühe Neuzeit – Frühe Moderne? (Anm. 20), 270–295, insbes. 276.

138 *Otto Brunner,* Das konfessionelle Zeitalter 1555–1648, in: Deutsche Geschichte im Überblick, hrsg. von Peter Rassow, Stuttgart 1953, 284–316.

Kommt „Religion“ als geschichtlicher Kategorie im Gesamtwerk Brunners aufs Ganze gesehen nur marginale Bedeutung zu, so nimmt „Staat“ bei ihm, wenn auch zumeist in negativer Abgrenzung, die Position eines Schlüsselbegriffs ein. Dabei grenzt Brunner sich einerseits von jenen Staatsrechtlern ab, die die Anwendbarkeit des Staatsbegriffs auf die „Neuzeit“ reservieren (Hermann Heller, Carl Schmitt), und andererseits von jenen Historikern, die – wie Georg von Below –, dem Mittelalter „Staatlichkeit“ im modernen Sinne unterlegen. Brunners eigene Position zwischen diesen Polen bzw. jenseits von ihnen ist freilich keineswegs klar. Mit Recht hat bereits Heinrich Mitteis kritisch darauf hingewiesen, daß künftige Forschung „sich [...] mit dem von Brunner stark im Dunkel gelassenen Staatsbegriff [...] zu befassen haben [wird].“[140] Brunners perspektivischer Gegenbegriff zum staatsrechtlich-positivistisch oder staatssoziologisch geprägten historischen Etatismus ist das – zunächst „völkisch“ überformte – „Land“, der, wie die Kategorie des („Ganzen“) „Hauses“ und das unverändert beibehaltene Verfassungskonzept[141], zugleich das im Titel der beiden großen Monographien „Land und Herrschaft“ und „Adeliges Landleben“ auch terminologisch angedeutete Bindeglied zwischen Brunners älteren, völkisch orientierten und den nach Mitte der vierziger Jahre entstandenen alteuropäisch orientierten Arbeiten darstellt. Brunner hat das Konzept des „Landes“ zunächst an einem mediävistischen Thema dargelegt, doch blieb dessen Anwendungsfeld nicht auf das Mittelalter beschränkt. In seiner begrifflichen Verknüpfung von Land-Volk-Adel-Stände[142] hat es darüber hinausgehend nachhaltig auf die sich formierende Ständeforschung in der Bundesrepublik seit den fünfziger Jahren gewirkt.[143]

139 Aus der Fülle der jüngeren Arbeiten sei hier lediglich verwiesen auf: *L. Schorn-Schütte,* Ernst Troeltschs „Soziallehren“ und die gegenwärtige Frühneuzeitforschung (Anm. 72), 137–147; *Hans Medick,* Buchkultur und lutherischer Pietismus. Buchbesitz, erbauliche Lektüre und religiöse Mentalität in einer ländlichen Gemeinde Württembergs am Ende der frühen Neuzeit, in: Frühe Neuzeit – Frühe Moderne? (Anm. 20), 297–326; *W. Schulze,* „Von den großen Anfängen des neuen Welttheaters“ (Anm. 21), 14; *Heinz Schilling,* Die Konfessionalisierung von Kirche, Staat und Gesellschaft – Profil, Leistung, Defizite und Perspektiven eines geschichtswissenschaftlichen Paradigmas, in: Die katholische Konfessionalisierung, hrsg. von Wolfgang Reinhard / Heinz Schilling, Gütersloh 1995, 1–49.

140 *H. Mitteis,* Land und Herrschaft. Bemerkungen zu dem gleichnamigen Buch Otto Brunners, in: HZ 163 (1941), 255–281; 471–489, 487 f.

141 Vgl. *O. Brunner,* Moderner Verfassungsbegriff und mittalterliche Verfassungsgeschichte (Neufassung 1955) (Anm. 104); bemerkenswert hier die Kritik an Carl Schmitt, in dessen politischer Theorie die „Gefahr totalitärer Tendenzen [...] sichtbar geworden“ sei (6); *ders.,* Land und Herrschaft, 4. Aufl. (wie Anm. 98), 120–133, 146–163.

142 Vgl. hierzu aus späterer Zeit u. a. *Otto Brunner,* Vom Gottesgnadentum zum monarchischen Prinzip. Der Weg der europäischen Monarchie seit dem hohen Mittelalter (1956), in: Neue Wege der Verfassungs- und Sozialgeschichte (Anm. 95), 160–186, insbes. 171; *ders.,* Inneres Gefüge des Abendlandes (Anm. 134), 19 f., 26, 80, 84, 90 f.

Dabei meinte Ständeforschung in „Adeliges Landleben“ ebenso wie bereits zuvor in „Land und Herrschaft“ vor allem Adelsforschung, und bereits dies ist ein markanter Unterschied zu der vorangegangenen Forschung über die Vormoderne. Bis dahin hatte im Mittelpunkt der am Leitbegriff der „Staatsbildung“ orientierten Absolutismusforschung, die seit der Mitte des 19. Jahrhunderts und dann vor allem seit Gustav Schmoller über Jahrzehnte hinweg geradezu die Paradedisziplin der deutschen Geschichtswissenschaft gewesen war, die Frage nach der Entstehung und Geschichte des „modernen Staates“ und des Beamtentums als seiner politisch-sozialen Trägerschicht gestanden. Diese ganze Problemstellung wurde durch das Paradigma der „Volkwerdung“ bzw. „Volksgeschichte“ zunächst als politische Ständegeschichte des Mittelalters und nachfolgend in entideoligisierter Fassung als Ständeforschung der frühen Neuzeit beiseite geschoben. Hatte die herkömmliche Ständeforschung, mit Einschränkung der späten Arbeiten Otto Hintzes[144], die Stände vor allem unter dem Aspekt ihrer retardierenden Wirkung bei der Herausbildung des „modernen Staates“ betrachtet, war Brunners vorrangiges Problem nicht die Entstehung des „modernen Staates“ oder die Entstehung der Modernen Welt, sondern umgekehrt die Fortexistenz der altständischen Freiheitsrechte[145] oder, historisch noch weiter ausgreifend, das Fortleben der „alteuropäischen“ Adelswelt. Mit deren Niedergang und der Aushöhlung des politischen Ständetums durch den Aufstieg des monarchischen Absolutismus seit dem 17. Jahrhundert erhält allerdings auch Brunners Bild der Vormoderne einen melancholischen Zug, und es ist kein Zufall, daß nicht die „Aufklärung“ als Beginn der „Neuzeit“, sondern das „Barock“ als Spätphase „Alteuropas“ im Mittelpunkt von Brunners Vormoderne steht. Wenn Brunners Bild der Vormoderne letztlich blaß bleibt, so vor allem darum, weil er im Vergleich zur Absolutismusforschung weitgehend spiegelverkehrt argumentiert. Brunner steht hier, wenn auch negativ, der traditionellen Absolutismusforschung näher als zunächst

143 Vgl. hierzu: *Kurt von Raumer,* Absoluter Staat, korporative Libertät, persönliche Freiheit (1957) in: Absolutismus, hrsg. von Walther Hubatsch, Darmstadt 1973, 152–201; Ständische Vertretungen in Europa im 17. und 18. Jahrhundert, hrsg. von *Dietrich Gerhard,* Göttingen 1969; *Gerhard Oestreich,* Ständetum und Staatsbildung (1967), in: Geist und Gestalt des frühmodernen Staates, Berlin 1969, 277–289; *Rudolf Vierhaus,* Art. Absolutismus, in: Sowjetsystem und demokratische Gesellschaft, hrsg. von C. D. Kernig, Freiburg i. Br. Bd. 1 (1966), Sp. 17–37; vgl. auch, gewissermaßen als Abschluß dieser Forschungsrichtung, die Epochendarstellung von *R. Vierhaus,* Staaten und Stände (Anm. 20).

144 Vgl. *Otto Hintze,* Typologie der ständischen Verfassungen des Abendlandes (1930), in: ders., Gesammelte Abhandlungen Bd. 1, hrsg. von Gerhard Oestreich, 3. durchges. u. erw. Aufl., Göttingen 1970, 120–139; Weltgeschichtliche Bedingungen der Repräsentativverfassungen (1931), in: ebd., 140–185.

145 Zu dieser Problemstellung vgl. explizit *O. Brunner,* Adeliges Landleben und europäischer Geist (Anm. 52), 102; *ders.,* Die Freiheitsrechte in der altständischen Gesellschaft (1954), in: Neue Wege der Verfassungs- und Sozialgeschichte (Anm. 95), 187–198.

vermutet, und dies ist in der Sache durchaus problematisch, denn die auch von Brunner unterstellte Kontinuität vom Absolutismus zum modernen Staat ist sachlich kaum aufrecht zu erhalten. Die in diesem Zusammenhang als Argument angeführte „Souveränität des Staates" als Klammer zwischen beiden geht fehl, denn „Souveränität" im 16. Jahrhundert meint sozial- und strukturgeschichtlich etwas prinzipiell anderes als „staatliches Gewaltmonopol" im 19. oder 20. Jahrhundert.[146] Hatte Brunner mit guten Gründen die Diskussion über die „Staatlichkeit" des mittelalterlichen Reiches als „Scheinproblem" kritisiert[147], so unterliegt er bei der Debatte um den modernstaatlichen Charakter des monarchischen Absolutismus selbst dieser Projektion und nutzt den von ihm selbst für die mittelalterliche Verfassungshistorie entwickelten Ansatz der Begriffsgeschichte nicht hinreichend.[148]

An dieser Schwachstelle in Brunners Sicht der Vormoderne hat Gerhard Oestreich mit seinem Begriff des „frühmodernen Staates" angesetzt. Dieses Konzept, das die beiden Teilaspekte „Ständetum und Staatsbildung" sowie „Sozialdisziplinierung" umfaßt, hat auf die Frühneuzeitforschung außerordentlich anregend gewirkt. Allerdings ist nicht zu übersehen, daß der derzeit in der historischen Forschung verbreitete Begriff des „frühmodernen Staates" nicht nur modernistisch und evolutionistisch überfrachtet ist, sondern darüber hinaus der in der traditionellen etatistischen Absolutismusforschung vertretenen These von der vertikalen Durchstaatlichung der Gesellschaft und der Entstehung eines einheitlichen Untertanenverbandes seit dem 16. Jahrhundert weitgehend verhaftet bleibt.[149] Hierdurch sind nicht nur Einsichten der von Brunner wesentlich mit angeregten Ständeforschung

---

146 Vgl. *O. Brunner*, Land und Herrschaft, 4. Aufl. (Anm. 98), 18 f., 124, 143; *ders.*, Adeliges Landleben und europäischer Geist (Anm.), 124–128, 314 ff.; *ders.*, Die Freiheitsrechte der altständischen Gesellschaft (Anm. 145), 194–197; *ders.*, „Feudalismus". Ein Beitrag zur Begriffsgeschichte (1958), in: Neue Wege der Verfassungs- und Sozialgeschichte (Anm. 95) , hier: 136 f.; zur Kritik an dieser Kontinuitätsthese „neuzeitlicher" Souveränität vgl. *R. Blänkner*, „Absolutismus" und „frühmoderner Staat" (Anm. 86), 59–67.

147 Vgl. *O. Brunner*, Moderner Verfassungsbegriff und mittelalterliche Verfassungsgeschichte (1939) (Anm. 3), 524.

148 Vgl. dagegen, auf Brunners Konzept der Begriffsgeschichte aufbauend, *Werner Conze*, Art. „Staat und Souveränität", Abschnitt II, in: Geschichtliche Grundbegriffe (Anm. 84), Bd. 6 (1990), 7–25, u. *Reinhart Koselleck*, Art. „Staat und Souveränität", Abschnitt III, in: ebd., 25–64.

149 Vgl. *G. Oestreich*, Ständetum und Staatsbildung (Anm. 143); *ders.*, Strukturprobleme des europäischen Absolutismus (1969), in: Geist und Gestalt des frühmodernen Staates (Anm. 143), 179–197. Zur werkgeschichtlichen Rekonstruktion und Kritik dieses Konzepts vgl. *Winfried Schulze*, Gerhard Oestreichs Begriff „Sozialdisziplinierung in der Frühen Neuzeit", in: ZHF 14 (1987), 265–302; *Günther Lottes*, Disziplin und Emanzipation. Das Sozialdisziplinierungskonzept und die Interpretation der frühneuzeitlichen Geschichte, in: Westfälische Forschungen 42 (1992), 63–74; *R. Blänkner*, „Absolutismus" und „frühmoderner Staat" (Anm. 86), 57–59; *Dietrich Gerhard*, Ständische Vertretungen und Land (1971), in: ders., Gesammelte Aufsätze, Göttingen 1977, 13–37, insbes. 14.

zurückgedrängt worden; vor allem hat das Konzept des „frühmodernen Staates“ die Frage nach der Spezifik des „Staates“ im Ancien Régime mehr blockiert als vorangebracht. Für ein solches Konzept vom „Staat des Ancien Régime“, das der Auflösung der alteuropäisch-dualen Struktur von *oikos* und *polis* ebenso wie der prinzipiellen Verschiedenheit dieses „Staates“ von den staatlich verfaßten Gesellschaften des 19. und 20. Jahrhunderts Rechnung trägt, bietet aber Brunners Kategorie des „Hauses“ Anschlußmöglichkeiten. Neben dem wechselseitigen Prozeß der „Oikonomisierung der Politik“ und der „Politisierung des Oikos“ im Rahmen der vormodernen *commercial society* und ihrer „Politischen Ökonomie“ verweist die Kategorie des „Hauses“ zudem auf die dynastische Struktur als einen zentralen Aspekt des Staates im Ancien Régime.[150]

Wie die „Sphäre des Religiösen“ hat Brunner auch die Existenz der „Politik“ als autonome Sphäre in der frühen Neuzeit negiert.[151] Diese Auffassung scheint zunächst lediglich eine Fortschreibung seiner Kritik an der Trennung zwischen Machtgeschichte und Rechtsgeschichte zu sein, wie er sie in „Land und Herrschaft“ formuliert hatte.[152] An dieser Kritik ebenso wie an jener der kategorialen Trennung zwischen „Staat“ und „Gesellschaft“, die auf vormoderne politisch-soziale Gefüge nicht anwendbar sei, hat Brunner auch später festgehalten.[153] Bemerkenswert ist jedoch, daß

---

150 Aus der umfangreichen Literatur, auf die das Konzept vom „Staat des Ancien Régime“ aufbauen kann, sei hier im Hinblick auf „Politische Ökonomie“ und „Haus“ lediglich verwiesen auf: *H. Medick,* Naturzustand und Naturgeschichte der bürgerlichen Gesellschaft (Anm. 28); Wealth and Virtue. The Shaping of Political Economy in the Scottish Enlightenment, hrsg. von *Istvan Hont / Michael Ignatieff,* Cambridge 1983; Der dynastische Fürstenstaat. Zur Bedeutung von Sukzessionsordnungen für die Entstehung des frühmodernen Staates, hrsg. von *Johannes Kunisch,* Berlin 1982; *Richard Bonney,* The European Dynastic States 1494–1660, Oxford 1991; *Richard van Dülmen,* Die Entstehung des frühneuzeitlichen Europa (Anm. 21), 13 f.; *Paul Münch,* Haus und Regiment. Überlegungen zum Einfluß der alteuropäischen Ökonomie auf die fürstliche Regierungstheorie und -praxis während der Frühen Neuzeit, in: Europäische Hofkultur im 16. und 17. Jahrhundert, hrsg. von August Buck u. a., Hamburg 1981, Bd. 2, 205–210; *Gotthardt Frühsorge,* ‚Oeconomie des Hofes‘. Zur politischen Funktion der Vaterrolle im „Oeconomus prudens et legalis“ des Franz Philipp Florinus, in: ebd., 211–215; *Johannes Burkhardt,* Das Haus, der Staat und die Ökonomie. Das Verhältnis von Ökonomie und Politik in der frühneuzeitlichen Institutionengeschichte, in: Die Rationalität politischer Institutionen. Interdisziplinäre Perspektiven, hrsg. von Gerhard Göhler / Kurt Lenk / Rainer Schmalz-Bruns, Baden-Baden 1990, 169–187; Die Kategorie „Haus“ systematisch miteinbeziehend, in der Gesamtperspektive jedoch modernistisch: *Leonhard Bauer / Herbert Matis,* Geburt der Neuzeit. Vom Feudalsystem zur Marktwirtschaft, München 1988, 189–232; *R. Blänkner,* „Absolutismus“ und „frühmoderner Staat“ (Anm. 86), 64–68.

151 Zur Herausbildung von Religion, Politik, Recht bzw. Staat, Gesellschaft und Ökonomie als autonome Sphären vgl. jedoch *O. Brunner,* Humanismus und Renaissance (Anm. 97), 582, u. *ders.,* Der Weg zur Weltwirtschaft, in: Handbuch der Weltgeschichte (Anm. 103) Bd. 2 (1956), 1565–1580, 1576–1579.

152 Vgl. *O. Brunner,* Land und Herrschaft (Anm. 47), 1–13; 120–123; 149 f.

153 Vgl. *O. Brunner,* Land und Herrschaft, 4. Aufl. (Anm. 98), 1–11, 108–120, 130 ff.

mit der alteuropäischen Distanzierung vom Postulat einer „politischen Volksgeschichte" sich auch der systematische Ort des Politischen in Brunners Denken verschiebt und der Begriff des Politischen unscharf wird. Hatte Brunner das Politische in „Land und Herrschaft" explizit behandelt, wenn auch in völkisch-germanozentristischer Weise mit Begriffen wie „Führer", „Gefolgschaft" und „konkreten Ordnungsbegriffen", so fällt es in seinen späteren alteuropäisch orientierten Arbeiten weitgehend aus. Allerdings darf dies nicht als Abwendung vom Politischen gedeutet werden, und es wäre ein schwerwiegendes Mißverständnis des Brunnerschen Œuvres, dem politischen „Land und Herrschaft" ein von großer Gelehrsamkeit und scheinbar kontemplativem Rückzug als Reaktion auf die Katastrophe des Nationalsozialismus geprägtes „Adeliges Landleben" gegenüber stellen zu wollen.

Auffällig bleibt indes, daß Brunner in seinen Alteuropa gewidmeten Arbeiten vornehmlich der strukturellen Kontinuität des „ganzen Hauses" und der „alteuropäischen Ökonomik" nachgeht[154], hingegen die alteuropäische „Politik" als zweite Säule der auf der Korrelation zwischen *oikos* und *polis* aufruhenden dualen Struktur Alteuropas nur am Rande thematisiert. Diese ist dagegen klassisch beschrieben bei Brunners Zeitgenossin Hannah Arendt.[155] Weder auf die Beziehungen zwischen Arendt und Brunner noch auf die im Zuge der alteuropäischen Wende erfolgten Verschiebung des systematischen Ortes des Politischen in Brunners Werk ist hier näher einzugehen. Festzuhalten bleibt lediglich der aus der Diskussion über Carl Schmitts „Begriff des Politischen" hervorgegangene generelle Hinweis Brunners auf die Historizität des Politischen. Brunners Frage, „was Politik in der Vergangenheit jeweils heißen kann [...]"[156], betrifft auch die Bestimmung des Politischen in der Vormoderne. Gegenüber der in der aktuellen politikwissenschaftlichen und ideengeschichtlichen Forschung verbreiteten mißverständlichen Rede von der „Autonomie des Politischen" als einem historisch vermeintlich gleichbleibenden Begriff sind die „Metamorphosen des Politischen" (Göbel / van Laak / Villinger) hervorzuheben. Dabei wäre, neben der Spezifik des „Staates", vor allem nach der Spezifik des „Politischen" in der Vormoderne zu fragen. Die einseitige Orientierung an dem alteuropäisch-aristotelischen Polis-Modell führt hier allerdings nicht weiter, denn „Politik" im Kontext des Diskurses über „Staatsräson" und die *arcana imperii* steht in Opposition zum klassisch-antiken Verständnis von „Po-

---

154 Vgl. vor allem *O. Brunner*, Adeliges Landleben (Anm. 52), 237–312; *ders.*, Das „Ganze Haus" und die alteuropäische „Ökonomik" (Anm. 92).

155 Vgl. *Hannah Arendt*, Vita activa oder Vom tätigen Leben. München / Zürich 1971 (zuerst amerik. 1958).

156 *O. Brunner*, Land und Herrschaft (Anm. 47), 2 f.; vgl. auch die 4. Aufl. (Anm. 98), 2.

litik“ als Sphäre der „Öffentlichkeit“.[157] Bei dem Versuch einer wissenschaftsgeschichtlichen Spurensuche für eine disziplinäre Grundlegung der Frühneuzeitforschung[158] wird man gerade bei der Diskussion über die „Staatlichkeit“ und den Begriff des Politischen in der Vormoderne kaum an die Debatten der zwanziger Jahre anschließen können. Ein des Politischen entleerter metaphysischer Staatsbegriff oder die in Geschichtswissenschaft und Theologie geführte Debatte über „Luther und die deutsche Staatsidee“ haben uns heute nichts mehr zu sagen. Für ein Konzept vom „Staat des Ancien Régime“ wird man hingegen trotz hier nicht näher darzulegender Kritik an die verschiedenen Ansätze zu einer Historisierung des „Staates“ anknüpfen können, die die Arbeiten von Otto Hintze, Hermann Heller, Carl Schmitt und Otto Brunner bieten.

Mehr noch als „Staat“ ist die Kategorie „Kultur“ bei Brunner ein polemischer Begriff, und es ist vor dem Hintergrund seiner bereits an den Kategorien „Religion“ und „Staat“ artikulierten begriffsgeschichtlichen Kritik nicht überraschend, daß er die Anwendbarkeit auch dieser modernen Kategorie für das Mittelalter und darüber hinausgehend für Alteuropa negiert. Dabei geht es Brunner nicht nur um die Zurückweisung der „Kultur“ als autonomer Sphäre in der Vormoderne, sondern um die generelle Kritik an dem vermeintlichen „Nebeneinander autonomer Sphären, die in dem leeren Sammelbegriff der ‚Kulturgeschichte‘ rein äußerlich zusammengefaßt werden.“[159] Diesem Konzept von Kulturgeschichte, an dessen Kritik er zeitlebens festgehalten hat[160], setzt er zunächst die völkische „Volks- und Kultur-

157 Aus der reichhaltigen Literatur, an die hierbei anzuknüpfen ist, sei hier nur genannt: Staatsräson. Studien zur Geschichte eines politischen Begriffs, hrsg. von *Roman Schnur,* Berlin 1975; *Herfried Münkler,* Im Namen des Staates. Die Begründung der Staatsräson in der Frühen Neuzeit, Frankfurt a. M. 1987; *Michael Stolleis,* Staat und Staatsräson in der frühen Neuzeit. Studien zur Geschichte des öffentlichen Rechts, Frankfurt a. M. 1990; *Horst Dreitzel,* Monarchiebegriffe in der Fürstengesellschaft. Semantik und Theorie der Einherrschaft in Deutschland von der Reformation bis zum Vormärz, 2 Bde., Köln-Weimar-Wien 1991; *Wolfgang Weber,* Prudentia gubernatoria. Studien zur Herrschaftslehre in der deutschen politischen Wissenschaft des 17. Jahrhunderts, Tübingen 1992; The Languages of Political Theory in Early-Modern Europe, hrsg. von *Anthony Pagden,* Cambridge / New York / Melbourne 1987; *John G. A. Pocock,* Politics, Language, and Time. Essays on Political Thought and History, Chicago / London 1989; zu Pocock und zur anglo-amerikanischen Republikanismus-Debatte vgl. auch *Werner Sewing,* John G. A. Pocock und die Wiederentdeckung der republikanischen Tradition, in: John G. A. Pocock, Die andere Bürgergesellschaft. Zur Dialektik von Tugend und Korruption, Frankfurt a. M. / New York / Paris 1993; Machiavelli and Republicanism, hrsg. von *Gisela Bock / Quentin Skinner / Maurizio Viroli,* Cambridge etc. 1990; aus wissenschaftsgeschichtlicher Perspektive vgl. *Merio Scattola,* Geschichte der politischen Bibliographie als Geschichte der politischen Theorie, in: Wolfenbütteler Notizen zur Buchgeschichte 20 (1995), 1 – 37.

158 Vgl. *Luise Schorn-Schütte* in der Einleitung zu diesem Band.

159 *O. Brunner,* Land und Herrschaft (Anm. 47), 131.

160 *O. Brunner,* Moderner Verfassungsbegriff und mittelalterliche Verfassungsgeschichte (1955) (Anm. 104), 4; *ders.,* Land und Herrschaft, 4. Aufl. (Anm. 98), 3 f.; *ders.,* Das Fach „Geschichte“ und die historischen Wissenschaften (1960), in: Neue

bodenforschung" entgegen. Wenngleich hiervon in den späteren, alteuropäisch orientierten Arbeiten keine Rede mehr ist, hat ihm die frühere Kritik an der Moderne und der modernen Kultur jedoch den Blick für innovative kulturtheoretische Ansätze der zwanziger und dreißiger Jahre verstellt. Neben den bereits früher erwähnten Arbeiten von Georg Simmel und Max Weber gilt dies für die kulturtheoretische Kritik der Moderne in der Frankfurter Schule um Max Horkheimer und Theodor Adorno und insbesondere für die spezifisch kulturwissenschaftliche Perspektive des Hamburger Kreises um Aby Warburg, Erwin Panofsky und Ernst Cassirer, die gerade in jüngerer Zeit auf wachsendes Interesse in der Forschung stößt.[161]

Es kann nicht übersehen werden, daß diese beiden kulturtheoretischen bzw. kulturwissenschaftlichen Schulen auch unter dem Eindruck des Vordringens jener politischen Kräfte ins Exil getrieben wurden, die die innovativen Neuansätze als „jüdische Kulturwissenschaft" denunzierten und die mit ihrem Programm der „Volks- und Kulturbodenforschung" dem Nationalsozialismus nahe standen.[162] Andererseits wäre es verkürzt, von den politischen Gegner- oder auch – im Schmittschen Sinne – Feindschaften unmittelbare Rückschlüsse auf die jeweiligen wissenschaftlichen Optionen zu ziehen. Dies zeigt das Beispiel von Percy Ernst Schramm, den die Aufnahme kulturwissenschaftlicher Perspektiven Aby Warburgs nicht daran hinderte, später für den Nationalsozialismus einzutreten.[163] Daß diese auch für die mittelalterliche und vormoderne Verfassungshistorie nutzbar gemacht werden können, hat Schramm, in ausdrücklicher Abgrenzung von der bisherigen Verfassungshistorie, in seinen Untersuchungen über Herrschaftszeichen

---

Wege der Verfassungs- und Sozialgeschichten (Anm. 95), 9–25, hier: 17 f.; zuletzt *ders.*, Der Historiker und die Geschichte von Verfassung und Recht, in: HZ 209 (1969), 1–16, hier: 2 f.

161 Vgl. hierzu *Carlo Ginzburg,* Kunst und soziales Gedächtnis. Die Warburg-Tradition (1966), in: ders., Spurensicherung. Die Wissenschaft auf der Suche nach sich selbst, Berlin 1995, 63–127; *Dieter Wuttke,* Aby M. Warburgs Kulturwissenschaft, in: HZ 256 (1993), 1–30; *Michael Ann Holly,* Panofsky and the Foundations of Art History, Ithaca-London 1984; *Martin Jesinghausen-Lauster,* Die Suche nach der symbolischen Form. Der Kreis um die Kulturwissenschaftliche Bibliothek Warburg, Baden-Baden 1985; Aby Warburg. Akten des internationalen Symposions Hamburg 1990, hrsg. von *Horst Bredekamp / Michael Diers / Charlotte Schoel-Glass,* Weinheim 1991; *Otto Gerhard Oexle,* Memoria als Kultur, in: Memoria als Kultur, hrsg. von Otto Gerhard Oexle, Göttingen 1995, 9–78, insbes. 22 f. u. 69–78; zu den bislang wenig bekannten Verbindungen zwischen der Frankfurter Schule und dem Warburg-Kreis s. jetzt: Siegfried Kracauer – Erwin Panofsky. Briefwechsel 1941–1966, hrsg. u. kommentiert von *Volker Breidecker,* Berlin 1995.

162 Zur nationalsozialistischen Polemik über „politische (Volks-)Geschichte" und „Kulturgeschichte" vgl. vor allem *Christoph Steding,* Kulturgeschichte und politische Geschichte, in: Reich und Reichsfeinde Bd. 1, Hamburg 1941, 59–79.

163 Vgl. hierzu *Joist Grolle,* Percy Ernst Schramm – Fritz Saxl. Zur Geschichte einer zerbrochenen Freundschaft, in: Aby Warburg. Akten des internationalen Symposions (Anm. 161), 95–114; *ders.,* Der Hamburger Historiker Percy Ernst Schramm – ein Historiker auf der Suche nach der Wirklichkeit, Hamburg 1989.

und Staatssymbole verdeutlicht.[164] Brunner hat die Arbeiten Schramms ebenso wie die hieran thematisch angrenzenden innovativen mentalitätsgeschichtlichen Untersuchungen von Marc Bloch über die „Rois thaumaturges“ (1924) oder dessen bahnbrechendes Buch „La société féodal“, das im selben Jahr wie Brunners „Land und Herrschaft“ (1939) erschien[165], in seinen späteren sozial- und verfassungsgeschichtlichen Forschungen berücksichtigt.[166] Es bleibt gleichwohl, nicht nur aus heutiger Sicht, erstaunlich, wie wenig Aufmerksamkeit insgesamt ein an der Funktionsweise von Institutionen interessierter Historiker wie Brunner den integrativen Leistungen „symbolischer Formen“ von Institutionen widmet. Gegenüber dem Interesse an dem „innere[n] Bau“ und der „Struktur der menschlichen Verbände“[167] tritt der Blick auf die kulturellen Dimensionen von Institutionen, wie etwa bei der für Brunner so zentralen Institution der „Fehde“, zurück. Der symbolischen Bedeutung des Fehdehandschuhs ist hingegen der Schramm-Schüler Berent Schwineköper (1938) nachgegangen.[168]

Aufs Ganze gesehen bieten die Arbeiten Brunners für eine an den Aspekten „Religion“, „Kultur“ und „Staat“ orientierte Forschung zur Vormoderne nur wenig Anknüpfungspunkte, und wo sie vorhanden sind, erweisen sie sich, wie bei der These vom modernstaatlichen Charakter des Absolutismus, als fragwürdig. Auch in der über die speziell an dem Deutungsschema Religion-Kultur-Staat interessierten Frühneuzeitforschung hinaus sind Brunners Arbeiten auf teilweise scharfe Kritik gestoßen. Hierauf sowie auf die ebenso verbreiteten wie sachlich unzutreffenden gegen Brunner gerichteten Vorwürfe eines (mißverstandenen) „Neo-Historismus“ oder „Neo-Rankeanismus“ kann hier nicht weiter eingegangen werden.[169] Festzuhalten bleibt

164 Vgl. *Percy Ernst Schramm,* Der König von Frankreich. Das Wesen der Monarchie vom 9. bis zum 16. Jahrhundert, 2. verb. u. verm. Aufl., Darmstadt 1969, insbes. VII (1. Aufl. 1939); *ders.,* Herrschaftszeichen und Staatssymbolik. Beiträge zu ihrer Geschichte vom dritten bis zum 16. Jahrhundert, 3 Bde., Stuttgart 1954–1956.

165 Vgl. *Marc Bloch,* Les Roi thaumaturges. Etudes sur le caractère surnaturel attribué à la puissance royale particulièrement en France et en Angleterre, Paris 1924; *ders.,* Die Feudalgesellschaft, Frankfurt a. M./Berlin/Wien 1982, insbes. 97–132 (franz. 1939); vgl. hierzu auch *André Burguière,* Der Begriff der ‚Mentalitäten‘ bei Marc Bloch und Lucien Febvre: zwei Auffassungen und zwei Wege (1983), in: Mentalitäten-Geschichte. Zur historischen Rekonstruktion geistiger Prozesse, hrsg. von Ulrich Raulff, Berlin 1987, 33–49; zu den Beziehungen der österreichischen Geschichtswissenschaft, insbesondere in Wien, und den „Annales“ vgl. *Peter Schöttler,* Die Annales und Österreich in den zwanziger und dreißiger Jahren, in: ÖZG 4 (1993),74–99.

166 Vgl. *O. Brunner,* Vom Gottesgnadentum zu monarchischen Prinzip (Anm. 142), 162, 166 ff.

167 *O. Brunner,* Das Problem einer europäischen Sozialgeschichte (Anm. 103), 82; zu Anknüpfungspunkten zwischen Bloch und Brunner, auch im Hinblick auf gegenwärtige Forschung vgl. *O. G. Oexle,* Was deutsche Mediävisten an der französischen Mittelalterforschung interessieren muß (Anm. 20), 106 ff., 112 ff., insbes. 124–127.

168 Vgl. *Berent Schwineköper,* Der Handschuh im Recht, Ämterwesen, Brauch und Volksglauben. Mit einer Einführung: Die Erforschung der mittelalterlichen Symbole, Wege und Methoden, von Percy Ernst Schramm, Berlin 1938.

jedoch die Kritik an Brunners statischem Bild der Vormoderne.[170] Dabei ist allerdings der Gegenstand der Kritik durchaus nicht immer eindeutig, und die Alternativen zu Brunners statischem Bild der Vormoderne sind bisweilen nicht weniger problematisch als das kritisierte Bild selbst. So wird häufig übersehen, daß für Brunner die Statik keineswegs ein generelles Signum der vorindustriellen Gesellschaft Alteuropas ist. In seinem konzisen Handbuchartikel „Der Weg zur Weltwirtschaft" (1956) etwa hebt Brunner die „soziale und wirtschaftliche Dynamik" hervor, die „in den Jahrhunderten des hohen Mittelalters ... zum Durchbruch gekommen (ist)" und zu tiefgreifenden Veränderungen Alteuropas geführt haben. Diese Dynamik habe aber „um 1300 Grenzen erreicht", die erst mit dem Durchbruch der modernen Welt seit der Mitte des 18. Jahrhunderts überschritten worden seien. Die demographischen, agrarstrukturellen, verkehrswirtschaftlichen und politischen Veränderungen während der dazwischen liegenden Jahrhunderte sieht Brunner durchaus, mißt ihnen aber insgesamt nur marginale Bedeutung zu. Für die Zeit zwischen dem 13. und 18. Jahrhundert kommt er daher zu dem Resümee, daß „auf vielen Gebieten ein *statischer Zustand*" geherrscht habe.[171]

Es ist heute nicht umstritten, daß Brunner wichtige Elemente des sozialen Wandels wenn nicht vernachlässigt, so doch in ihrer Wirkung zu gering veranschlagt hat. Allerdings ist diese berechtigte Kritik noch kein hinreichendes Argument gegen die Annahme einer die Jahrhunderte vom 12. bis zum 18. Jahrhundert umfassenden, schon wegen ihrer gleichsam langen Dauer „statischen" Epoche, wie es Dietrich Gerhard vertreten hat und im Anschluß an ihn sowie Brunner derzeit vor allem von Peter Blickle favorisiert wird[172] oder in ähnlicher Form auch dem Programm der „Zeitschrift für Historische Forschung" zugrunde liegt.[173] Es ist dieses das Spätmittelalter

---

169 Vgl. hierzu jedoch *O. G. Oexle,* Sozialgeschichte – Begriffsgeschichte – Wissenschaftsgeschichte (Anm. 20), 321–327.

170 Vgl. *Chr. Dipper,* Otto Brunner aus der Sicht der frühneuzeitlichen Historiographie (Anm. 16), 81–83; *Hans Erich Bödeker / Ernst Hinrichs,* Alteuropa – Frühe Neuzeit – Moderne Welt? Perspektiven der Forschung, in: Alteuropa – Ancien Régime – Frühe Neuzeit (Anm. 21), 27–29; *Winfried Schulze,* Die ständische Gesellschaft des 16. / 17. Jahrhunderts und die moderne historische Forschung, in: ebd., 51–77, insbes. 59–62 u. 75–77.

171 Vgl. *Otto Brunner,* Der Weg zur Weltwirtschaft (Anm. 151), 1565.

172 Vgl. u. a. *Peter Blickle,* Der Kommunalismus als Gestaltungsprinzip zwischen Mittelalter und Moderne, in: Gesellschaft und Gesellschaften. FS zum 65. Geburtstag von Ulrich Im Hof, hrsg. von N. Bernard / Q. Reichen, Bern 1982, 95–113; *ders.,* Kommunalismus, Parlamentarismus, Republikanismus, in: HZ 242 (1986), 529–556; *ders.,* Unruhen in der ständischen Gesellschaft 1300–1800 (= Enzyklopädie deutscher Geschichte, hrsg. von Lothar Gall, Bd. 1), München 1988.

173 Vgl. das „Vorwort" der Herausgeber, in: ZHF 1 (1974), 1 f.; vgl. auch *J. Kunisch,* Über die Epochencharakter der frühen Neuzeit (Anm. 21); *ders.,* L'ancien régime – das Ende Alteuropas, in: Spätzeit. Studien zu den Problemen eines historischen Epochenbegriffs, hrsg. von Johannes Kunisch, Berlin 1990, 159–184; *ders.,* Alteuropa –

und die Frühe Neuzeit übergreifende Forschungskonzept, das üblicherweise gemeint ist, wenn von „Alteuropa" die Rede ist. Von diesem Verständnis „Alteuropas" im Sinne Dietrich Gerhards ist jedoch der Brunnersche Alteuropabegriff zu unterscheiden, der den vorindustriellen politisch-sozialen und geistigen Strukturzusammenhang der Zeit zwischen Homer und Goethe umfaßt. Schon dieser andere Zeithorizont macht deutlich, daß Brunners Perspektive „Alteuropa" keine Alternative zum Konzept „Frühe Neuzeit" darstellt. Es handelt sich vielmehr um inkompatible Forschungsansätze, die nicht gegeneinander ausgespielt werden können. Jedoch überschneiden sich beide Ansätze bei der Behandlung jenes Zeitraums, der hier neutral als „Vormoderne" bezeichnet wird. Im Unterschied aber zur aktuellen Frühneuzeitforschung, in der die Vor-Moderne zumeist als Frühe Moderne gedeutet wird, ist für Brunner die Vor-Moderne als altständische Gesellschaft des Ancien Régime die Spätzeit Alteuropas. Daß dieses Brunnersche „Alteuropa" statisch sei, wird man ernsthaft nicht behaupten können, hat Brunner selbst doch auf dessen Umbrüche beim Übergang von der „Antike" zum „Abendland" oder im Hochmittelalter nachdrücklich hingewiesen. Wohl aber hat Brunner für diese historische Großepoche einen einheitlichen Strukturzusammenhang unterstellt, was Umbrüche und unterschiedliche Phasen abwechselnder und koexistierender Dynamik und Statik keineswegs ausschließt.

Fragwürdig wird die Kritik an Brunners – vermeintlich – statischem Geschichtsbild vor allem durch den Hinweis auf „den Mangel an entwicklungshistorischer Sicht" in dessen Forschungen.[174] Diesem Einwand, den bereits Fritz Hartung gegen Brunners Konzept der Verfassungshistorie erhoben hatte[175], ist entgegenzuhalten, daß das dem 19. Jahrhundert verpflichtete evolutionstheoretische Paradigma der „Entwicklung" für die Analyse historischen Wandels nur sehr bedingt tauglich ist. Historische Untersuchungen politisch-sozialen und kulturellen Wandels sollten daher auch nicht länger mit Hilfe dieses wissenschaftstheoretisch obsoleten Modells beschrieben werden, das den Blick auf die „Dynamik" historischen Wandels eher verstellt als erhellt. Diese aber hat Brunner durchaus gesehen, doch

---

der Ursprung der Moderne, in: Deutschland in Europa. Kontinuität und Bruch. Gedenkschrift für Andreas Hillgruber, hrsg. von Jost Dülffer / Bernd Martin / Günter Wollstein, Berlin 1990, 21 – 36, sowie im Anschluß an D. Gerhard und O. Brunner die differenzierten Überlegungen von *R. Vierhaus,* Vom Nutzen und Nachteil des Begriffs „Frühe Neuzeit" (Anm. 21), 22 f.

174 Vgl. *H. Boldt,* Otto Brunner. Zur Theorie der Verfassungshistorie (Anm.), 43 – 45, 59 – 61; ebenso *Chr. Dipper,* Otto Brunner aus der Sicht der frühneuzeitlichen Historiographie (Anm. 16), 92 f.; *H. E. Bödeker / E. Hinrichs,* Alteuropa – Frühe Neuzeit – Moderne Welt? (Anm. 170), 28.

175 Vgl. *Fritz Hartung,* Zur Entwicklung der Verfassungsgeschichtsschreibung in Deutschland (1956), in: ders., Staatsbildende Kräfte der Neuzeit, Berlin 1961, 431 – 469.

hat er sie für den Zeitraum zwischen dem 12. und 18. und Jahrhundert geringer taxiert als die statischen Elemente. Als „außergewöhnlich stark" hingegen veranschlagt Brunner die die Zeit der Vormoderne durchziehende „*Spannung* zwischen den *neuen zum Durchbruch drängenden Kräften und den überkommenen Wirtschafts- und Gesellschaftsformen*".[176] Diese epochale Transformationsperiode Alteuropas zur Modernen Welt ist für Brunner auch der historische Ort jener strukturellen Ausdifferenzierung, die geprägt ist durch die „steigende Autonomie des neuzeitlichen Staates", der „(Wirtschafts-)Gesellschaft" und „Kultur" und der hiermit korrespondierenden Konstitutierung moderner Wissenschaftsdisziplinen wie der „Soziologie" und der „Nationalökonomie".[177]

Wenn Brunners Arbeiten nur wenige Anknüpfungspunkte für ein frühneuzeitliches Verständnis der Vormoderne bieten, so liegt – für die historische Forschung über diesen Zeitraum – möglicherweise gerade darin ihr besonderer Vorzug. In der Debatte um den Epochencharakter der Vormoderne bleibt Brunners alteuropäische Perspektive ein Stachel im Fleisch sowohl der evolutionistischen Deutung der „Vormoderne" als „frühe Neuzeit" als auch der Tendenz zur Verdinglichung von Epochengrenzen überhaupt.[178] Im übrigen bleibt bei diesem Streit um den Epochencharakter der „Vormoderne" als entweder „Frühe Neuzeit" oder als „Spät-Alteuropa" nur die Einsicht, daß er nicht durch den vermeintlich „sachlichen Zusammenhang der Dinge" entschieden wird, sondern durch die „gedanklichen Zusammenhänge der Probleme"[179], also der unter dem Eindruck des historistischen Zusammenhangs von Wissenschaft und Lebenswelt eingenommenen Perspektive sich jeweils neu konstituiert.

Diese Forderung nach einer Historisierung des Konzepts der „frühen Neuzeit" gilt freilich auch für Brunners „Alteuropa". Mit Recht hat Chri-

---

176 *O. Brunner,* Der Weg zu Weltwirtschaft (Anm. 150), 1580. Zu Brunners eigenem Verständnis des Verhältnisses von Statik und Dynamik zwischen dem 12. und 18. Jahrhundert vgl. auch Brunners Vorwort, in: Neue Wege der Verfassungs- und Sozialgeschichte (Anm. 95), 7.

177 Vgl. *O. Brunner,* ebd., insbes. 1577–1580; *ders.,* Grundlinien der Sozialgeschichte (Anm. 103), 2672.

178 Vgl. hierzu *Chr. Dipper,* Otto Brunner aus der Sicht der frühneuzeitlichen Historiographie (Anm. 16), 88, sowie im Anschluß hieran *H. E. Bödeker / E. Hinrichs,* Alteuropa – Frühe Neuzeit – Moderne Welt ? (Anm. 170), 29; nachdrücklich gegen die Verdinglichung von Epochengrenzen *O. G. Oexle,* Das Bild der Moderne vom Mittelalter und die moderne Mittelalterforschung, in: Frühmittelalterliche Studien 24 (1990), 1–22, insbes. 13 f.; *ders.,* Das entzweite Mittelalter, in: Die Deutschen und ihr Mittelalter. Themen und Formen moderner Geschichtsbilder vom Mittelalter, hrsg. von Gerd Althoff, Darmstadt 1992, 7–28; zum Problem der Epochengrenzen vgl. auch: Epochenschwelle und Epochenbewußtsein (Anm. 21); Epochenschwellen und Epochenstrukturen im Diskurs der Literatur- und Sprachhistorie, hrsg. von *Hans-Ulrich Gumbrecht / Ursula Link-Heer,* Frankfurt a. M. 1985.

179 Vgl. *M. Weber,* Die „Objektivität" sozialwissenschaftlicher Erkenntnis (Anm. 53), 166.

stof Dipper betont, daß auch dieses Konzept „sich sowenig aus der ‚Geschichte selbst' wie irgendeine andere Periodisierung (ergibt)."[180] Es bleibt vielmehr eine „Verständigungshypothese".[181] Während Brunner seine Arbeiten aus der völkischen Periode selbst historisiert hat, steht eine Historisierung „Alteuropas" jedoch noch aus. Hierbei wären allerdings nicht nur „sachliche" Probleme der epochalen Abgrenzung zwischen „Alteuropa" und der „modernen Welt" und des Konzepts der diese beiden historischen Großepochen verknüpfenden „Sattelzeit" zu diskutieren. Dringlicher im historistischen Sinne des unhintergehbaren Zusammenhangs zwischen Wissenschaft und Lebenswelt wäre ein Blick auf die Voraussetzungen und den historischen Ort „alteuropäischen" Geschichtsdenkens, der nicht auf Otto Brunner beschränkt bleiben könnte. Er wäre vielmehr Teil einer *intellectual history* „Alteuropas" als einer intellektuellen Figuration des 20. Jahrhunderts im Zeichen der Krise der Moderne. Denn mit dieser posttotalitären Alteuropa-Wendung als Antwort auf die Krise der Moderne stand Brunner nicht allein. Vielfältige Bezüge und zum Teil verblüffende Parallelitäten enthält Brunners „Adeliges Landleben" etwa zu den nahezu gleichzeitig erschienenen Büchern „Weltgeschichte Europas" (1948 / 49) von Hans Freyer, Hans Sedlmayrs „Verlust der Mitte" (1948) oder Karl Jaspers „Vom Ursprung und Ziel der Geschichte" (1949), ohne dessen in diesem Werk formuliertes Konzept der „Achsenzeit" die später gemeinsam mit Otto Brunner und Werner Conze von Reinhart Koselleck konzeptualisierte „Sattelzeit" kaum zu verstehen ist. Wenig berücksichtigte Bezüge eröffnen sich jedoch auch zu den alteuropäisch-abendländischen Traditionsvergewisserungen bei Ernst Robert Curtius (Europäische Literatur und lateinisches Mittelalter, 1948) und – trotz erheblicher Differenzen im einzelnen – im „Warburg-Kreis", vor allem aber bei Hannah Arendt. In ihrer oben angedeuteten Komplementarität stellen Otto Brunner und Hannah Arendt gleichsam die beiden Pole der intellektuellen Figuration „Alteuropa" dar. All dies, ebenso wie Brunners Verhältnis zu Jacob Burckhardt, auf den er sich bei seiner Alteuropawendung verschiedentlich bezieht, kann hier nur angedeutet werden, und es wäre wohl an der Zeit, sich diesem „Alteuropa" einmal gesondert zuzuwenden.

In der Diskussion über die geeigneten Kategorien zur Beschreibung der Vormoderne bleibt schließlich generell nach dem Erklärungspotential des Schemas „Religion-Kultur-Staat" – sei es im Anschluß an die Potenzenlehre Jacob Burckhardts oder im Anschluß an die Debatten der zwanziger Jahre – zu fragen. Denn bei diesem Schema, ebenso wie bei der auf der gleichen me-

---

180 *Chr. Dipper,* Otto Brunner aus der Sicht der frühneuzeitlichen Historiographie (Anm. 16), 95.

181 *J. Kunisch,* Über den Epochencharakter der frühen Neuzeit (Anm. 21), 153; im Anschluß hieran ebenso *H. E. Bödeker / E. Hinrichs,* Alteuropa – Frühe Neuzeit – Moderne Welt? (Anm. 170), 24 f.

thodologischen Ebene angesiedelten Triade „Ökonomie-Politik-Kultur“[182] handelt es sich um moderne Begriffe und Deutungsschemata des 19. und 20. Jahrhunderts, die nicht einfach auf andere historische Sozial- und Kultursysteme übertragen werden können. Auf diese begriffsgeschichtliche Problematik moderner Wissenschaft als Forschung nachdrücklich hingewiesen zu haben, ist ein bleibendes Verdienst Brunners, das auch in der gegenwärtigen Grundlagendiskussion über das Konzept „Frühe Neuzeit“ nicht übergangen werden kann. Die hieraus abgeleitete Forderung der Historisierung erkenntnisleitender Kategorien beschränkt sich allerdings nicht auf den historiographischen Vorgang einer Verortung der Entstehungsmilieus dieser Kategorien, um anschließend erneut mit denselben oder anderen scheinbar allgemeingültigen Begriffen wie „Staat“, Gesellschaft“ oder „Wirtschaft“ vergangene „Wirklichkeiten“ zu erfassen. Historisierung als operativer Aspekt historischer Begriffsbildung meint vielmehr auch die systematische Berücksichtigung der jeweils quellenspezifischen Bedeutungsschichten der Kategorien, mit deren Hilfe vergangene sozial-kulturelle Ordnungsgefüge und Prozesse beschrieben werden sollen. Erst unter dieser Bedingung, also der Einbeziehung des quellenspezifischen Gehalts der Begriffe „Religion“, „Kultur“ und „Staat“, wären diese als historische Grundbegriffe der Vormoderne systematisch nutzbar zu machen.

Ob diese Begriffe sich dann als Grundbegriffe der Vormoderne erweisen würden, ist hier ebenso wenig zu verfolgen wie der ergänzende Hinweis, daß der Bereich dessen, was entweder alteuropäisch als Sphäre des „Ganzen Hauses“[183], frühneuzeitlich als „Wirtschaft“ oder vormodern als „Politische Ökonomie der commercial society“ beschrieben werden kann, nicht unberücksichtigt bleiben sollte. Wichtiger hingegen ist die Frage nach dem Verständnis und Status von „Kultur“ als Teil des hier zu diskutierenden Deutungsschemas der Vormoderne. Ob nach der bereits um 1900 eingeleiteten grundlegenden kulturwissenschaftlichen Wende und vor dem Hintergrund der in jüngster Zeit erneut geführten Diskussion über die Erneuerung der Kulturgeschichte und die Konzeptualisierung der Geschichte als historische Kulturwissenschaft[184] noch sinnvoll mit einem aspektiven Kulturbe-

---

182 Zur Triade „Ökonomie – Politik – Kultur“ vgl. *R. van Dülmen,* Entstehung des frühneuzeitlichen Europa (Anm. 21), 18.

183 Zur jüngeren Diskussion über das „ganze Haus“ vgl. *Werner Troßbach,* Das „ganze Haus“ – Basiskategorie für das Verständnis der ländlichen Gesellschaft deutscher Territorien in der Frühen Neuzeit? in: Blätter für deutsche Landesgeschichte 129 (1993), 277–314; *Hans Derks,* Über die Faszination des „Ganzen Hauses“, in: Geschichte und Gesellschaft 22 (1996), 221–242; *Groebner,* Außer Haus? (Anm. 20); wenig ergiebig: *Claudia Opitz,* Neue Wege der Sozialgeschichte? (Anm. 20). Zum Problem einer Darstellung des „sozialen Ganzen“ vgl. *Michael Borgolte,* Das soziale Ganze (Anm. 20).

184 Aus der Fülle der einschlägigen Literatur sei hier lediglich verwiesen auf: Geschichte schreiben in der Postmoderne. Beiträge zur aktuellen Diskussion, hrsg. von

griff operiert werden kann, erscheint allerdings zweifelhaft. Im Unterschied zur Behandlung der „Kultur“ als Aspekt oder Residualgröße und der Kulturgeschichte als Aspektgeschichte, die bereits Brunner trotz der fragwürdigen antiliberalen Stoßrichtung nicht zu Unrecht zum Gegenstand seiner Kritik gemacht hatte, eröffnet demgegenüber ein auf die Gesamtheit der materiellen und immateriellen Hervorbringungen der Menschen abzielender Kulturbegriff auch innovative Forschungsperspektiven für die Vormoderne. In einer solchen Perspektive, in deren Zentrum das Interesse an kollektiven Repräsentationen, diskursiven Praktiken und institutionellen Mechanismen steht[185], hat auch Brunners Ansatz einer Begriffs- und Wissenschaftsgeschichte als elementarer Aspekt einer historischen Kulturwissenschaft Platz.

Christoph Conrad u. Martina Kessel, Stuttgart 1994; Kulturgeschichte heute, hrsg. von *Wolfgang Hardtwig u. Hans-Ulrich Wehler* (= Geschichte und Gesellschaft SH 16), Göttingen 1996; The New Cultural History, ed. and with an Introduction by *Lynn Hunt,* Berkeley/Los Angeles/London 1989; *Rudolf Vierhaus,* Die Rekonstruktion historischer Lebenswelten. Probleme moderner Kulturgeschichtsschreibung; *Roger Chartier,* L'Histoire Culturelle entre „Linguistic Turn“ et Retour au Sujet, beides in: Wege zu einer neuen Kulturgeschichte (= Göttinger Gespräche zur Geschichtswissenschaft 1), hrsg. von Hartmut Lehmann, Göttingen 1995, 7–28, u. 29–58; zur kulturwissenschaftlichen Wende in der ethnologischen und historisch-sozialanthropologischen Forschung vgl.: Klassen und Kultur. Sozialanthropologische Perspektiven in der Geschichtsschreibung, hrsg. von *Robert M. Berdahl* u. a., Frankfurt a. M. 1982, sowie Anm. 70.

185 Vgl. hierzu *Karl-Siegbert Rehberg,* Institutionen als symbolische Ordnungen. Leitfragen und Grundkategorien zur Theorie und Analyse institutioneller Mechanismen, in: Die Eigenart der Institutionen (Anm. 63), 47–84; *R. Blänkner,* Überlegungen zum Verhältnis von Geschichtswissenschaft und Theorie politischer Institutionen (Anm. 63), 102–107.

Das Recht der Neuzeit

Carl Schmitts Geschichtsbild als Instrumentarium der Krisenanalyse

Von Günter Meuter, Kaarst, und Henrique Ricardo Otten, Aachen

I.

Wohl kein anderer Rechtswissenschaftler hat eine solche Fülle deutender Beschreibungen der Geschichte gegeben wie Carl Schmitt. Was veranlaßt einen Juristen zu dem Versuch, das Bild einer ganzen Epoche auszumalen? Bekanntlich war Schmitt seiner eigenen, nicht gerade bescheidenen Selbsteinschätzung zufolge „der letzte, bewußte Vertreter des *jus publicum europaeum*, sein letzter Lehrer und Forscher in einem existenziellen Sinne".[1] Ist hier eine Geisteswelt an ihr Ende gekommen, zu deren Inauguratoren, Bodin und Hobbes, der Autor ein Verhältnis allergrößter Familiarität beansprucht?

Bodin und Hobbes zogen, Schmitt zufolge, die Konsequenzen aus einer Zeit konfessioneller Bürgerkriege. Liegt in der Konfessionsspaltung des 16. / 17. Jahrhunderts demnach jener Bruch, der die Geschichte der Moderne geprägt hat? In einer Rede von 1929 hat Schmitt das entscheidende Stichwort gegeben: „Neutralisierung". In einem Stufenschema der „wechselnden Zentralgebiete" des europäischen Geistes präsentiert sich die abendländische Kulturentwicklung der letzten vier Jahrhunderte. In vier Schritten habe Europa nacheinander im Theologischen, im Metaphysischen, im Humanitär-Moralischen und schließlich im Ökonomischen sein geistiges Zentrum gefunden. Die Initialzündung soll der Übergang von der Theologie zum metaphysischen Systemdenken, vom 16. zum 17. Jahrhundert sein. Der aufklärerische Moralismus des 18. Jahrhunderts ist für Schmitt dann nur noch „eine Vulgarisation großen Stils [...] Humanisierung und Rationalisierung" mit dem Pathos der „Tugend".[2] Die Romantik stellt „die Zwischenstufe des

---

1 *Carl Schmitt,* Ex Captivitate Salus. Erfahrungen der Zeit 1945 / 47, Köln 1950, 75.

2 *Carl Schmitt,* Das Zeitalter der Neutralisierungen und Entpolitisierungen (1929), in: ders., Der Begriff des Politischen. Text von 1932 mit einem Vorwort und drei Corollarien, Berlin 1963, 79 – 95, hier: 82. Dieser Rede, die zuerst unter dem Titel „Die

Ästhetischen zwischen dem Moralismus des 18. und dem Ökonomismus des 19. Jahrhunderts" dar.[3]

Mit dem Wechsel der Zentralgebiete ändern sich auch die Begriffe der geistigen Sphäre, die Bedeutungen wandeln sich, und es treten spezifische Begriffe einer Epoche auf. So prägt das 18. Jahrhundert den Fortschrittsbegriff im humanitär-moralischen Sinne, den das 19. Jahrhundert in der Hauptbedeutung als ökonomischen Fortschritt meint, im Verhältnis zu dem ihm der humanitäre Fortschritt zum Nebenprodukt gerät. Es werden so im Wandel der Epochen humanitär-moralische Fragen als Grundprobleme der europäischen Menschheit betrachtet, wo es vormals theologische waren, und man erwartet, daß sich die Lösung der Probleme der anderen Bereiche einstellt, wenn die des jeweiligen Zentrums gelöst werden. Die Abfolge der Wandlungen wird getragen vom Wechsel der führenden Eliten – es ändert sich „die Evidenz ihrer Überzeugungen und Argumente [...] ebenso wie der Inhalt ihrer geistigen Interessen, das Prinzip ihres Handelns, das Geheimnis ihrer politischen Erfolge und die Bereitwilligkeit großer Massen, sich von bestimmten Suggestionen beeindrucken zu lassen".[4] Den verschiedenen Epochen entsprechen verschiedene geistige Repräsentanten: Sie treten auf als Theologen, als Gelehrte, als Schriftsteller in der Zeit der Aufklärung[5], schließlich als ökonomische Sachverständige, wie – in herausragender Weise – Marx. Es scheint aber, daß das ökonomische Denken den Typus des „Clerk", der imstande ist, eine „geistige Führerschicht" zu bilden, verschwinden läßt und das rein technizistische Denken ihn gänzlich ausschließt.[6]

---

europäische Kultur im Zwischenstadium der Neutralisierung" in der Europäischen Revue, 5. Jahrgang, November 1929, Heft 8, 517–530 erschienen ist, hat bereits Karl Löwith in seiner Schmitt-Interpretation von 1935 eine zentrale Rolle eingeräumt. Vgl. *Karl Löwith,* Der okkasionelle Dezisionismus von Carl Schmitt (1935), in: ders., Sämtliche Schriften, Band 8: Heidegger – Denker in dürftiger Zeit. Zur Stellung der Philosophie im 20. Jahrhundert, Stuttgart 1984, 32–71, hier insbesondere: 32–35.

3 *C. Schmitt,* Zeitalter der Neutralisierungen (Anm. 2), 83.

4 *C. Schmitt,* Zeitalter der Neutralisierungen (Anm. 2), 82.

5 Ähnlich bereits *Auguste Comte,* Rede über den Geist des Positivismus (1844), Hamburg 1956, 104–107. Comte betont die Subalternität der – nach Ausbreitung der Gelehrtenphilosophie – nunmehr von Literaten gebildeten Trägerschicht der abstrakten, „auflösenden" Kritik. Vgl. zur erstmaligen Formulierung seiner *Geschichtsthese: Auguste Comte,* Plan des travaux scientifiques necessaires pour réorganiser la société (1822), in: Ders., Opuscules de philosophie sociale 1819–1828, Paris 1883, 60–180, hier: 100. Die These besagt, daß jeder menschliche Wissenszweig drei verschiedene Stadien durchlaufen müsse, nämlich das theologische oder *fiktive,* das metaphysische oder *abstrakte* und das wissenschaftliche oder *positive.* Freilich, auch wenn dieses Schema sicherlich Einfluß auf Schmitts Stufenfolge gehabt hat: um eine These über die „Natur des menschlichen Geistes" und dessen „notwendige" Entwicklung geht es Schmitt *nicht* – im Gegensatz zu Comte, dessen Triade wie auch die Analogie von geistiger und politischer „Auflösung" übrigens an den gleich zu behandelnden Autor Bonald erinnern. Siehe dazu auch den späteren Kommentar Schmitts, in welchem von Comtes „genialer Intuition", aber auch vom „Vergesetzlichungs-Wahn des 19. Jahrhunderts" die Rede ist: „[...] der Positivist und Scientist Auguste Comte hätte

Jede solche Wandlung betrifft wesentlich die Konfliktthemen der jeweiligen „Freund-Feindgruppierungen", also die Gegensätze, die als „politische" aufzufassen sind. Hier ortet Schmitt das „Grundmotiv" für die Entwicklung des „okzidentalen Rationalismus".[7] Diese besteht demnach aus einer Folge von Neutralisierungen derjenigen Gebiete, die ihre Zentralstellung eingebüßt haben. Movens ist das Streben nach der „neutralen Sphäre", das bis zur Gegenwart andauert. Der Anfang liegt in dem Versuch, nach den Religionskonflikten des 16. und 17. Jahrhunderts einen neutralen Bereich zu finden, indem man „ein ‚natürliches' System der Theologie, der Metaphysik, der Moral und des Rechts" konstruierte.[8] Die Verlagerung des Zentrums führt zwar dazu, daß die bisherigen Streitfragen als „unpolitische" zur bloßen *Privatsache* werden. In der Folge bilden sich jedoch neue Kampflinien. Die Hoffnung auf Konsens und Frieden stellt sich stets als trügerisch heraus: „Aus den Religionskriegen wurden die halb noch kulturell, halb bereits ökonomisch determinierten Nationalkriege des 19. Jahrhunderts und schließlich einfach Wirtschaftskriege".[9]

Auf den ersten Blick scheint Schmitt in dieser Rede nur eine direkte Erwiderung auf Max Schelers 1929 posthum veröffentlichte Rede „Der Mensch im Weltalter des Ausgleichs" zu geben. Schmitts Wechsel der „führenden Eliten" erinnert direkt an Schelers Formulierung von einer „Umformung des

---

seine richtige geschichtliche Erkenntnis selber nicht geglaubt, wenn er sie nicht zu einem allgemeinen Drei-Stadien-Gesetz der gesamten Menschheit verabsolutiert hätte." (Vgl. *Carl Schmitt,* Die geschichtliche Struktur des heutigen Welt-Gegensatzes von Ost und West. Bemerkungen zu Ernst Jüngers Schrift: „Der Gordische Knoten", in: Freundschaftliche Begegnungen. Festschrift für Ernst Jünger zum 60. Geburtstag, Frankfurt a. M. 1955, 135–167, hier: 153 f.).

6 Vgl. *C. Schmitt,* Zeitalter der Neutralisierungen (Anm. 2), 86.

7 Zu diesem Ausdruck vgl. *Max Weber,* Vorbemerkung, in: ders., Gesammelte Aufsätze zur Religionssoziologie (1920), Tübingen 1988, Band 1, 1–16, hier: 11 f. In seiner rückblickenden Selbstdeutung wird Schmitt den Weberschen Terminus wieder aufgreifen, vgl. *C. Schmitt,* Ex Captivitate Salus (Anm. 1), 69; oben wurde er zitiert nach *C. Schmitt,* Zeitalter der Neutralisierungen (Anm. 2), 82. Die an dieser Stelle von Schmitt benutzte Wendung, das 17. Jahrhundert sei das „Heroenzeitalter des okzidentalen Rationalismus", mag Vicos Einteilung der Völkerentwicklung in die drei Zeitalter der Götter, der Heroen und der Menschen, oder auch: in die religiösen, „ehrsüchtigen" und „zivilisierten" Epochen, geschuldet sein; vgl. *Giambattista Vico,* Prinzipien einer neuen Wissenschaft über die gemeinsame Natur der Völker (1725 / 1744), 2 Bände, Hamburg 1990, Band 2, 492–523. Daß Schmitt von Vico als dem Begründer der neuzeitlichen Geschichtsphilosophie nachhaltig beeinflußt ist, kommt nicht zuletzt auch symptomatisch in seiner Beschwörung eines *ritornar al principio* zum Ausdruck. Vicos ebenso antitraditionalistische wie vernunft- und fortschrittskritische Geschichtsauffassung gewinnt für Schmitts eigenes Geschichtsbild – und gerade auch für seine Einschätzung des Staates als eines an eine besondere geschichtliche Epoche gebundenen Phänomens – in einer eigenwilligen Kombination mit Hegelschen und Donososchen Gedankengängen Geltung. Aus Platzgründen muß freilich auf eine nähere Erörterung hier verzichtet werden. Sie bleibt einer späteren Untersuchung vorbehalten.

8 Vgl. *C. Schmitt,* Zeitalter der Neutralisierungen (Anm. 2), 88.

9 *C. Schmitt,* Zeitalter der Neutralisierungen (Anm. 2), 89.

führenden *Menschentyps*".[10] Von einer tiefgreifenden Wandlung des „Menschen selbst", die auch die Rede von einem neuen „Weltalter" rechtfertigen soll, will Schmitt allerdings nichts wissen, erst recht nichts von der Schelerschen Vision eines künftigen friedlichen „Ausgleichs", der in der „Wert- und Herrschaftssteigerung des Weibes", im Rückzug der „Idee des absolut souveränen, zentralisierten Nationalstaates", in einer „wahrhaft kosmopolitischen Weltphilosophie" und schließlich im „Ideal des Allmenschen" und in der „großen unsichtbaren Solidarität aller Lebewesen" kulminieren soll.[11] Auffällig ist aber die Verwendung des Elitebegriffs, den Schmitt in seinen vorangegangenen Schriften gemieden hatte. Will man Schmitt verstehen, so darf man sich von diesem Ausdruck nicht in die Irre führen lassen. „Elite" gibt es, wie Scheler betont, in jeder Staatsform, auch in der Demokratie.[12] Scheler beruft sich auf Paretos Lehre von der „Zirkulation der Eliten", die ihrerseits – in ihrer Anknüpfung an die Tradition machiavellistischen Staatsdenkens – antike Vorstellungen vom Kreislauf der Verfassungsformen mit dem Versuch verbindet, allgemeine soziologische Gesetze der Stabilisierung wie der Auflösung und Umwälzung von Herrschaft aufzuweisen.

Die analytische Technizität des Elitebegriffs ist indifferent gegen jene Unterscheidung, die Schmitt seit Beginn der 20er Jahre zunehmend in den Mittelpunkt seiner staats- und politiktheoretischen Erörterungen gerückt hat: den Gegensatz von *sichtbarer* und *unsichtbarer* Macht. Schmitt versteht unter „Politik" eben nicht bloße Machttechnik, „wie es der Machiavellistische Begriff der Politik will."[13] Das Problem des Politischen liegt hingegen in der spezifischen Würde und der Selbstbehauptung einer Ordnung, die eine „existentielle" historische Geltung beansprucht. „Kein politisches System kann mit bloßer Technik der Machtbehauptung auch nur eine Generation überdauern. Zum Politischen gehört die Idee, weil es keine Politik gibt ohne Autorität und keine Autorität ohne ein Ethos der Überzeugung."[14]

---

10 Vgl. *Max Scheler,* Der Mensch im Weltalter des Ausgleichs (1929), in: ders., Gesammelte Werke, Band 9: Späte Schriften, Bern / München 1976, 145 – 170, hier: 147.

11 Vgl. *M. Scheler,* Weltalter des Ausgleichs (Anm. 10), insbesondere auch 151 f. und 159 f. Schmitt begreift so den späten Scheler als Herold einer weltumfassenden Einebnungstendenz, die alle Abgrenzungen, Rangdifferenzen und Disqualifizierungen bestreitet und sie der radikal diesseitsorientierten Gleichwertung allen menschlichen Daseins zum Opfer bringt. In solchen romantisch ausufernden Vorstellungen einer „weltumfassende[n] Toleranz" (vgl. *Carl Schmitt,* Politische Romantik, Nachdruck der zweiten Auflage von 1925, dritte Auflage, Berlin 1968, 176) dürfte Schmitt zudem die Prophezeiung eines „Endes der Geschichte" erkannt haben, die seinen entschiedenen Einspruch herausforderte. Vgl. hierzu auch *Martin Meyer,* Ende der Geschichte? München / Wien 1993, insbesondere 132 – 179.

12 Vgl. *M. Scheler,* Weltalter des Ausgleichs (Anm. 10), 145 f.

13 *Carl Schmitt,* Römischer Katholizismus und politische Form (1923), Nachdruck der zweiten Auflage von 1925, Stuttgart 1984, 27.

14 *C. Schmitt,* Römischer Katholizismus (Anm. 13), 28.

Der Katholik Schmitt hat in seiner Schrift über den „Römischen Katholizismus“ – mit deutlicherem Akzent als in seinen späteren Publikationen – die Bedeutung der *repräsentativen* Form betont, in der sich eine solche Autorität äußert. Dafür steht paradigmatisch die Institution der katholischen Kirche mit ihrer „Kraft zu der dreifach großen Form: zur ästhetischen Form des Künstlerischen, zur juridischen Rechtsform und endlich zu dem ruhmvollen Glanz einer weltgeschichtlichen Machtform.“[15] In der Sichtbarkeit der Macht verbinden sich die institutionelle Form, sodann ein Ethos, in welchem der Anspruch erhoben wird, eine Idee zur historischen Wirklichkeit werden zu lassen, und schließlich die personale Repräsentation der Ordnung. Schmitt konstatiert nun ein sich zuspitzendes „Formproblem“ der Neuzeit. Die „Fähigkeit zur Bildung repräsentativer Figuren“, wie sie Schmitt in Papst, Kaiser, Mönch, Ritter und Kaufmann des Mittelalters als Erinnerung an eine bildkräftigere Zeit sichtbarer Herrschaft noch einmal beschwört, scheint zu schwinden und der Unbildlichkeit des ökonomischen Betriebs zu weichen.[16] Noch ein Vierteljahrhundert nach seinem „Katholizismus“-Essay legt Schmitt Wert darauf, einerseits antikatholische Ketzerbewegungen und „rationalistische Vereinfacher“, nicht zuletzt auch die industrielle Technisierung, die Psychoanalyse und die moderne Malerei als miteinander zusammenhängende *ikonoklastische* Einbrüche zu kennzeichnen und andererseits die Verehrung des *Bildes* mit offenkundiger Zustimmung an Zentraldogmen der katholischen Glaubenslehre zu illustrieren: nämlich erstens an dem sakralen Bild der unbefleckten Jungfrau, das in seiner Bedeutung für die spanische Conquista kaum zu überschätzen sei, und zweitens am katholischen Dogma der göttlichen Dreifaltigkeit, deren „tiefen ikonographischen Unterschied“ zur bildlos „unentfalteten Einheit“ eines „abstrakten Monotheismus“ Schmitt ausdrücklich hervorhebt.[17]

Nicht vom „ewigen“ Auf und Ab der Eliten, sondern von einem geschichtlichen Verfall, einer Dekadenz repräsentativer Kraft ist also hier die Rede. Bereits der Romantik als einer Bewegung, die alle geistige Produktivität ins Ästhetische verlegt habe, spricht Schmitt die Fähigkeit zur repräsentativen künstlerischen Gestaltung, zur Erzeugung von Werken „großen Stils“ ab.[18] Die entwickelte bürgerliche Gesellschaft, die sich der Sachlichkeit des Ökonomischen in Verbindung mit der technischen Apparatur unterwirft, wird vollends repräsentationsunfähig. Auch dies ist jedoch nicht Kern, sondern nur Symptom eines unheilvollen Abwärtstrends.

---

15 *C. Schmitt,* Römischer Katholizismus (Anm. 13), 36.

16 Vgl. *C. Schmitt,* Römischer Katholizismus (Anm. 13), 32.

17 Vgl. *Carl Schmitt,* Die planetarische Spannung zwischen Ost und West und der Gegensatz von Land und Meer (1959), in: Eclectica, hrsg. v. Piet Tommissen, 20. Jahrgang, Nr. 84–85: Schmittiana III, 1991, 19–44, hier: 20–23.

18 Vgl. *C. Schmitt,* Politische Romantik (Anm. 11), 20.

II.

In seiner „Politischen Theologie“ von 1922 hat Schmitt die Zeichen der Zeit ganz im Sinne der Argumentation gedeutet, welche der französische Traditionalist Bonald 1805 gegen die „philosophie des modernes“ in Anschlag gebracht hatte. Bei Bonald findet Schmitt die Analogie religiöser und politischer Vorstellungen ausgesprochen: Die Demokratie, die als Souverän ausschließlich das Volk, die Menge der einzelnen Subjekte, ansieht, entspricht der atheistischen Philosophie, welche als *prima causa* des Universums nur die Bewegung der Materie gelten läßt. Fast unausweichlich schließt sich daran der Vorwurf, der schon gegen den antiken Materialismus erhoben wurde, daß seine Ideen ordnungzerstörend seien. Ein solcher Atheismus, behauptet auch Bonald, kenne keine Wahrheit, keine Tugend, weder Gut noch Böse, sondern einzig die „Pflicht“ (*devoir*) zur physischen Selbsterhaltung.[19] Der Gegensatz dieser *negativen* Doktrin des Atheismus wird von der *positiven* des Theismus gebildet, die ihr politisches Pendant im reinen Royalismus findet. Diese Position wird nun nicht dadurch zureichend charakterisiert, daß sie die bloße *Existenz* eines höchsten Wesens oder eines durch Tradition geheiligten Staatshaupts anerkennt, ihr Glaube richtet sich vielmehr auf die wirkliche und wahrnehmbare *Präsenz* des Göttlichen wie des Monarchen *innerhalb* der menschlichen Gemeinschaft. Ebenso wie Gott nicht abstrakte Idee, sondern durch das Heilsgeschehen und die Kirche lebendige Wirklichkeit ist, so verlangt der Royalismus ein alleiniges, unabsetzbares Oberhaupt, das durch seinen gesetzgeberischen Willen und seine Befehle als sichtbare Vorsehung die gesamte äußere Ordnung der Gesellschaft tatsächlich regelt.

Die Spitze dieser Analogie, gefaßt in die Alternative „Theismus = Präsenz“ vs. „Atheismus = Absenz“ eines göttlichen oder irdischen Souveräns, richtet sich gegen den Deismus der Aufklärung. Zwischen der religiösen und der irreligiösen, der moralischen und der immoralischen Doktrin soll es, spottet Bonald, unglaublicherweise noch etwas „Intermediäres“ geben, eine in Wahrheit ängstliche, unsichere, schwankende Position, die sich weise dünkt, weil sie schwach ist, unparteiisch, weil unentschieden, gemäßigt, weil mittelmäßig.[20] Es handelt sich um jenen Deismus, dem Schmitt zuschreibt, daß er „das Wunder aus der Welt verweist und die im Begriff des Wunders enthaltene, durch einen unmittelbaren Eingriff eine Ausnahme statuierende Durchbrechung des Naturgesetze ebenso ablehnt wie den unmittelbaren Eingriff des Souveräns in die geltende Rechtsordnung.“[21] Der

---

19 Vgl. *L. G. A. Vicomte de Bonald,* De la philosophie morale et politique du XVIIIe siècle (1805), in: ders., Œuvres, Band 7, Bruxelles 1845, 65 – 81, hier: 69 f. Diesen Aufsatz erwähnt Schmitt bereits in *Carl Schmitt-Dorotic:* Politische Romantik, Leipzig / München 1919, 50 f., FN. 1.

20 Vgl. *L. G. A. de Bonald,* De la philosophie morale et politique (Anm. 19), 71.

Deismus behält zwar Gott dem Namen nach bei, einen abstrakten und „idealen" Gott jedoch, der blind, taub und stumm ist, weder Einfluß auf das Geschick der Gemeinschaft noch einen wirklichen Bezug zum Menschen besitzt, ein „Dieu créateur" zwar noch, aber kein „Dieu conservateur".[22]

Bonalds Vorstellung einer schiefen Ebene, auf welcher das politische Treiben von der Monarchie über die konstitutionelle Zwischenstufe einer „verkleideten Demokratie" schließlich der „demagogischen Anarchie" in dem Maße entgegenrutscht, wie der Gottesglaube über den „verkleideten Atheismus" der Deisten zum unverhüllten Atheismus abfällt[23], nennt Schmitt in einem bemerkenswerten Fortissimo der Diktion eine „unermeßlich fruchtbare Parallele von Metaphysik und Staatstheorie".[24] Unter deren Eindruck steht auch der spanische Gegenrevolutionär Donoso Cortés, von dem Schmitt die Verdikte gegen den liberalen Konstitutionalismus des 19. Jahrhunderts übernimmt: „Die liberale Bourgeoisie will also einen Gott, aber er soll nicht aktiv werden können; sie will einen Monarchen, aber er soll ohnmächtig sein; sie verlangt Freiheit und Gleichheit und trotzdem Beschränkung des Wahlrechts auf die besitzenden Klassen [...]; sie schafft die Aristokratie des Blutes und der Familie ab und läßt doch die unverschämte Herrschaft der Geldaristokratie zu, die dümmste und ordinärste Form einer Aristokratie; sie will weder die Souveränität des Königs noch die des Volkes", und Schmitt zitiert dazu die Erklärung, welche der preußische Konservative Friedrich Julius Stahl zu deren Widersprüchen gegeben hat: „der Haß gegen Königtum und Aristokratie treibt den liberalen Bourgeois nach links; die Angst um seinen durch radikale Demokratie und Sozialismus bedrohten Besitz treibt ihn wieder nach rechts zu einem mächtigen Königtum, dessen Militär ihn schützen kann; so schwankt er zwischen seinen beiden Feinden und möchte beide betrügen."[25]

Eine solche, wie Schmitt anmerkt, „sehr einfache" Erklärung steht immer in der Gefahr, ein historisches Phänomen aus moralistisch verkürzter Perspektive zu beschreiben. Bonald hatte 1805 noch so argumentieren können, als handele es sich bei den Revolutionsereignissen um eine Aberration, einen willkürlichen Verstoß gegen die ewigen Gesetze kosmischer Ordnung. Jene „Identität" in den Prinzipien der religiösen und der politischen Gemeinschaft (der „deux sociétés, religieuse et politique"), auf die Schmitt seinen Ansatz der „Politischen Theologie" stützt, ist für Bonald gegründet in der vom Schöpfer gesetzten Analogie derjenigen Gesetze, die das Geistliche

---

21 *Carl Schmitt,* Politische Theologie. Vier Kapitel zur Lehre von der Souveränität (1922), zweite Auflage, München / Leipzig 1934, 49.

22 Vgl. *L. G. A. de Bonald,* De la philosophie morale et politique (Anm. 19), 71.

23 Vgl. *L. G. A. de Bonald,* De la philosophie morale et politique (Anm. 19), 79 f.

24 *C. Schmitt,* Politische Theologie (Anm. 21), 76.

25 *C. Schmitt,* Politische Theologie (Anm. 21), 76 f.

(„l'homme intérieur"), und derjenigen, die das Weltliche („l'homme sensible") bestimmen.[26] Dies ist einerseits in ihrem Innen-Außen-Dualismus eine cartesianisch anmutende Unterscheidung und andererseits noch nach Art der mittelalterlichen Lehre von den beiden *societates perfectae* gedacht, die in einer Seinsanalogie stehen. Für den von Schmitt gleichfalls gern zitierten Maistre war es dem Christen schlicht *geboten,* „im Souverän einen Repräsentanten und ein Bild Gottes selbst zu sehen".[27]

Schmitt formalisiert dieses Bekenntnis zu der „begriffssoziologischen" These, daß alle „prägnanten Begriffe der modernen Staatslehre [...] säkularisierte theologische Begriffe" seien.[28] Warum sollte übrigens nicht die umgekehrte These gelten, daß nämlich die Transzendenzvorstellungen hochkultureller Religionen dem Erleben politischer Herrschaft nachgebildet sind und deren Heiligung oder Kritik dienen?[29] Schmitt kommt hier über oberflächliche Plausibilisierungen, etwa im Sinne der Bonaldschen These von der Schrittmacherfunktion der deistischen Philosophie, nicht hinaus. Wichtig ist jedoch die Historisierung, die erst möglich wird, wenn der Gedanke der *analogia entis* durch die Analyse eines epochenspezifischen Weltbildes ersetzt worden ist: „Das metaphysische Bild, das sich ein bestimmtes Zeitalter von der Welt macht, hat dieselbe Struktur wie das, was ihr als Form ihrer politischen Organisation ohne weiteres einleuchtet."[30]

Die Diagnose der „Politischen Theologie" Schmitts legt die Annahme einer unwiderruflichen Zerstörung der gesellschaftlichen Ordnungsvorstellungen nahe. Durch das gesamte 19. Jahrhundert hindurch verliert mit dem theistischen Gedanken schließlich *jedes* Transzendenzbewußtsein an Bedeutung. Die Vorstellung vom „abwesenden Gott" erweist sich als Durchgangsstadium zur vollendeten Gottlosigkeit, entsprechend dem Bonaldschen Dreischritt vom Theologischen über ein Zwischenstadium bis hin zum Immanenzdenken. Genauso wenig erträgt diese Zeit noch die Autorität persönlicher Herrschaft: Die monarchische muß der demokratischen Legitimität weichen. „Der Souverän, der im deistischen Weltbild, wenn auch außerhalb der Welt, so doch als Monteur der großen Maschine geblieben war, wird radikal verdrängt. Die Maschine läuft jetzt von selbst."[31] In der Ge-

---

26 Vgl. *L. G. A. de Bonald,* De la philosophie morale et politique (Anm. 19), 79.

27 *Joseph de Maistre,* Du Pape (1819), in: Ders., Œuvres complètes, 2 Bände, Nachdruck der Auflage Lyon 1884–1886, Genève 1979, Band II, hier: 177.

28 *C. Schmitt,* Politische Theologie (Anm. 21), 49.

29 So lautet die These des Ägyptologen Jan Assmann, „daß das Projekt des israelitischen Monotheismus im Kern und vom Ursprung her politisch ist und mit der Umbuchung politischer Bindungen auf Gott eine Befreiung von der als Unterdrückung empfundenen staatlichen, d. h. ägyptischen Staatsgewalt bedeutete" – das würde heißen: „Die Rede von Gott – *theología* – hat einen langen geschichtlichen Vorlauf in der Rede vom König" (*Jan Assmann,* Politische Theologie zwischen Ägypten und Israel, München 1992, 77 und 79 f.).

30 *C. Schmitt,* Politische Theologie (Anm. 21), 59 f.

genwart herrsche, so der Befund, ein diffuser Immanenz-Pantheismus oder ein antimetaphysischer Positivismus, bei den Radikalen ein konsequenter Atheismus.

Stimmt diese Aussage, so offenbart sich durch sie in der Wahrnehmung Schmitts eine geistige Krise ungeheuren Ausmaßes. Spürbar ist hier der Einfluß, welchen das katholische Staatsdenken des Donoso Cortés auf Schmitt ausgeübt hat. Donoso hatte den Faden Bonalds weitergesponnen und - in der Dynamik der „Negationen" - auf die deistische Verneinung des göttlichen Eingreifens in die Welt, welcher im Politischen die konstitutionelle Monarchie entspricht, die „pantheistische" Negation folgen lassen. Der Pantheist verneint zwar die persönliche Existenz Gottes, nicht jedoch jede Göttlichkeit. „Gott ist alles, was wir sehen, alles, was lebt, alles, was sich bewegt: Gott, das ist die *Menschheit*."[32] Das Gleiche in Hinsicht auf die politische Ordnung behauptet der Republikaner über die Macht, die alles und in allen ist, und begründet damit die Herrschaft der Menge, das allgemeine Stimmrecht und die republikanische Regierungsform. Dieser wird jedoch noch überboten vom Anarchisten mit seinem Kampfruf „Ni dieu, ni maître", der mit der Existenz jeglicher Gottheit auch noch die Regierung abschaffen will. Die letzte Konsequenz dieses Auflösungsprozesses, so Schmitt, wäre demnach das anarchistische Wüten eines Bakunin, das bis zur Bekämpfung der Familie als Einrichtung des Patriarchats reicht. „Wenn der Mensch ohne Gott auskommen kann, dann kann sofort auch der Untertan ohne König und der Sohn ohne Vater auskommen."[33] Der anarchistische Glaube an die immanente Fähigkeit des Lebens, sich selbst die richtige Form zu geben, muß Moral, Theologie und jede Autorität als äußerlichen, die natürliche Wahrheit des Lebens korrumpierenden *oktroi* ablehnen. Schmitt teilt die Auffassung Donosos, „daß mit dem Theologischen das Moralische, mit dem Moralischen die politische Idee verschwindet und jede moralische und politische Entscheidung paralysiert wird in einem paradiesischen Diesseits unmittelbaren, natürlichen Lebens und problemloser ‚Leib'haftigkeit."[34]

---

31 *C. Schmitt,* Politische Theologie (Anm. 21), 62.

32 *Juan Donoso Cortés,* Über die allgemeine Lage in Europa (1850), in: Ders., Katholische Politik, München 1920, 36–56, hier: 47; Hervorhebung von uns. Aus dieser Sammlung zitiert Schmitt in seiner Studie zur „Diktatur" von 1921; vgl. *Carl Schmitt,* Die Diktatur. Von den Anfängen des modernen Souveränitätsgedankens bis zum modernen Klassenkampf (1921), Nachdruck der zweiten Auflage 1928, vierte Auflage, Berlin 1978, 139, FN. 1.

33 *Juan Donoso Cortés,* Brief an Kardinal Fornari (1852), in: Ders., Die Kirche und die Zivilisation, München 1920, 29–50, hier: 41.

34 *C. Schmitt,* Politische Theologie (Anm. 21), 82. Der theologische Hintersinn dieser doppeldeutigen Formulierung, welche auf den „Leibhaftigen" anspielt, kann durch das Wortfeld des Kontextes auch dem Nichtgläubigen, der nicht weiß, wie der Teufel im Volksmund genannt wird, kaum entgehen.

Worin besteht nun in dieser Situation die Herausforderung an den *Juristen*? Mit welcher Begründung kann Schmitt behaupten, daß sich „amerikanische Finanzleute und russische Bolschewisten" zusammenfinden „im Kampf für das ökonomische Denken, das heißt im Kampf gegen die Politiker *und gegen die Juristen*"?[35] Offenbar paßt sowohl das politische wie das juristische Denken nicht zu jener technisch-ökonomischen Zweckrationalität, die stets „bei den Dingen bleibt".[36] Der Jurist ist keineswegs ein schlichter Bürokrat des Rechts, der, nach einer Charakteristik, die Schmitt in einem ironischen Seitenhieb gegen die Rechtstheorie Hans Kelsens vorschlägt, „unter den verschiedensten Herrschaftsformen, mit relativistischer Überlegenheit über die jeweilige politische Macht, die ihm zugeworfenen positiven Anordnungen und Bestimmungen systematisch zu verarbeiten sucht."[37] Mit den Kategorien Max Webers wäre die Position, die Schmitt vertritt, nicht wiederzugeben, denn als Gegenbegriff zur Zweckrationalität fungiert hier nicht eine „Wertrationalität", welche von der letztlich subjektiven Wahl des Einzelnen bestimmt wird; ebensowenig geht die institutionelle Form in einer logischen Formalität des Rechts auf. Anhand der katholischen Kirche als des Paradigmas institutioneller, juridischer Form hat Schmitt verdeutlicht, welche Art von Rationalität er meint.

Der Katholizismus fungiert bei Schmitt als theologisch überhöhte Archetypisierung seines dezisionistischen Ordnungsdenkens. In ihm findet ein als real seiend *prätendierter* Ordo seine vorbildliche institutionelle Repräsentanz in der streng geformten Hierarchie der katholischen Kirche, und der Dezisionismus verwirklicht sich mit radikaler Konsequenz im *personal* verkörperten Entscheidungsmonopol eines Papst-*Amtes,* das als die autoritative Stimme der offenbarten Wahrheit zu Recht auf Unfehlbarkeit Anspruch machen darf („geistige Resonanz" heißt es – in polemischer Entgegensetzung zur räsonierenden Resonanz des unendlichen, jede letzte Instanz scheuenden romantischen Gesprächs – von der repräsentativen Rhetorik der Kirche).[38] Hier gibt es keinen axiologischen Polytheismus und deshalb auch überhaupt keine pluralistische Punktualisierung der Werte, in der tumultuarisch alles zum Zentrum werden kann. Was es gibt, und hier kommt es in der Tat nicht auf Unwiderleglichkeit, sondern nur auf Wahrheit an[39],

---

35 *C. Schmitt,* Römischer Katholizismus (Anm. 13), 22; Hervorhebung von uns.

36 *C. Schmitt,* Römischer Katholizismus (Anm. 13), 27.

37 *C. Schmitt,* Politische Theologie (Anm. 21), 58. Zum Verhältnis Schmitt-Kelsen und zur politischen Bedeutung ihrer unterschiedlichen Rechtsauffassungen vgl. auch *Henrique Ricardo Otten,* Der Sinn der Einheit im Recht. Grundpositionen Carl Schmitts, Gustav Radbruchs und Hans Kelsens, in: Metamorphosen des Politischen. Grundfragen politischer Einheitsbildung seit den 20er Jahren, hrsg. v. Andreas Göbel, Dirk van Laak, Ingeborg Villinger, Berlin 1995, 25–51, hier insbesondere: 38–42 und 47–51.

38 Vgl. *C. Schmitt,* Römischer Katholizismus (Anm. 13), insbesondere 14, 23 f., 31 f. und 39 f.

ist eine im Unsichtbaren verankerte Architektonik des Seins, repräsentiert in einem „Wunderbau christlicher Ordnung und Disziplin, dogmatischer Klarheit und präziser Moral".[40]

In der dualistischen Auseinanderreißung von Natur und Geist, Sein und Sollen etc., die das cartesianische Signum des „abstrakten Rationalismus" ist, sieht Schmitt dagegen das Verhängnis der *modernen* Entzauberungstendenz, den großen geistesgeschichtlichen Skandal, der zum Chaos des bloßen Meinens und Fürguthaltens führen muß. Schmitts Begriff der *causa,* den er dem romantischen Ansatzpunkt zur phantasievollen Abschweifung, der *occasio,* als polemischen Gegenbegriff konfrontiert, ist nicht mit Kausalität im modernen Verständnis exakter (*Natur*-)Wissenschaft zu verwechseln. Diese wird er nach dem Zweiten Weltkrieg in seinem Tagebuch nachgerade komplett „unter Ideologieverdacht" stellen.[41] Das Wort „causa" in der Bedeutung von „Sache" versteht Schmitt daher gleichfalls nicht in einem positivistisch zugespitzten Sinn, sondern es umgreift zugleich auch „noch den Sinn einer teleologischen oder normativen Bindung und eines geistigen oder moralischen Zwanges, der eine adäquate Beziehung kennt."[42] Hier zeigt sich unverhüllt Schmitts typische Vermischung von denotativer und präskriptiver Begrifflichkeit, deren Aufspaltung gerade die *moderne* Rationalität kennzeichnen soll.

Letztlich geht es ihm gar nicht um Wissenschaft, jedenfalls nicht um eine Wissenschaft, die etwa den methodologischen Ansprüchen eines Max Weber genügen möchte. Daraus folgt zugleich aber mit derselben Zwangsläufigkeit, daß Schmitt den Begriff „Sachlichkeit" ebenfalls unter keinen Umständen im Weberschen Sinne einer protestantisch geprägten ökonomischen Rationalität verstanden wissen will; vor der muß ein frommer Katholik vielmehr schlicht Grauen empfinden – und zwar gerade aus „Rationalität".[43] Denn die losgelassene Rationalität eines Verstandes, der sich nicht mehr um

---

39 Vgl. *Carl Schmitt,* Die Sichtbarkeit der Kirche. Eine scholastische Erwägung, in: Summa. Eine Vierteljahresschrift. Zweites Viertel, 1917, 71–80, hier: 71.

40 *C. Schmitt,* Politische Romantik (Anm. 11), 9.

41 Vgl. *Carl Schmitt,* Glossarium. Aufzeichnungen der Jahre 1947–1951, hrsg. von Eberhard Freiherr von Medem, Berlin 1991, 230. Bereits 1933 äußerte Schmitt in einem Rundfunkinterview mit Veit Rosskopf die Ansicht, wonach das naturwissenschaftliche Denken keinen Naturbegriff mehr habe und daher Theorie und Praxis auseinanderreißen müsse (vgl. *Carl Schmitt* und *Veit Rosskopf:* Ein Rundfunkgesprach [sic] vom 1. Februar 1933, in: Piet Tommissen, Over en in zake Carl Schmitt. Eclectica Nr. 2, 5. Jahrgang, 21-22-23, 1975, 113–119, hier: 114).

42 *C. Schmitt,* Politische Romantik (Anm. 11), 120.

43 Vgl. *C. Schmitt,* Römischer Katholizismus (Anm. 13), 25 f. In der ekstatischen Hochspannungsprosa, mit der sich Schmitt seinem expressionistischen Gegenstand anempfindet, spricht die „Nordlicht"-Monographie angesichts der knirschenden Maschine des mechanistischen Zeitalters geradezu von einem *eschatologischen* Entsetzen (vgl. *Carl Schmitt,* Theodor Däublers „Nordlicht". Drei Studien über die Elemente, den Geist und die Aktualität des Werkes, München 1916, 65 ff.).

die Vernunft und die Seele kümmert[44], erscheint ihm als die geradezu phantastische Verdrehung der „allein wesentlichen Rationalität des Zweckes", d. h. der an normativer Leitung interessierten institutionellen Rationalität, als deren dienstbares Mittel der Mechanismus des Betriebs seine einzige Rechtfertigung hat.[45] Die „stumme" und unpersönliche Sachlichkeit des *verselbständigten* Betriebs ist aber der gemeinsame Nenner, in dem sich die Autonomieansprüche von Technikern, Ökonomen und Revolutionären treffen; und es ist gerade ihre „Stummheit", die jeglicher *Durchtönung* durch eine substantiell formierende Idee entbehrt[46], die ihre im höchsten Sinne *moderne* Gegnerschaft gegen das Politische begründet, dem gerade wegen seiner als anmaßend „unsachlich" empfundenen „Prätention", über jene avancierten Formen der Sachlichkeit herrschen zu wollen, der Kampf angesagt wird.[47]

Den Juristen verbindet mit dem Politiker ein Pathos der Überzeugung, das aus dem Dienst an einer als *werthaft* verstandenen Wirklichkeit stammt. Die Aufgabe des Juristen, der tatsächlich einem „Theologen der bestehenden Ordnung" gleichkommen soll[48], besteht in der Konkretisierung dieser Ordnung durch seine Entscheidungen. Dem Juristen obliegt es, in der „effektiven Wirklichkeit des gesellschaftlichen Lebens"[49] den Ordnungsgehalt zu erkennen und diesem Geltung zu verschaffen. Daraus ergibt sich unmittelbar die Bedeutung, welche die Herstellung einer faktischen „Normalität" der Lebensverhältnisse für den Juristen besitzt. „Die Ordnung muß hergestellt sein, damit die Rechtsordnung einen Sinn hat."[50] Zu dieser effektiven Ordnung gehört notwendig eine Autorität, ein letztentscheidender Garant, der aus eigener Machtvollkommenheit den Gehalt und die Grenzen der Ordnung bestimmt, insbesondere in dem Fall, auf den alles ankommt, dem Fall, in dem alle regulären Mechanismen versagen: im Ausnahmefall.

Schmitts „Politische Theologie" hat mit diesen Argumenten die Unverzichtbarkeit des Souveränitätsbegriffs für die Staatsrechtslehre untermauern wollen. In keiner anderen Schrift hat Schmitt die Staatstheorie Hobbes' derart weitgehend affirmiert. Alles ist dem Gedanken der Einheit der Entscheidung, der autoritativen Beendigung des Bürgerkriegs der Parteien

---

44 Vgl. *C. Schmitt,* Theodor Däublers „Nordlicht" (Anm. 43), 73.

45 Vgl. *C. Schmitt,* Römischer Katholizismus (Anm. 13), 26.

46 Wie Hannah Arendt sagt, ist man versucht anzunehmen, daß römische Ohren beim Wort Persona noch an *personare,* durchtönen, dachten (vgl. *Hannah Arendt,* Über die Revolution. Mit einem Nachwort von Hermann Lübbe, Gütersloh o. J., 428), und Schmitt hat sich ja als Römer empfunden.

47 Vgl. *C. Schmitt,* Politische Theologie (Anm. 21), 82 sowie *C. Schmitt,* Römischer Katholizismus (Anm. 13), 27 ff.

48 Vgl. *C. Schmitt,* Römischer Katholizismus (Anm. 13), 49.

49 *C. Schmitt,* Politische Theologie (Anm. 21), 45.

50 *C. Schmitt,* Politische Theologie (Anm. 21), 20.

untergeordnet. *Trotz* seiner abstrakten Naturwissenschaftlichkeit habe Hobbes einen dem Juridischen adäquaten Personalismus bewahrt, indem er „eine letzte konkrete entscheidende Instanz postuliert".[51] Dem rationalistischen Einheitsgedanken der frühen Moderne vermag Schmitt an dieser Stelle *qua Einheit* durchaus etwas abzugewinnen. Bei Descartes hebt er den Gedanken hervor, daß Bauten und ganze Stadtteile, die nach dem vernünftigen Plan eines einzelnen errichtet werden, eine größere Vollkommenheit erreichen als das Flickwerk vieler, ebenso wie diejenigen Völker die beste Ordnung ihrer Verhältnisse aufweisen, deren Konstitution das Werk eines einzigen Gesetzgebers ist, und wie die „wahre Religion" die unvergleichbar vorzügliche ist, deren Anordnungen von dem einen und einzigen Gott herstammen.[52] Schmitt sympathisiert zwar keineswegs mit dem abstrakten Rationalismus einer solchen Konstruktion, sehr wohl jedoch mit der Einheitsherstellung von oben, und zwar jener, die in der Hobbesschen Staatslehre den Streit über Gerechtigkeit und Billigkeit entscheidet: „Autoritas, non veritas facit legem".[53] Weil schon die Verwirrung der Begriffe die Einheit bedroht, „muß der Souverän auch über die Meinungen der Menschen die Entscheidung haben", um den ständig drohenden Krieg aller gegen alle zu verhindern.[54] Der Oberherr fordert Gehorsam und verspricht dafür Schutz und die Sicherung der Ordnung. Möglicherweise entspringt der autoritäre Certismus des cartesianischen Denkens ähnlichen Motiven und Erfahrungen: Die Verdrängung der skeptischen Weltsicht der Renaissance-Humanisten, das „Streben nach Gewißheit" bei den Denkern des 17. Jahrhunderts, wäre dann, wie jüngst vermutet wurde, „kein bloßes Programm zur Konstruktion abstrakter und zeitloser theoretischer Schemata, die lediglich als Gegenstände reiner, distanzierter geistiger Betrachtung erdacht worden wären"; vielmehr wäre es „eine zeitgebundene Antwort auf eine bestimmte historische Herausforderung – auf das politische, gesellschaftliche und theologische Chaos, das sich im Dreißigjährigen Krieg niederschlug."[55]

---

51 *C. Schmitt,* Politische Theologie (Anm. 21), 61.

52 Vgl. *René Descartes,* Discours de la méthode. Von der Methode des richtigen Vernunftgebrauchs und der wissenschaftlichen Forschung, Hamburg 1969, 18–21. Vgl. *C. Schmitt,* Politische Theologie (Anm. 21), 61.

53 Vgl. *C. Schmitt,* Politische Theologie (Anm. 21), 44. Im Original heißt es: „In civitate constituta, legum naturae interpretatio non a doctoribus et scriptoribus moralis philosophiae dependet, sed ab authoritate civitatis. Doctrinae quidem verae esse possunt; sed authoritas, non veritas, facit legem." Siehe *Thomas Hobbes,* Opera Latina, Neudruck der Ausgabe 1839–45, Aalen 1966, Band 3, 202.

54 Vgl. *C. Schmitt,* Die Diktatur (Anm. 32), 23.

55 Vgl. *Stephen Toulmin,* Kosmopolis. Die unerkannten Aufgaben der Moderne, Frankfurt a. M. 1994, 122. Toulmin weist im übrigen auf die Vorgeschichte der Analogien und Vorstellungen von einer Harmonie „zwischen *kosmos* und *polis,* Naturordnung und gesellschaftlicher Ordnung" hin (ebd., 117).

Ob Schmitt als autoritärer Modernist, als „Hobbes of the 20th century", oder als katholisch-fundamentalistischer Antimodernist in der Nachfolge Donosos zu verstehen ist, gehört zu den meistdiskutierten Fragen in der neueren Schmitt-Rezeption. Für die erstere Auffassung scheint in seiner „Politischen Theologie" die Apologie der souveränen Dezision, der unumschränkten Entscheidung des höchsten Machtträgers über die öffentliche Sicherheit und Ordnung, zu sprechen. Wenn Schmitt für diese Auffassung auch mit Maistre einen Vertreter der katholischen Gegenrevolution bemüht, verschweigt er, daß bei diesem die Souveränität keineswegs als schrankenlose Ermächtigung zur Entscheidung „normativ betrachtet, aus einem Nichts" heraus[56] befürwortet wird. Nach Schmitt soll Maistre den Gedanken der „Infallibilität" herausgestellt haben. „Jede Souveränität handelt, als wäre sie unfehlbar, jede Regierung ist absolut", und jede Obrigkeit ist „gut, wenn sie nur besteht."[57] Tatsächlich finden sich solche Aussagen bei Maistre. Allerdings steht bei ihm neben dem Satz, daß *keine* Souveränität begrenzt ist, auch der, daß *jede* Souveränität begrenzt sei. Die Souveränität ist unbegrenzt in ihrem rechtmäßigen Gebrauch *(„dans son exercise légitime"),* der bestimmt wird durch die Grundgesetze („lois fondamentales") eines jeden Landes, die auf ungeschriebenen Grundlagen beruhen.[58] Der Souverän ist also unkritisierbar und nicht rechtfertigungspflichtig, solange er sich in einem festen „Kreis der Rechtmäßigkeit" („son cercle de légitimité") bewegt, den er durchaus nicht überschreiten und dessen Grenzen er nicht verändern darf – auch der König darf demnach die Grundgesetze nicht antasten.[59]

Autoren wie Maistre oder Bonald wußten selbstverständlich, daß die neuzeitliche Souveränitätslehre als Mittel zur Umwälzung der ständischen Gesellschaftsordnung keineswegs mit ihrer eigenen Auffassung in Deckung zu bringen war. Maistre hat daraus sogar die Folgerung gezogen, daß die weltlichen Souveränitäten vom Papst als der höchsten spirituellen Macht beaufsichtigt werden sollten.[60] Diese Differenz wird hier von Schmitt bewußt im Unklaren gelassen.[61] Was bedeutet es, wenn er über den Souverän sagt: „Er steht außerhalb der normal geltenden Rechtsordnung und gehört doch zu ihr, denn er ist zuständig für die Entscheidung, ob die Verfassung *in toto*

---

56 Vgl. *C. Schmitt,* Politische Theologie (Anm. 21), 42.

57 *C. Schmitt,* Politische Theologie (Anm. 21), 71.

58 *J. de Maistre,* Du Pape (Anm. 27), 177 f.

59 Vgl. *J. de Maistre,* Du Pape (Anm. 27), 178 ff.

60 Vgl. etwa *J. de Maistre,* Du Pape (Anm. 27), 264 f. und 275 f.

61 Wer z. B. Schmitts „Politische Romantik" zu Rate zieht, wird finden, daß Schmitt über die Auffassungen Bonalds und Maistre gut orientiert ist und selbstverständlich weiß, daß diese keine Hobbesianer sind; vgl. etwa *C. Schmitt,* Politische Romantik (Anm. 11), 92 und 167 bzw. die entsprechenden Passagen bereits in *C. Schmitt-Dorotic,* Politische Romantik (1919) (Anm. 19), 54 und 96.

suspendiert werden kann"?[62] Meint der Satz, daß *jede* Ordnung auf einer Entscheidung *beruhe,* die Lizenz des Souveräns zur beliebigen Neuschaffung irgendeiner Ordnung?[63] Signifikant ist zudem die Verkürzung, die Schmitt in dem Zitat vornimmt, das den Wert „der bloßen Existenz einer obrigkeitlichen Autorität" bei Maistre belegen soll: „tout gouvernement est bon lorsqu'il est établi".[64] Was Schmitt nämlich wegläßt, ist der nachfolgende Satzteil *„et qu'il subsiste depuis longtemps sans contestation"*.[65] Die Dauer ist aber bei Maistre das Kriterium für die Legitimität einer Ordnung, da der Mensch nichts Dauerhaftes ohne den Beistand Gottes schaffen kann. „Alle denkbaren Einrichtungen beruhen auf einer religiösen Vorstellung, oder sie währen nicht lange. Ihre Stärke und Dauer hängt vom Maß ihrer Vergöttlichung ab [...]".[66] Der Mensch muß sich in Beziehung zum Schöpfer setzen, seine Institutionen auf einer religiösen Grundlage und im Namen Gottes errichten, der Mensch alleine kann gar nichts erschaffen usw. – und umgekehrt gilt für jede Herrschaft: „Betreffs der Rechtmäßigkeit, deren Ursprung zweifelhaft sein könnte, spricht sich Gott durch seinen Minister der weltlichen Angelegenheiten, d. h. durch *die Zeit,* aus."[67] Nichts liegt Maistre ferner, als den Staat, so wie Hobbes es tut, auf die Grundlage eines Vertrages zu stellen, welchen die Menschen aus einem egoistischen Nutzenkalkül abschließen, ihn auf deren eigennützige Furcht zu gründen, „insbesondere die Furcht vor einem gewaltsamen Tod; ferner das Verlangen nach den zu einem glücklichen Leben erforderlichen Dingen und endlich die Hoffnung, sich diese durch Anstrengung wirklich zu verschaffen."[68]

In diese Linie der katholischen Staatsphilosophie gehört ohne Zweifel auch Donoso. Auch er hält es für ein vergebliches Unterfangen der bürgerlichen Gesellschaften, „sich selbst eine Ordnung geben und alles, was sie angeht, nur nach rein menschlichen Anschauungen und unter gänzlicher Außerachtlassung der göttlichen Ideen regeln zu wollen."[69] Schon die absolute Monarchie, die Donoso mit der Renaissance und dem „gran escándolo" der Reformation in den destruktiven Niedergangsprozeß der modernen Zivilisation eintreten sieht, ist ihrem Wesen nach unchristlich, da sie die Stän-

---

62 *C. Schmitt,* Politische Theologie (Anm. 21), 13; Hervorhebung von uns.

63 Vgl. *C. Schmitt,* Politische Theologie (Anm. 21), 16.

64 *C. Schmitt,* Politische Theologie (Anm. 21), 71.

65 *J. de Maistre,* Du Pape (Anm. 27), 253.

66 *Joseph de Maistre,* Betrachtungen über Frankreich, in: Ders., Betrachtungen über Frankreich. Über den schöpferischen Urgrund der Staatsverfassungen, Berlin 1924, 27 – 122, hier: 61.

67 *Joseph de Maistre,* Über den schöpferischen Urgrund der Staatsverfassungen, in: Ders., Betrachtungen über Frankreich (Anm. 66), 123 – 174, hier: S. 147 f.

68 *Thomas Hobbes,* Leviathan, Stuttgart 1980, 118.

69 *Juan Donoso Cortés,* Brief an den Redakteur der Revue de Deux Mondes (1852), in: Ders., Die Kirche und die Zivilisation (Anm. 33), 51 – 74, hier: 55.

de entmachtet und so zumindest eine der Grundlagen einer christlichen Monarchie, nämlich die *Begrenzung* der Staatsgewalt, verleugnet.[70] Allerdings hat die absolute Monarchie gegenüber dem revolutionären Geist des Parlamentarismus noch darin ihr Gutes, daß sie, wie die erbliche Monarchie des christlichen Staates, die *Einheit* und *Stetigkeit* der Staatsgewalt bewahrt.[71] Bleibt man in diesem Schema, so fällt in der Tat die Position Schmitts mit derjenigen von Hobbes zusammen: Als Vertreter der Einheit staatlicher Gewalt, die nicht einmal mehr diejenige Stetigkeit aufweisen muß, die von dem Prinzip dynastischer Kontinuität gewährleistet wird, stützen sie die letzte Position der Ordnung vor der gänzlich zerstörerischen parlamentarischen Theorie.

Dem Schmitt der „Politischen Theologie" liegt offensichtlich mehr an dem Gemeinsamen als an den Unterschieden zwischen modernem Staatszentralismus und traditionalistischem Konservativismus. Das Verbindende der Positionen soll in einem pessimistischen Menschenbild liegen. Seit seiner Diktatur-Studie von 1921 hat Schmitt das „Axiom" von der „natürlichen Bosheit des Menschen" zur zentralen Voraussetzung für jede Begründung staatlicher Autorität erklärt.[72] Alle politischen Ideen sollen danach eingeteilt werden können, „ob sie, bewußt oder unbewußt, einen ‚von Natur bösen' oder einen ‚von Natur guten' Menschen voraussetzen."[73] Es soll sich herausstellen, daß alle „echten" politischen Theorien den Menschen für ein „böses", d. h. zumindest für ein gefährliches Wesen halten. Wenigstens in seiner Ausgangsthese scheint es Schmitt gleichgültig zu sein, welche Basis diesem Menschenbild zu Grunde liegt. Ohne weiteres nimmt Schmitt einmal Luther, Hobbes, Bossuet, Maistre und Stahl, dann wieder – statt Luther und Stahl – zusätzlich Machiavelli, Fichte, Donoso Cortés, Taine und sogar, mit Einschränkung, Hegel (!) als Vertreter dieses „Axioms" in Anspruch, zwischenzeitlich wird auch die Anthropologie Helmuth Plessners herangezogen, um die dynamische, wagnisbereite Gefährlichkeit des Menschen zu belegen.[74] Wieder ist leicht zu sehen, daß Schmitt nur einen Minimalnenner der Positionen aufzeigt, der in der Annahme besteht, daß die Menschen jederzeit zur (kollektiven) Feindschaft und zum blutigen Kampf gegeneinan-

---

70 *J. Donoso Cortés,* Brief an den Redakteur (Anm. 69), 60 f. Donoso zufolge hat das höchste Gesetz der politisch-gesellschaftlichen Verfaßtheit, nämlich (staatliche) Einheit und (ständische) Mannigfaltigkeit, sein Ur- und Vorbild in der Einheit und Mannigfaltigkeit, die in Gott selbst vorhanden sind.

71 Vgl. *J. Donoso Cortés,* Brief an den Redakteur (Anm. 69), 60 f.

72 Vgl. aber auch schon 1919 *C. Schmitt-Dorotic,* Politische Romantik (Anm. 19), 135, mit Hinweis auf den Pessimismus Maistres und dessen „Grundsatz, der die ganze Romantik aufheben mußte, daß der Mensch in seinem Willen und seinen Trieben böse und nur durch seine Intelligenz gut sei."

73 *C. Schmitt,* Der Begriff des Politischen 1963 (Anm. 2), 59.

74 Vgl. *C. Schmitt,* Die Diktatur (Anm. 32), 9 und *C. Schmitt,* Der Begriff des Politischen 1963 (Anm. 2), 60 f.

der fähig und unabänderlich herrschaftlicher Zucht und Autorität bedürftig seien. Ansonsten dürfte zwischen Hobbes einerseits und Maistre oder Donoso andererseits hinsichtlich der „natürlichen Bosheit des Menschen" so gut wie alles strittig sein, sowohl der Naturbegriff als auch die Bedeutung der Termini „gut" und „böse".[75] Schmitt erweckt demnach in seinen Schriften der 20er Jahre den Anschein, als betriebe er selbst so etwas wie eine theoriepolitische „Neutralisierung", die zwar eine Autorität nach dem formalen Modell katholisch-theistischer Staatsphilosophie konstruiert, deren Prämissen aber gezielt im Dunkeln läßt.[76] Diese Strategie hat sicherlich diejenige Deutung seines Werkes befördert, die Schmitt in der Nachfolge jenes Philosophen sieht, der bei ihm noch 1927 als der „weitaus größte und vielleicht der einzige wahrhaft systematische politische Denker" firmiert, Thomas Hobbes.[77]

Freilich hat Schmitt in keiner Werkphase seine Vorbehalte gegen die rein äußerliche Zwangsgewalt eines als Sicherheitsmechanismus verstandenen Staates aufgegeben. Ein ausschließlich „technischer", jedes Aspekts von Würde und Wahrheit entkleideter „Dezisionismus" entspricht niemals Schmitts eigener Position, auch nicht in den Jahren 1921 („Die Diktatur") bis 1927 (erste Fassung des „Begriffs des Politischen"). Dafür zeugt, um Beispiele zu nennen, in der Diktatur-Studie seine mit Blick auf Machiavellis „Principe" vorgenommene Gegenüberstellung von moralischer und juristischer, also *wertender und parteinehmender* Begründung einer politischen Stellungnahme einerseits der „absolut technischen Staatsauffassung" andererseits, deren rationale „Technik des politischen Absolutismus" nicht am *Recht,* sondern „nur an der Zweckmäßigkeit des staatlichen Funktionierens" interessiert ist.[78] Die Aussage, der moderne Staat sei „historisch aus einer politischen Sachtechnik" entstanden[79], deutet ebenso auf eine bewußte Distanznahme hin, wie eine bei dem Hobbes-Kenner Schmitt beson-

---

75 Man stelle nur die Art und Weise, wie Hobbes die Begriffe „gut" und „böse" auf die elementaren („animalischen") Triebkräfte Neigung und Abscheu bzw. Haß zurückführt (*Th. Hobbes,* Leviathan [Anm. 68], 50), neben Maistres scholastisch klingende Sätze über das „Böse" als Trübung und Zerstörung des Seins und der rechten Ordnung; vgl. *J. de Maistre,* Betrachtungen über Frankreich (Anm. 66), 51 und 58.

76 Der von Panajotis Kondylis „unglücklich" genannte Versuch Schmitts, „Hobbes und Donoso als Kinder desselben Geistes hinzustellen" (*Panajotis Kondylis,* Jurisprudenz, Ausnahmezustand und Entscheidung. Grundsätzliche Bemerkungen zu Carl Schmitts „Politische Theologie", in: Der Staat, 34. Band, 1995, Heft 3, 325–357, hier: 345), findet seine Begründung wohl kaum darin, daß Schmitt sich über deren fürwahr grundlegende Positionsdifferenzen im Unklaren gewesen wäre. Nicht in einem solchen „Fehler" liegt das „Unglück" seiner Neutralisierungstaktik, sondern – wie sich unten zeigen wird – ganz woanders.

77 *Carl Schmitt,* Der Begriff des Politischen, in: Archiv für Sozialwissenschaft und Sozialpolitik, Band 58, 1927, 1–33, hier: 25.

78 Vgl. *C. Schmitt,* Die Diktatur (Anm. 32), 8 ff. und 12.

79 Vgl. *C. Schmitt,* Die Diktatur (Anm. 32), 13.

ders auffällige Formulierung aus dem „Römischen Katholizismus“: „[...] wenn der Staat zum *Leviathan* geworden ist, so ist er aus der Welt des Repräsentativen verschwunden.“[80] Im gleichen Sinne läßt sich ein von Schmitt 1925 gehaltener Vortrag vor der Rheinischen Zentrumspartei verstehen, in welchem er den „christlichen Begriff der Obrigkeit“ als unabdingbare Grundlage jeder Rechtlichkeit und Ehrlichkeit des öffentlichen Lebens hervorhebt, einer Obrigkeit, die „Adressat der Gefühle von Treue, Loyalität und innerem Respekt“ ist.[81] Es gibt also im Verhältnis Schmitts zu Hobbes gewissermaßen zwei „Sollbruchstellen“: erstens die Sicht des Staates als eines rein rational konstruierten Apparats, zweitens der individualistisch-vertragstheoretische Ausgangspunkt dieser Staatskonstruktion. Beide Bruchstellen werden in Schmitts Schriften der 30er Jahre deutlicher hervortreten.

Könnte es demnach sein, daß Schmitt dem katholischen Gegenrevolutionär Donoso, wenn auch eher versteckt, doch näher steht als dem „authoritas, non veritas“ der Hobbesschen Ordnungsentscheidung? Für den Spanier ist bereits der absolutistische Staat die Notlösung in einer Zeit, deren Ordnungsgefüge durch den „großen politischen, sozialen und zugleich religiösen Skandal“ der „großen lutherischen sogenannten Reformation“ im Kern getroffen ist.[82] Nachdem die Einheit von katholischem Geist und christlicher Monarchie zerstört ist und der Glaube an die gottgewollte Autorität im 19. Jahrhundert nun vollends zerfällt, gibt es nur noch ein Mittel, um die Schreckensherrschaft des aufrührerischen Pöbels zu verhindern: die Diktatur. Schmitt sieht bei Donoso den Gedanken der autoritären Dezision soweit gesteigert, daß daneben der Ausgangspunkt der gegenrevolutionären Staatstheorie, der *Legitimismus* der christlichen Erbmonarchie, verschwindet.[83] Hiermit ist genau der Punkt bezeichnet, an dem Schmitt seinerseits über die traditionalistische Richtung hinausgeht. Bei Donoso ist die Diktatur ein Ausdruck größter Verzweiflung in einer katastrophischen Situation. Die wirkliche Schicksalswendung, das eigentliche Wunder kann nur in einer geistigen Umkehr, in der Rückkehr zum Katholizismus liegen.[84] Schmitt verschreibt sich hingegen, mit seinen eigenen Worten gesagt, ganz einem Begriff, „dessen eigentliche Energie [...] in der Sphäre eines revolutionären Demokratismus liegt und der in ein System konservativer Ideen und Gefühle nur als fremdes Element von außen eintritt.“[85]

---

80 *C. Schmitt,* Römischer Katholizismus (Anm. 13), 36; Hervorhebung von uns.

81 Vgl. *Carl Schmitt,* Die Rheinlande als Objekt internationaler Politik, Köln 1925, insbesondere 26 und 29.

82 Vgl. *Juan Donoso Cortés,* Die Diktatur (1849), in: Ders., Katholische Politik (Anm. 32), 14–35, hier: 29.

83 Vgl. *C. Schmitt,* Politische Theologie (Anm. 21), 83.

84 Vgl. *J. Donoso Cortés,* Die Diktatur (Anm. 82), 30 f. und *J. Donoso Cortés,* Über die allgemeine Lage in Europa (Anm. 32), 51 ff.

III.

Kennzeichen der Situation ist die Herausbildung einer neuen Legitimitätsvorstellung. Schmitt stellt sich auf den Boden der neuen, demokratischen Legitimität, um zunächst (1921) die kommissarische Diktatur des Reichspräsidenten, dessen Aktionsgewalt zur Niederschlagung innerer Unruhen, von der souveränen Diktatur zur revolutionären Umwälzung der Gesellschaftsordnung nach dem Vorbild der Französischen Nationalversammlung zu unterscheiden.[86] Ihn beschäftigen die Legitimationsfiguren, die sich aus der Berufung auf das „Volk", den *pouvoir constituant,* ergeben. In der Schrift zur „geistesgeschichtlichen Lage" des Parlamentarismus werden die Konsequenzen deutlich, welche der Wandel der politischen Formen aus seiner Sicht mit sich bringt. Von der demokratischen Legitimität ist ebenso selbstverständlich auszugehen wie früher vom monarchischen Prinzip. Aber was bedeutet dieser Wandel der Herrschaftsbegründung in der Praxis? Tatsächlich wird der politische Streit um die Frage geführt, *wer* sich mit dem Willen des Volkes identifizieren darf.[87] Nach der von Schmitt beanspruchten Logik, die in dem *unmittelbaren* Willen des Volkes eine Instanz sieht, die allen Vermittlungen vorausliegt und überlegen ist[88], muß keineswegs das Parlament der prädestinierte Ort der politischen Entscheidung sein. Den Willen des Volkes kann eine Minderheit, aber auch ein einzelner, ein charismatischer Führer oder Diktator, in sehr viel vollkommenerer Weise zum Ausdruck bringen.[89]

Um den zentralen Ort der Macht, den der König geräumt hat, wogt der Kampf der Interpreten eines Volkswillens, welcher, weil er zugleich der „richtige", „wahre" Wille sein soll, überhaupt erst in irgendeiner Weise gebildet werden muß. Den Gedanken einer dazu nötigen Erziehungsdiktatur betrachtet Schmitt als typisches Produkt der Verbindung von Volkssouve-

---

85 *Carl Schmitt,* Donoso Cortes in Berlin, 1849 (1927), in: Ders., Positionen und Begriffe im Kampf mit Weimar - Genf - Versailles 1923-1939, Hamburg 1940, 75-85, hier: 85.

86 Zu dieser grundsätzlichen Unterscheidung vgl. *C. Schmitt,* Die Diktatur (Anm. 32), 136 f. Die Folgerungen, die Schmitt aus seiner begriffshistorischen Studie für die aktuelle Situation ableitet, finden sich ebd., 201 ff.

87 Vgl. *Carl Schmitt,* Die geistesgeschichtliche Lage des heutigen Parlamentarismus. Unveränderter Nachdruck der 1926 erschienenen zweiten Auflage, sechste Auflage, Berlin 1985, 36-41; vgl. auch *C. Schmitt,* Politische Theologie (Anm. 21), 16.

88 Vgl. *Carl Schmitt,* Verfassungslehre, Nachdruck der ersten Auflage von 1928, fünfte Auflage, Berlin 1970, insbesondere 79 und 82 ff.

89 Dieser Gedanke erscheint zunächst noch als Ausdeutung der Rousseauschen volonté générale; vgl. *C. Schmitt,* Die Diktatur (Anm. 32), 122, ähnlich *C. Schmitt,* Die geistesgeschichtliche Lage (Anm. 87), 34 f. und 42. Mit *affirmativer* Wendung spricht Schmitt von der solcherdings „im vitalen Sinne *unmittelbaren* Demokratie" in seiner „Vorbemerkung" zur zweiten Auflage der Parlamentarismusschrift von 1926, vgl. ebda., 22.

ränität und Rationalismus.[90] Der Jakobinismus des Aufklärungszeitalters erscheint jetzt revitalisiert und sogar noch zugespitzt durch das marxistische Denken, das in einer hegelianisierenden Geschichtskonstruktion für sich die Gewißheit in Anspruch nimmt, die Entwicklungsrichtung der Historie zu kennen.[91] Der Naivität des liberalen Vermittlungsdenkens und des positivistischen Glaubens an den Buchstaben des Gesetzes stellt die proletarische Bewegung eine höhere Legitimität entgegen. Wer die objektiven Gesetze des historischen Geschehens durchschaut hat, darf die Kräfte, die sich ihm in den Weg stellen, beiseite räumen. Zur Legalität hat der Revolutionär, wie Schmitt der Lektüre Lenins, Trotzkis und Radeks entnimmt, ein rein taktisches Verhältnis.[92] Hier ist er von seinem Antipoden, dem entschiedenen Gegenrevolutionär, nicht weit entfernt: „Genügt die Legalität, um die Gesellschaft zu retten, meinetwegen die Legalität; genügt sie nicht, dann die Diktatur."[93]

Im Ringen mit einem gefährlichen Gegner, der seine Stärke aus der Deutung des geschichtlichen Prozesses schöpft, ist der Versuch unumgehbar, mit einer eigenen Deutung der Zeitsituation zu antworten. In der „Politischen Theologie" hatte Schmitt ein Szenario präsentiert, das ganz vom Verfall des Transzendenzbewußtseins bestimmt wird. 1923 verschieben sich die Akzente bereits, etwas Neues deutet sich an. Bezeichnend ist dafür die Neubewertung, die Georges Sorel mit seinen „Réflexions sur la violence" erfährt. In der „Diktatur" findet Sorel neben Bakunin noch schlicht als „Anarchist" Erwähnung.[94] Die „Politische Theologie" sieht in Sorels *Irrationalismus* ein Denken, das „die Formen des politischen Lebens und des staatstheoretischen Denkens als eine Art Zeichen oder Fahnen auffaßt, die über dem Meere der irrationalen Wirklichkeit *schweben, ohne* inhaltlich einen *adäquaten Zusammenhang mit der Sache* zu enthalten."[95] Das klingt allerdings ungeheuer „romantisch" und müßte Sorel völlig diskreditieren. Noch in seiner – bereits 1922 konzipierten – Eloge auf den „Römischen Katholizismus" hatte Schmitt in der „Verbindung der Kirche mit dem Irrationalismus", wie sie Sorel als Tendenz des 19. Jahrhunderts festzustellen meinte, einen Fehlschluß gesehen und den Franzosen in gemeinsamer Front mit amerikanischer Finanz und russischem Bolschewismus als Vertreter des

90 Zur „rationalistischen Diktatur" vgl. *C. Schmitt,* Die Diktatur (Anm. 32), 110 ff.

91 Vgl. *C. Schmitt,* Die geistesgeschichtliche Lage (Anm. 87), 65 – 78.

92 Vgl. *C. Schmitt,* Die Diktatur (Anm. 32), XIV.

93 *J. Donoso Cortés,* Die Diktatur (Anm. 82), 16.

94 Vgl. *C. Schmitt,* Die Diktatur (Anm. 32), 147 ff.

95 *Carl Schmitt,* Politische Theologie. Vier Kapitel zur Lehre von der Souveränität, München / Leipzig 1922, 28. In der Ausgabe von 1934 fehlt diese Passage, in der sich Schmitt ausführlich und mit einigen sehr anerkennenden Worten der Rechtsphilosophie Erich Kaufmanns widmet. Kaufmann wurde nach 1933 wegen seiner jüdischen Herkunft amtsenthoben.

ökonomischen, transzendenzvergessenen Denkens in einen „wesentlichen" Gegensatz „gegen die politische Idee des Katholizismus" gestellt.[96] Es sei noch einmal an Schmitts Katholizismusverständnis erinnert, das ihm als Richtschnur seiner Ordnungsvorstellung dient: Der römische *Rationalismus,* der freilich nicht der Rationalismus des naturwissenschaftlichen Denkens sei, liege im *Institutionellen,* in der Formierung der religiösen Impulse, der Bindung des spirituellen Charisma durch das Amt und der normativen Leitung des menschlichen Lebens.

In der Parlamentarismusschrift von 1923 tritt Sorel nun als Vertreter einer Irrationalitätsphilosophie auf, welche im *Mythos* das Kriterium politischer Vitalität sieht. In der „Theorie des Mythus" soll die stärkste Widerlegung des „relativen Rationalismus" stecken, den Schmitt als die „Metaphysik" des liberalen Parlamentarismus beschreibt. Nach dessen Modellvorstellung ist das Parlament der Ort, an welchem die in der Gesellschaft verstreuten „Vernunftpartikel" gesammelt werden. Seine geistigen Voraussetzungen sollen zum einen im Bild der „prästabilierten Harmonie" liegen, zum anderen in der Forderung nach „freier Konkurrenz", damit im freien Meinungskampf die Wahrheit entstehen könne. Die „letzte Rechtfertigung und [...] epochale Evidenz" der Institution des Parlaments ist in diesem relativen Rationalismus eines Wettbewerbsmodells begründet, das „den Liberalismus als konsequentes, umfassendes, metaphysisches System" fundiert.[97] Eine solche Vorstellung balancierter Parteigegensätze müsse freilich versagen, wo der Streit um absolute Weltanschauungsfragen tobt.[98] Der neue Glaube an Instinkt und Intuition läßt die parlamentarische Debatte wie ein Relikt des 19. Jahrhunderts erscheinen. Bereits die sympathisierende Darstellung, die natürlich nicht Sorels Anarchosyndikalismus, sondern seiner Lehre „unmittelbarer aktiver Entscheidung" gilt[99], gibt die Richtung vor. „Was das menschliche Leben an Wert hat, kommt nicht aus einem Räsonnement; es entsteht im Kriegszustande bei Menschen, die, von großen mythischen Bildern beseelt, am Kampfe teilnehmen [...]".[100] Ist das nur eine Wiedergabe Sorelscher Gedanken? In den Schlußpassagen, die Schmitt der zweiten Auflage seiner „Politischen Romantik" von 1925 hinzugefügt hat, grenzt er – ohne Sorel zu nennen – das romantische Räsonnement von der „Irrationalität des politischen Mythus" ab: „[...] die Schöpfung eines politischen oder historischen Mythus entspringt *politischer Aktivität,* und das Gewebe von Beweisgründen, auf das auch er nicht verzichten kann, ist Emanation einer *politischen Energie. Nur im wirklichen Krieg entsteht ein*

96 Vgl. *C. Schmitt,* Römischer Katholizismus (Anm. 13), 20 und 22 f.

97 Vgl. *C. Schmitt,* Die geistesgeschichtliche Lage (Anm. 87), 45 f.

98 Vgl. *C. Schmitt,* Die geistesgeschichtliche Lage (Anm. 87), 58.

99 Vgl. *C. Schmitt,* Die geistesgeschichtliche Lage (Anm. 87), 80.

100 *C. Schmitt,* Die geistesgeschichtliche Lage (Anm. 87), 83.

Mythus.“[101] In zentralen Punkten, die man Schmitts Referat der Sorelschen Mythoskonzeption entnehmen kann, besteht keinerlei inhaltliche Differenz zwischen beiden Autoren: Sicherlich gibt es keinen Dissens darin, daß „der große Enthusiasmus, die große moralische Dezision und der große Mythus“ nicht aus dem Räsonieren oder bloßer Zweckmäßigkeitsüberlegung entstehen.[102] Auch ist keineswegs nur Sorel, sondern eben auch Schmitt der Ansicht, daß der „Mut zur Gewaltanwendung“ sich nicht auf „Relativitäten“ stützen kann und die „vitale Kraft“ zum geschichtlichen Handeln keinesfalls bei „der modernen Bourgeoisie, dieser in Angst um Geld und Besitz verkommenen, durch Skeptizismus, Relativismus und Parlamentarismus moralisch zerrütteten Gesellschaftsschicht“ anzutreffen ist.[103]

Interessant sind die Gemeinsamkeiten, die der Anarchosyndikalist Sorel in der Beschreibung Schmitts mit seinem Antipoden, dem katholischen Ordnungsdenker Donoso, aufweist. *Beide* Seiten setzen gegen „das bürgerliche Ideal friedlicher Verständigung“, das sie für eine „Ausgeburt feigen Intellektualismus“ halten, und gegen die „merkantilen“ Balancevorstellungen der Liberalen „die kriegerische Vorstellung einer blutigen, definitiven, vernichtenden Entscheidungsschlacht“.[104] Daraus ergibt sich die aktuelle Bedeutung, die Schmitt in der Mythostheorie sieht. Natürlich begeistert er sich nicht, wie Sorel, für den proletarischen Mythos des Generalstreiks.[105] Den Ausführungen Sorels entnimmt Schmitt jedoch, daß – entgegen dessen Intention – „die Energie des Nationalen größer ist als die des Klassenkampfmythus.“[106] Das schlagende Beispiel liefert Schmitt die Rede, die Mussolini vor seinem Marsch auf Rom hält. Mussolini erklärt die Nation zu „unserem“ Mythos, zum Mythos seiner Bewegung, welchem der sozialistische Mythos unterlegen sei. Dafür zollt Schmitt ihm eine Anerkennung, die gar nicht überschätzt werden kann. „Wie damals, im 16. Jahrhundert, hat wieder ein Italiener *das Prinzip der politischen Wirklichkeit* ausgesprochen.“[107] Die Bedeutung dieses Falles scheint deshalb besonders groß zu sein, weil hier zum ersten Mal „unter bewußter Berufung auf den Mythos Menschheitsdemokratie und Parlamentarismus verächtlich beiseite gesetzt wurden“ und weil der „nationale Enthusiasmus auf italienischem Boden bisher eine demokratische und parlamentarisch-konstitutionelle Tradition hatte und ganz von der Ideologie des angelsächsischen Liberalismus be-

---

101 *C. Schmitt,* Politische Romantik (Anm. 11), 225; Hervorhebung von uns.

102 Vgl. *C. Schmitt,* Die geistesgeschichtliche Lage (Anm. 87), 80.

103 Vgl. *C. Schmitt,* Die geistesgeschichtliche Lage (Anm. 87), 77 und 80 f.

104 *C. Schmitt,* Die geistesgeschichtliche Lage (Anm. 87), 81.

105 Vgl. *Georges Sorel,* Über die Gewalt (Réflexions sur la violence, 1908, dt. 1928), Frankfurt a. M. 1981, insbesondere 144–147, 152–164 und 178–197.

106 *C. Schmitt,* Die geistesgeschichtliche Lage (Anm. 87), 88.

107 *C. Schmitt,* Die geistesgeschichtliche Lage (Anm. 87), 89; Hervorhebung von uns.

herrscht zu sein schien."[108] Wenn alle neuen Impulse und Kräfte den Gegnern des parlamentarischen Systems gehören, insbesondere den politischen Formationen des Faschismus und des Bolschewismus, dann erweist sich, wie schon Donoso Cortés prophezeit hatte, daß das „Zeitalter des Diskussion" nur ein Interim ist.[109] Obwohl er auch die ordnungzerstörende „Gefahr" eines Pluralismus irrationaler Mythen ins Auge faßt, folgert Schmitt, die Anarchisten, die „aus Feindschaft gegen Autorität und Einheit die Bedeutung des Mythischen entdeckten", hätten damit, ohne daß dies ihre Absicht gewesen wäre, „an der Grundlage einer *neuen Autorität,* eines neuen Gefühls für *Ordnung, Disziplin und Hierarchie* mitgearbeitet."[110]

Schmitt vollzieht also die Wendung zur „Immanenz" erst in dem Moment, als ein politisches Ereignis die reale Möglichkeit demonstriert, auf der Basis dieser auf den „Willen des Volkes" gegründeten Legitimität zu einer neuen autoritären Ordnung zu gelangen. Der Faschismus scheint die Lösung für jenes zentrale Problem gefunden zu haben, bei dessen Bewältigung nach Auffassung Schmitts der bürgerliche Rechtsstaat versagt, nämlich aus der „klassenmäßig, interessenmäßig, kulturell, konfessionell heterogenen Masse des Volkes" die *politische Einheit* zu bilden.[111] An solchen Stellen wird erkennbar, daß es Schmitt um die konkrete historische Situation geht, die eine Stellungnahme erfordert. Seiner Ansicht nach hat der Parlamentarismus dazu gedient, das durch *Bildung* und *Besitz* charakterisierte Bürgertum in den monarchischen Staat einzuordnen. Der Sinn der parlamentarischen und rechtsstaatlichen Machtkontrolle soll schon allein deshalb entfallen sein, weil der Gegenspieler des Bürgertums, die Monarchie, nicht mehr existiert. „Heute geht es darum, das Proletariat, eine *nicht besitzende* und *nicht gebildete Masse,* in eine politische Einheit zu integrieren."[112] Im Faschismus soll das Kernübel des liberaldemokratischen Systems überwunden, der Staat nicht mehr „Fassade und Antichambre unsichtbarer und unverantwortlicher Machthaber und Geldgeber", sondern mit „antiker Ehrlichkeit", mit „sichtbaren Machtträgern und Repräsentanten" wieder Staat

---

108 *C. Schmitt,* Die geistesgeschichtliche Lage (Anm. 87), 89; im Text von 1923 heißt es statt „Menschheitsdemokratie" noch „Demokratie" (vgl. *Carl Schmitt,* Die geistesgeschichtliche Lage des heutigen Parlamentarismus, München / Leipzig 1923, 64).

109 Vgl. *Juan Donoso Cortés,* Essay über den Katholizismus, den Liberalismus und den Sozialismus und andere Schriften aus den Jahren 1851 bis 1853, Weinheim 1989, 112. Vgl. auch *C. Schmitt,* Die geistesgeschichtliche Lage (Anm. 87), 85, FN. 2.

110 *C. Schmitt,* Die geistesgeschichtliche Lage (Anm. 87), 89; Hervorhebung von uns.

111 *Carl Schmitt,* Der bürgerliche Rechtsstaat, in: Abendland, 1929, 201 – 203, hier: 202.

112 *C. Schmitt,* Der bürgerliche Rechtsstaat (Anm. 111), 202; Hervorhebung von uns. Vgl. auch *C. Schmitt,* Verfassungslehre (Anm. 88), 313: „Es ist sehr fraglich, ob dasselbe [parlamentarische, d. Verf.] Integrierungssystem für einen Staat mit industriellen Arbeitermassen überhaupt in Betracht kommen kann."

sein.[113] Die Abschaffung der bisher üblichen Wahlen durch den Faschismus ist nicht etwa undemokratisch, weil ohnehin „die heutigen Methoden geheimer Einzelwahl [...] das *Volk als Einheit* ganz aus der Öffentlichkeit verdrängen [...] und die staatliche Willensbildung zu einer Summierung geheimer und privater Einzelwillen, das heißt in Wahrheit *unkontrollierbarer Massenwünsche* und *-ressentiments* herabwürdigen."[114]

Präziser kann man den Unterschied nicht formulieren: „Volk" als *politische Einheit,* die „im Staat zur politischen Existenz"[115] als Nation kommt, vs. die „Masse" der vielen, egoistischen Einzelnen, die überdies von nichtstaatlichen, anonymen sozialen Mächten, sprich: Parteien und Gewerkschaften, für ihre Ziele benutzt werden.[116] Schmitt will aus der Immanenz eines „vitalen", „existenziellen", also *politischen* Willens, welchen das Kollektivsubjekt „Volk" zu sich selbst und seiner „eigenen Art" aufweisen soll, zur würdevollen „Einheit einer substantiellen, seinsmäßigen, wesentlich öffentlichen Ordnung"[117] gelangen. Die „substanzielle Homogenität" des Volkes hat hierbei die Funktion eines Mythos, der, wie Sorel es ausdrückt, eine intensiv wahrgenommene „Ganzheit" erscheinen läßt und als „Mittel einer Wirkung auf die *Gegenwart"* beurteilt werden muß, ohne daß seine einzelnen Bestandteile als solche von Bedeutung wären.[118] Alle neuen politischen Energien scheinen aus einer solchen lebensphilosophisch grundierten Emphatisierung des Irrationalen zu entspringen[119], und diese dürfte viel eher mit den Konsequenzen der „demokratischen Homogenität" zusammenstim-

113 Vgl. *Carl Schmitt,* Wesen und Werden des faschistischen Staates (1929), in: Ders., Positionen und Begriffe (Anm. 85), 109–115, hier: 114. Heinrich Meier ist der Auffassung, daß Schmitt in diesem Text „seine eigenen politischen Präferenzen der Jahre vor dem Dritten Reich auf wenigen Seiten offenlegt" (*Heinrich Meier,* Die Lehre Carl Schmitts. Vier Kapitel zur Unterscheidung Politischer Theologie und Politischer Philosophie, Stuttgart / Weimar 1994, 211).

114 *C. Schmitt,* Wesen und Werden des faschistischen Staates (Anm. 113), 111; Hervorhebung von uns. Vgl. zur Fragwürdigkeit der Willensfeststellung durch geheime Abstimmung auch *C. Schmitt,* Die geistesgeschichtliche Lage (Anm. 87), 22 f. und *C. Schmitt,* Verfassungslehre (Anm. 88), 244 ff. und 278–282.

115 *C. Schmitt,* Der bürgerliche Rechtsstaat (Anm. 111), 202.

116 In „Wesen und Werden des faschistischen Staates" spricht Schmitt von den „anonymen Cliquen und Interessentengruppen", welche ihre Vorschläge „einer teils parteimäßig organisierten, teils hilflos schwankenden Masse von geheim abstimmenden Einzelnen unterbreiten" (*C. Schmitt,* Wesen und Werden des faschistischen Staates [Anm. 113], 111). Besonders vehement hat Schmitt seine Kritik an „Pluralismus, Polykratie und Föderalismus" geäußert in: *Carl Schmitt,* Der Hüter der Verfassung, unveränderter Nachdruck der ersten Auflage von 1931, Berlin 1969, 71–96.

117 *Carl Schmitt,* Zu Friedrich Meineckes „Idee der Staatsräson" (1926), in: Ders., Positionen und Begriffe (Anm. 84), 45–52, hier: 51.

118 Vgl. *G. Sorel,* Über die Gewalt (Anm. 105), 143 f.

119 Freilich steht zu vermuten, daß für Schmitt die suprarationale Stimme des *ordo* in letzter Instanz etwas grundlegend anderes ist als ein vitaler Elan. So notiert er am 11. November 1948 in sein Tagebuch: „élan vital ist ein ruchloser Übermut" (*C. Schmitt,* Glossarium [Anm. 41], 206).

men als mit liberalem Balancedenken und diskursiver Wahrheitsfindung. Das demokratische, d. h. „politische“ Denken enthält mit der auszeichnenden Hervorhebung des *eigenen* Volkes als konkreter, gegen andere abgrenzbarer Gemeinschaft eine Ordnungsvorstellung, die Schmitt gegen das liberale „Einzelmensch-Bewußtsein“ und das damit vermeintlich korrespondierende Menschheitsideal der „allgemeinen Menschengleichheit“ zur Geltung zu bringen sucht.[120]

Hier setzt Schmitts „Begriff des Politischen“ ein, den er in den Jahren 1925–27 entwickelt. Die Unterscheidung von Freund und Feind als „Kriterium“ des Politischen bindet den politischen Charakter menschlichen Handelns daran, daß es im Zeichen eines spezifischen Gegensatzes zwischen Kollektiven verläuft, der potentiell in den bewaffneten Kampf mündet. Schon die bloße *Möglichkeit* eines Krieges soll die Grenzen der individualistischen Weltanschauung aufzeigen: „Die politische Einheit muß gegebenenfalls das Opfer des Lebens verlangen. Für den Individualismus des liberalen Denkens ist diese Möglichkeit auf keine Weise zu erreichen und zu begründen.“[121] Wenn niemand außer dem Individuum selbst über dessen physische Existenz verfügen kann, dann ist der Zwang zum kollektiven Selbstbehauptungskampf „auf jeden Fall, vom privaten Individuum aus gesehen, Unfreiheit und Gewalt.“[122] Die Forderungen des Politischen lassen sich mithin nicht aus der Sphäre des Privaten heraus begründen. Der „ideologisch-humanitären Vorstellung der ‚Menschheit‘“[123] entspricht keine wirkliche Ordnung und Verpflichtung. Für Schmitt ist daher „Menschheit [...] kein politischer Begriff, ihm entspricht auch keine politische Einheit oder Gemeinschaft und kein *Status*.“[124] Schmitt bestimmt als *den* staatstheoretischen Gehalt des Liberalismus schlechthin die „Negation des Politischen“, die zum Kampf „gegen alle denkbaren politischen Mächte und Staatsformen“, aber niemals „zu einer eigenen positiven Theorie von Staat und Politik“ führe.[125] Der Staat darf, geht es nach dem Liberalen, gerade noch als „Diener“ der Gesellschaft tätig werden, vielleicht muß sogar am Ende die „Ausrottung“ des Staates stehen.[126]

---

120 Vgl. *C. Schmitt*, Die geistesgeschichtliche Lage (Anm. 87), 16 ff. und 23.

121 *C. Schmitt*, Der Begriff des Politischen 1927 (Anm. 77), 28. In der Ausgabe von 1932 heißt es statt „diese Möglichkeit“: „dieser Anspruch“ (*C. Schmitt*, Der Begriff des Politischen 1963 [Anm. 2], 70).

122 *C. Schmitt*, Der Begriff des Politischen 1963 (Anm. 2), 70.

123 *C. Schmitt*, Der Begriff des Politischen 1963 (Anm. 2), 71.

124 *C. Schmitt*, Der Begriff des Politischen 1963 (Anm. 2), 55.

125 *C. Schmitt*, Der Begriff des Politischen 1963 (Anm. 2), 69.

126 Vgl. *C. Schmitt*, Der Begriff des Politischen 1963 (Anm. 2), 44 und 75, dort mit Bezug auf die Soziologie Franz Oppenheimers. In der dritten Ausgabe heißt es zu den „Thesen des Berlin-Frankfurter Soziologen Franz Oppenheimer“ dann weiter: „Solche ‚Begriffsbestimmungen‘ erkennt heute jeder sofort als affektgeladene politische Geschosse; sie durften sich aber, solange der Geist des 19. Jahrhunderts herrschte, als

Zugleich soll nach Schmitts Argumentation dem Liberalen gerade die Ächtung des Krieges – und die daraus folgende Diskriminierung des Gegners als „Friedensstörer" – zur Begründung für einen besonders „intensiven" Krieg dienen, für einen „Kreuzzug", der, von moralisierender „Propaganda" begleitet, tatsächlich „zur Wahrung oder Erweiterung ökonomischer Machtpositionen" geführt wird.[127] Die Pazifisten, die nach einer „Herrschaft des Rechts" in den Beziehungen zwischen den Staaten streben, stehen bei ihm im Verdacht, sie dienten letztlich nur den Bestrebungen der Weltkriegssieger, den *status quo* des Versailler Vertrages zu legitimieren.[128] Das Problem liegt für Schmitt jedoch nicht in einer bloß zufälligen Gegnerschafts- oder Konkurrenzkonstellation, sondern in einer gefährlichen Parteilichkeit der Völkerbunds*ideologie* mit einer gewissermaßen metapolitischen Dimension, die in den Verfahren und Organisationen wie in den Auffassungen der pazifistischen Völkerbundsfreunde zum Ausdruck kommt. Der „Affekt gegen Deutschland und gegen den preußischen Militarismus" ist aus dieser Sicht Symptom eines Prozesses, in welchem der neuartige ökonomische Imperialismus und die pazifistische Moral als zwei Seiten einer Medaille auftreten.[129] Die konkrete Provokation, die Schmitt in seinem Text über den „Begriff des Politischen" aufnimmt, ist Joseph Schumpeters Untersuchung „Zur Soziologie der Imperialismen". Schumpeter ging es zunächst um die Unterscheidung zwischen kriegerischen Auseinandersetzun-

---

‚wissenschaftlich' und ‚wertfrei' ausgeben. Während die von Hegel systematisierte Staatsauffassung des *deutschen* 19. Jahrhunderts einen hoch über dem ‚Tierreich' der ‚egoistischen' Gesellschaft stehenden Staat als ein Reich der Sittlichkeit und objektiven Vernunft konstruierte, ist die Wert-Ordnung *dieser in die deutschen Staaten eindringenden neuen Schichten* umgekehrt; für sie steht die Gesellschaft (das sind sie nämlich selbst) als eine Sphäre der friedlichen Gerechtigkeit unendlich höher als der Staat, d. h. Militär und Beamtentum, *die ihnen noch nicht zugänglich sind;* dieser Staat wird infolgedessen durch diese soziologische ‚Wissenschaft' als eine Region gewalttätiger Unvernunft ‚entlarvt'" (*Carl Schmitt,* Der Begriff des Politischen, dritte Auflage, Hamburg 1933, 59; Hervorhebung von uns). An dieser Stelle ist gut zu erkennen, wie Schmitt den ideologischen Feind, also den Liberalen einerseits und den angeblich „Fremden", nämlich den „Juden", andererseits, ab 1933 vermischt und identifiziert. Als besonders aufschlußreiche Beispiele vgl. etwa *Carl Schmitt,* Die Verfassung der Freiheit, in: Deutsche Juristen-Zeitung, 40. Jahrgang, Heft 19, 1. Oktober 1935, Sp. 1133–1135, geschrieben anläßlich des Beschlusses der Nürnberger Rassegesetze, und *Carl Schmitt,* Die deutsche Rechtswissenschaft im Kampf gegen den jüdischen Geist. Schlußwort auf der Tagung der Reichsgruppe Hochschullehrer des NSRB vom 3. und 4. Oktober 1936, in: Deutsche Juristen-Zeitung, 41. Jahrgang, Heft 20, 1936, Sp. 1193–1199.

127 Vgl. *C. Schmitt,* Der Begriff des Politischen 1963 (Anm. 2), 76 f.

128 Vgl. *Carl Schmitt,* Der Status quo und der Friede (1925), in: Ders., Positionen und Begriffe (Anm. 85), 33–42, hier: 40 f.; vgl. hierzu auch **Carl Schmitt,** Völkerrechtliche Probleme im Rheingebiet (1928), in: Ders., Positionen und Begriffe (Anm. 85), 97–108, hier: 105.

129 Vgl. *C. Schmitt,* Die Kernfrage des Völkerbundes, Berlin 1926, 35 f.; siehe ferner bereits *C. Schmitt,* Die Rheinlande (Anm. 81), 10–16. In diesem Sinne vgl. auch über Politik der Vereinigten Staaten von Amerika: *Carl Schmitt,* Völkerrechtliche Formen des modernen Imperialismus (1932), in: Ders., Positionen und Begriffe (Anm. 85), 162–180, zur „Ächtung des Krieges" im Kellogg-Pakt siehe dort 176 ff.

gen, die auf Interessenkonflikte zurückgeführt werden können, und einer staatlichen Aggressivität, die als Dauerdisposition zur gewaltsamen Expansion ohne konkretes Objekt und angebbare Grenzen von ihm als „Imperialismus" bezeichnet wird.[130] In einem solchen Kriegertum sah Schumpeter einen „Atavismus", ein vorkapitalistisches Element, das in einer rein kapitalistischen Welt keinen Nährboden finde und verkümmern müsse.[131] Die Imperialismen verlieren also mit der kapitalistischen Durchdringung der Gesellschaften an Intensität, und noch vorhandene „imperialistische Expansions*interessen*" werden konterkariert von antiimperialistischen Tendenzen der Völker, insbesondere ihrer Industriearbeiterschaft. Schumpeters These lautet also: Die *Menschen,* deren Psyche vom Kapitalismus bereits geformt worden sei, „müßten essentiell unkriegrisch disponiert sein".[132] Zwar betont Schumpeter den wissenschaftlichen Charakter seiner Studie, der eine Wertung des untersuchten Prozesses fern liege[133], für Schmitt ist jedoch die Kampfansage in der implizierten Fortschrittsvorstellung enthalten. Die pazifistischen Illusionen, die Verkennung und Verdrängung des Politischen sieht er als Teil einer welthistorischen Konstellation und eines säkularen ideologischen Kampfes.

In der zweiten Ausgabe des „Begriffs des Politischen" vertieft Schmitt gerade diesen Aspekt. In der ersten Ausgabe wird der liberale „Vorwurf der ‚Gewalt'", erhoben gegen die Politik, noch entweder moralischer Haltung oder dem Kalkül der Stabilisierung einer ökonomisch fundierten Machtposition zugeschrieben.[134] In der zweiten Ausgabe stellt Schmitt diese aversive Wendung gegen jede offene, erklärte Ausübung militärischer Gewalt in den „Zusammenhang einer großen metaphysischen Konstruktion und Geschichtsdeutung" und findet deren „einfachste und durchsichtigste Theorie" bei Herbert Spencer.[135] Spencers bürgerlich-liberale Geschichtsvorstellung liefert jene Apologie des Fortschritts vom „militärisch-feudalen" zum „industriell-kommerziellen" Zeitalter, welche bereits die erbitterte Gegnerschaft des deutschen „Professoren-Nationalismus" im Ersten Welt-

---

130 Vgl. *Joseph A. Schumpeter,* Zur Soziologie der Imperialismen, in: Archiv für Sozialwissenschaft und Sozialpolitik, Band 46, 1919, 1–39 und 275–310, hier: 3.

131 Vgl. *J. A. Schumpeter,* Zur Soziologie der Imperialismen (Anm. 130), 283 f.

132 *J. A. Schumpeter,* Zur Soziologie der Imperialismen (Anm. 130), 287.

133 Vgl. *J. A. Schumpeter,* Zur Soziologie der Imperialismen (Anm. 130), 310.

134 Vgl. *C. Schmitt,* Der Begriff des Politischen 1927 (Anm. 77), 30 f.

135 *C. Schmitt,* Der Begriff des Politischen 1963 (Anm. 2), 72 f.; als eminent wichtigen Vordenker nennt Schmitt darüber hinaus den französischen Liberalen Benjamin Constant. Vgl. auch *C. Schmitt,* Der Begriff des Politischen 1933 (Anm. 126), 56 mit aufschlußreichen Änderungen, auf die auch Heinrich Meier hinweist (vgl. *Heinrich Meier,* Carl Schmitt, Leo Strauss und „Der Begriff des Politischen". Zu einem Dialog unter Abwesenden. Mit Leo Strauss' Aufsatz über den „Begriff des Politischen" und drei unveröffentlichten Briefen an Carl Schmitt aus den Jahren 1932/33, Stuttgart 1988, 9–96, hier: 83).

krieg erregt hatte[136] und als deren erneuter Anwalt Schumpeter aufgetreten war. Mit dem Postulat, daß ein Zusammenhang zwischen industriellem Fortschritt, verminderter Kriegsbereitschaft und dem Abbau der vormals absoluten Herrschaftsautorität bestehe, hat Spencer tatsächlich ein liberales Kerntheorem ausgesprochen, das Schmitt bedingungslos bekämpft: „Ist der Krieg aber nicht mehr ein chronischer Zustand und hat der Industrialismus die Menschen daran gewöhnt, unter gebührender Rücksicht auf die Rechte der Andern ihre eigenen Ansprüche aufrecht zu erhalten, – dann ist auch die Loyalität nicht mehr so unterthänig, die Autorität des Herrschers wird hinsichtlich verschiedener privater Thätigkeiten und Ansichten in Frage gestellt oder geradezu verneint, [...] und die politische Unabhängigkeit des Bürgers erringt sich immer mehr die Anerkennung, dass es tugendhaft ist, dieses Recht festzuhalten, und schmählich, es aufzugeben."[137]

Mit dem „Begriff des Politischen" tritt die *antiliberale* Stoßrichtung des Schmittschen Denkens in einer stetigen Verschärfung zutage. Besonders auffällig ist die sukzessive Änderung in der Grundkonzeption.[138] In der ersten Ausgabe scheint das Politische ein Sachgebiet neben anderen zu sein. Ab der zweiten Ausgabe verbindet Schmitt dann die Freund-Feind-Unterscheidung als das kennzeichnende Merkmal des Politischen mit einem Intensitätskonzept. Diese Unterscheidung habe nämlich „den Sinn, den äußersten Intensitätsgrad einer Verbindung oder Trennung, einer Assoziation oder Dissoziation zu bezeichnen".[139] Die relative *Autonomie* des Politischen als eines unter anderen Bereichen wird also verwandelt in ein *Primat* des Politischen, dem die anderen „Sachgebiete" nur „relativ selbständig" gegenüberstehen. Schmitt unternimmt mit zunehmender Konsequenz eine fundamentalpolitische Überwindung des Liberalismus. Die bürgerlich-liberale Moderne, welche keine geistige Hierarchie, sondern nur ein Konglomerat autonomer Kulturbereiche kennt und „das Individuum im Geistigen isoliert", ermöglicht in der Optik Schmitts ja gerade jenen haltlosen, verantwortungsflüchtigen und bloß räsonierenden Subjektivismus, dem er bereits in seiner Kritik der „Politischen Romantik" mit aller Schärfe entgegentritt.[140] Hinter der behaupteten Eigengesetzlichkeit und Zweckfreiheit insbesondere des Ästhetischen, verbunden mit dem Kult der „Persönlich-

---

136 Vgl. als drastisches Beispiel *Werner Sombart*, Händler und Helden. Patriotische Besinnungen, Münche/Leipzig 1915, zu Spencer dort insbesondere 9–11, 20–25, 33 f. und 82 f.

137 *Herbert Spencer*, Die Thatsachen der Ethik, Stuttgart 1879, 148 f.

138 Vgl. hierzu allgemein *H. Meier*, Carl Schmitt, Leo Strauss (Anm. 135).

139 *C. Schmitt*, Der Begriff des Politischen 1963 (Anm. 2), 27. 1933 heißt es knapp und prägnant: „Die Unterscheidung von Freund und Feind bezeichnet die äußerste Intensität einer Verbindung oder Trennung" (*C. Schmitt*, Der Begriff des Politischen 1933 [Anm. 126], 7).

140 Vgl. *C. Schmitt*, Politische Romantik (Anm. 11), 21, 26 sowie 149 ff. und 224.

keit", des schöpferischen Genies, versteckt sich aus seiner Sicht die *reservatio mentalis* eines Spiels mit den letzten Instanzen, des Ausweichens vor der bindenden Inpflichtnahme.[141] Gegen diese Haltung führt Schmitt die unabweisliche Existenzialität des Politischen ins Feld.

Die „Rede über das Zeitalter der Neutralisierungen" steht mitten in Schmitts Bewegung einer fundamentalpolitischen Zuspitzung seiner Position, die in den Jahren 1927–33 stattfindet. Schmitt betont, entgegen der liberalen Hoffnung auf die Einheit der Menschheit, in welcher der Krieg abgeschafft und die staatliche Autorität immer weiter vermindert würde, die *Unentrinnbarkeit des Politischen*. Das Schicksal des neuzeitlichen Europas soll in dem Versuch liegen, dem Streit um die letzten Dinge durch einen Wechsel der zentralen Kulturgebiete zu entgehen. Alle Entpolitisierung führe jedoch nicht zu einem „Ausgleich", sondern nur zu einer Repolitisierung auf neuem Felde.[142] Um in dieser Weise argumentieren zu können, darf Schmitt unter dem „Politischen" bereits kein „Sachgebiet" mehr verstehen. Das Politische ist ihm hier also bereits zur äußersten Intensität des Gegensatzes geworden, der die Freund-Feind-Gruppierungen einer Epoche bestimmt. Wenn als die jüngste Tendenz zur Entpolitisierung der Glaube anzusprechen sei, alle Probleme könnten durch technische Mittel und technischen Fortschritt gelöst werden, so deutet sich für Schmitt gerade hierin das Ende des Neutralisierungsprozesses an. Aus der Technik selbst ergebe sich weder eine geistige Entscheidung noch eine neue Herrschaftsschicht, vielmehr scheine es, als warte das „großartige Instrumentarium" der Technik mit seiner ungeheueren Steigerung der Machtmittel nur noch auf eine „starke Politik", die sich seiner bedient.[143] Die Rede von 1929 zeigt, wie sich in das unterschwellige Grauen vor der modernen Massengesellschaft zugleich die Hoffnung auf eine neue Ordnung und „Form" hineinmischt: „Ab integro nascitur ordo."[144]

Dieses Motiv fließt auch in Schmitts Verfassungsanalysen aus den letzten Jahren der Weimarer Republik ein. Der Möglichkeit, daß die Gesellschaft sich selbst integrieren und der Staat als „Selbstorganisation" der Gesellschaft bestehen könne, schenkt Schmitt kein Vertrauen.[145] Er sieht die durchgehende staatliche Einheit bedroht von dem Pluralismus einer „Mehrheit fest organisierter, durch den Staat, d. h. sowohl durch verschiedene Ge-

141 Vgl. insbesondere *C. Schmitt,* Der Begriff des Politischen 1963 (Anm. 2), 71, *C. Schmitt,* Der Begriff des Politischen 1933 (Anm. 126), 53 und dazu *H. Meier,* Carl Schmitt, Leo Strauss (Anm. 135), 21 ff.

142 Vgl. *Henning Ottmann,* Carl Schmitt, in: Karl Graf Ballestrem und Henning Ottmann (Hrsg.), Politische Philosophie des 20. Jahrhunderts, München 1990, 61–87, hier: 70.

143 Vgl. *C. Schmitt,* Zeitalter der Neutralisierungen (Anm. 2), 90 f. und 94.

144 *C. Schmitt,* Zeitalter der Neutralisierungen (Anm. 2), 95.

145 Vgl. *C. Schmitt,* Der Hüter der Verfassung (Anm. 116), 82 f. Vgl. zum folgenden dort auch 78–91.

biete des staatlichen Lebens, wie auch durch die territorialen Grenzen der Länder und die autonomen Gebietskörperschaften hindurchgehender, *sozialer* Machtkomplexe, die sich als solche der staatlichen Willensbildung bemächtigen, ohne aufzuhören, nur soziale (nicht-staatliche) Gebilde zu sein."[146] Diese mit Parteien verbundenen Komplexe besetzen Positionen in den verschiedenen Gebietskörperschaften und Selbständigkeit beanspruchenden öffentlichen Organisationen, so daß Schmitt das Deutsche Reich in einem „verwickelten Durcheinander zentrifugaler Kräfte, einem System von zentripetalen Gegenbewegungen"[147] sieht und den „Rückfall in einen pluralistischen Feudal- oder Ständestaat"[148] befürchtet, in dem Staats- und Verfassungstreue durch die weltanschaulich und sogar wirtschaftlich fundierte Gefolgschaftsbindung an die den Einzelnen total erfassende soziale Organisation ersetzt wird.[149] Wenn die verschiedenen Mächte und Organisationen in der Massendemokratie sich der Techniken der Massenbeeinflussung und Propaganda bedienen und ihre Anhänger mit diversen Mitteln an sich binden, so folgt daraus, daß die hinter dem demokratischen Postulat der „Identität" stehende, allein wichtige Frage der „Identifikation" nicht den gesellschaftlichen Mächten überlassen werden darf, sondern zum Gegenstand bewußter autoritärer Machtpraxis gemacht werden muß.[150]

Eine solche Machtpraxis muß freilich dem Umstand Rechung tragen, daß sich mit der Verlagerung des „Zentralgebiets" notwendig auch der Bereich der Herrschaftsansprüche des Staates verändern muß. Das Prinzip *cujus regio ejus religio* wird abgelöst vom Nationalitätenprinzip und muß zum Prinzip *cujus regio ejus oeconomia* führen. Hier setzt Schmitts Kritik der liberalen „Lehre des neutralen Staates des 19. Jahrhunderts" an, die nur als Zeichen einer allgemeinen kulturellen Neutralität zu erklären sei. Ist das Zentralgebiet des europäischen Geistes die Ökonomie geworden, so ist ein Staat, der seinen Anspruch auf Herrschaft nicht aufgeben will, genötigt, die ökonomische Entwicklung zu erkennen und zu führen. Der nach der Oktoberrevolution entstandene neue Staat auf russischem Boden erscheint

---

146 *C. Schmitt,* Der Hüter der Verfassung (Anm. 116), 71; Hervorhebung von C. S.

147 *C. Schmitt,* Der Hüter der Verfassung (Anm. 116), 72.

148 *Carl Schmitt,* Hugo Preuß. Sein Staatsbegriff und seine Stellung in der deutschen Staatslehre, Tübingen 1930, 21.

149 Vgl. *Carl Schmitt,* Die Wendung zum totalen Staat (1931), in: Ders., Positionen und Begriffe (Anm. 85), 146–157, hier: 155 ff. Vgl. auch *Carl Schmitt,* Legalität und Legitimität, Nachdruck der ersten Auflage von 1932, zweite Auflage, Berlin 1968, 90 f.

150 Vgl. schon *C. Schmitt,* Verfassungslehre (Anm. 88), 168: „Das politische Problem der Massenbeeinflussung durch die Lichtspiele ist so bedeutungsvoll, daß kein Staat diesen mächtigen psychotechnischen Apparat ohne Kontrolle lassen kann; er muß ihn der Politik entziehen, neutralisieren, d. h. in Wahrheit – weil das Politische unumgänglich ist – in den Dienst der bestehenden Ordnung stellen, auch wenn er nicht den Mut hat, ihn offen als Mittel zur Integration einer sozialpsychologischen Homogenität zu benutzen."

Schmitt als die sich folgerichtig ergebende Form des homogenen Wirtschaftsstaats, der eine Verbindung „von kompaktem Gebiet und kompakter geistiger Homogenität“ geschaffen habe.[151] Schmitt betont daher, daß es darauf ankomme, die liberale Vorstellung vom „neutralen Staat“ des 19. Jahrhunderts aufzugeben; der Staat sei längst mit der Gesellschaft verwachsen, in alle ihre Belange verstrickt und „total“ *aus Schwäche* geworden. Es komme nunmehr darauf an, ihn wieder zu einem entscheidungsfähigen totalen Staat *aus Stärke* zu machen, der auch die von der modernen Technik gebotenen Möglichkeiten der Massenführung entschlossen einsetze.[152]

IV.

Im Zuge dieser von Schmitt selbst seit April 1933 mit großem Eifer vollzogenen „Wendung zum totalen Staat“ verlieren die Gründerväter des autoritären Dezisionismus, Hobbes und Bodin, in seinen Augen immer mehr an Bedeutung. Während er anfangs noch den Autor des „Leviathan“ mit gebanntem Blick auf dessen anthropologische Axiome und die daran geknüpfte Geometrie des Politischen als den unübertrefflichen Prototyp eines politischen Denkers herausstellt, verändert sich diese superlativische Einschätzung wenig später zu einem erheblich distanzierteren Urteil: Jetzt ist das Gedankensystem von Hobbes *trotz* seines *extremen* Liberalismus immerhin noch in der Lage, „spezifisch politische Fragen zu stellen und zu beantworten“.[153] Dieser Einschätzungswandel, der mit einer sich verschärfenden Aufmerksamkeit für die Hobbessche Zielorientierung einhergeht, dokumentiert sich signifikant in den redaktionellen Überarbeitungen einer Stellungnahme zu Hobbes, die Schmitt in den ersten drei Ausgaben seines „Begriffs des Politischen“ vornimmt: 1927 ist Hobbes für ihn noch „der weitaus größte und vielleicht der einzige wahrhaft systematische politische Denker“.[154] In der zweiten Ausgabe von 1932 ist er bereits auf das Niveau „eines großen und wahrhaft systematischen Denkers“[155] zusammenge-

---

151 *C. Schmitt,* Zeitalter der Neutralisierungen (Anm. 2), 87. Dem bis aufs äußerste gesteigerten Autoritätsanspruch eines solchen Ordnungsgebildes gilt zwar eine gewisse Bewunderung Schmitts. Jedoch sieht er im russischen Bolschewismus den Massenglauben an die grenzenlose Naturbeherrschung und Selbstmanipulation aufs äußerste gesteigert und das Politische zum Konsequenzfanatismus einer satanischen Staatlichkeit getrieben, deren Intensität den Staat noch des absolutesten Fürsten übertreffe.

152 Vgl. *Carl Schmitt,* Weiterentwicklung des totalen Staats in Deutschland (Januar 1933), in: Ders., Positionen und Begriffe (Anm. 85), 185 – 190, hier: 185 ff.

153 *C. Schmitt,* Der Begriff des Politischen 1933 (Anm. 126), 46.

154 *C. Schmitt,* Der Begriff des Politischen 1927 (Anm. 77), 25.

155 *C. Schmitt,* Der Begriff des Politischen 1963 (Anm. 2), 64.

schrumpft. 1933 aber ist er nur noch ein „großer und wahrhaft systematischer Denker“, bei dem „trotz seines extremen Individualismus die ‚pessimistische‘ Auffassung des Menschen so stark [ist], daß sie den politischen Sinn lebendig erhält“.[156] 1936 konstatiert Schmitt dann sogar in den „Grundvorstellungen des Hobbes“ manche Ähnlichkeit mit denen des Liberalen Condorcet, bei dessen ausschweifenden Fortschrittshoffnungen „man bereits den Tag dämmern [sieht], an dem der große Leviathan geschlachtet werden kann“.[157] Hobbes ist zwar, wie Schmitt meint, von solchen Vorstellungen weit entfernt. Aber das gilt doch nicht wegen seiner Zielvorstellungen, für die das Leben gleichfalls nur als das diesseitige physische Dasein des einzelnen, jeweils lebenden Individuums interessant ist, sondern ausschließlich deswegen, weil er sich über die menschliche Natur keine großen Illusionen macht. Die auf Hobbes wie auf Condorcet gleichermaßen zutreffende Zielformulierung koinzidiert aber mit Schmitts Anathem des Konkret-Faktischen[158], und das sieht er mit konsequenzlogischer Notwendigkeit bei der nichts als leibhaftigen Kanaille Bakunins enden.

Demgegenüber geht es Schmitt, dessen eigene Verortung im Spannungsgefüge des Politischen und des Liberalen freilich ihrerseits alles andere als konsistent und eindeutig ist[159], nicht darum, durch einen nur auf Furcht und egoistischem Sicherheitsbedürfnis gegründeten Rechtsgehorsam die äußeren Lebensverhältnisse disziplinarisch zusammenzukitten und bloß das *äußere Verhalten* der Menschen schiedlich zu regeln. Sondern sein Ziel ist es – gegen Hobbes, – auch die *sittliche Gesinnung* der Bürger staatsdienlich zu formieren.[160] Schmitt trachtet also danach, das Politische in einem

---

156 *C. Schmitt,* Der Begriff des Politischen 1933 (Anm. 126), 46. Auf die redaktionelle Überarbeitung der zweiten Auflage hat bereits Leo Strauss in seiner Rezension von 1932 aufmerksam gemacht (*Leo Strauss,* Anmerkungen zu Carl Schmitt, Der Begriff des Politischen, in: *H. Meier,* Carl Schmitt, Leo Strauss [Anm. 135], 97–125, hier: 109); der ergänzende Hinweis auf die dritte Auflage findet sich unseres Wissens erstmals bei *H. Meier,* Carl Schmitt, Leo Strauss (Anm. 135), 43.

157 *Carl Schmitt,* Der Staat als Mechanismus bei Hobbes und Descartes, in: Archiv für Rechts- und Sozialphilosophie, Band 30, 1936/37, 622–632, hier: 628.

158 Vgl. zu dieser Wortzusammenstellung *Günter Meuter,* Zum Begriff der Transzendenz bei Carl Schmitt, in: Der Staat, 30. Band, 1991, Heft 4, 483–512, hier: 483.

159 Ganz im Sinne von Hobbes beruft sich nämlich Schmitt auf das Protego ergo obligo als das cogito ergo sum des Staates (vgl. *C. Schmitt,* Der Begriff des Politischen 1963 [Anm. 2], 53). Vgl. zu dieser Problematik auch *Günter Meuter,* Die zwei Gesichter des Leviathan. Zu Carl Schmitts abgründiger Wissenschaft vom „Leviathan“, in: Metamorphosen des Politischen (Anm. 37), 95–116, hier: 106 f.

160 Sein Anspruch überflügelt noch das molochitische Zwangsopfer etwa eines Treitschke (vgl. *Heinrich von Treitschke,* Politik. Vorlesungen gehalten an der Universität zu Berlin, hrsg. v. Max Cornicelius, Band I, vierte Auflage, Leipzig 1918, 24). Treitschke, dem man alles weniger als Mangel an machtstaatlichem Denken vorwerfen darf (vgl. *Heinrich von Treitschke,* Bundesstaat und Einheitsstaat, in: Ders., Historische und Politische Aufsätze. Zweiter Band: Die Einheitsbestrebungen zertheilter Völker, sechste Auflage, Leipzig 1903, 77–241, hier: 152), sieht im Staat nur die nackte, Unterwerfung heischende Zwangsgewalt, die sich um das Innenleben ihrer

echten Horizont jenseits des Liberalismus als eine Instanz letzter Sinnstiftung zu konstituieren. Dieser *metaliberale* Horizont ist aber gerade mit der Überwindung der Religionskriege durch den neutralisierenden Leviathan zugrundegegangen. Hobbes ist insofern der Begründer des Liberalismus und der Ausgangspunkt einer Verleugnung des Politischen im emphatischen Sinne: nämlich als eines Kampfes um die letzten Dinge. Die von Hobbes mit in die Welt gesetzte Neuzeit – das von Schmitt verdammte liberale Zeitalter der Neutralisierungen – neutralisiert „das Theologische (Religiöse) als Selbstschutz vor der eschatologischen Selbstvernichtung".[161] Hobbes strebt danach, die konfessionellen Bürgerkriege, die sich als eschatologische Bürgerkriege um den „absoluten Text" erwiesen haben, unmöglich zu machen. Weil es Hobbes um eine „Pragmatik der Friedensräson" geht und gerade nicht um den Triumph einer „Wahrheit", die den Streit erst stiftet und den Frieden zerstört[162], will er alle religiös absoluten Ansprüche auf Politik abweisen. Er legt also durchaus, insofern er Religion zur Privatsache oder besser noch zur Sache der Innerlichkeit macht und dem Dissidenten gewissensschonend den Vorbehalt dieser privaten Innerlichkeit konzediert[163], den augustinischen Dualismus einer „negativen" politischen Theologie zugrunde. Aber gerade in dieser Hinsicht ist Schmitt kein Hobbesianer.

1938 legt Schmitt Wert darauf, daß zwischen Neutralisierung und Intoleranz kein wesentlicher Unterschied bestehe, sondern daß im Gegenteil Neutralisierung lediglich einen Toleranz wie Intoleranz gleichermaßen übergreifenden Begriff bezeichne, dessen gemeinsamer Nenner die Indifferenz gegenüber der Pilatus-Frage *quid est veritas?* ist: „Ein [...] technisch-neutraler Staat kann sowohl tolerant wie intolerant sein; er bleibt in beiden Fällen in gleicher Weise neutral. Er hat seinen Wert, seine Wahrheit und

---

Untertanen nicht bekümmert. Für den preußisch-nationalen Historiker sollen die Staatsbürger der Macht willfahren, ihre Gesinnung geht den Staat nichts an: „Der Staat sagt: mir ist es ganz einerlei, was ihr dabei denkt, aber gehorchen sollt ihr" (*H. Treitschke,* Politik, 33). Man kann mit gutem Recht an der Liberalität Treitschkes zweifeln (vgl. *Ralf Dahrendorf,* Gesellschaft und Demokratie in Deutschland, München 1968, 230); in einer Hinsicht aber *ist* er liberal, nämlich darin, daß er „den Staat mit seinen Machtbedürfnissen nicht schlechthin zum Herrn über das geistige Leben, über Moral und Recht, über das sittliche Empfinden, über die Gesinnung seiner Staatsbürger werden lassen" möchte (*Gerhard Ritter,* Die Dämonie der Macht. Betrachtungen über Geschichte und Wesen des Machtproblems im politischen Denken der Neuzeit, München 1948, 145): Die Gedanken zumindest sind frei.

161 *Odo Marquard,* Aufgeklärter Polytheismus - auch eine politische Theologie?, in: Religionstheorie und Politische Theologie. Band 1: Der Fürst dieser Welt. Carl Schmitt und die Folgen, hrsg. v. Jacob Taubes, zweite Auflage. München, Paderborn, Wien, Zürich 1985, 77–84, hier: 81.

162 Vgl. *Hermann Lübbe,* Politische Theologie als Theologie repolitisierter Religion, in: Religionstheorie und Politische Theologie (Anm. 161), 45–56, hier: 51.

163 Vgl. *H. Lübbe,* Politische Theologie als Theologie repolitisierter Religion (Anm. 162), 51 sowie *Reinhart Maurer,* Chiliasmus und Gesellschaftsreligion. Thesen zur politischen Theologie, in: Religionstheorie und Politische Theologie (Anm. 161), 117–135, hier: 128.

seine Gerechtigkeit in seiner technischen Vollkommenheit".[164] Die Toleranz war für ihn bloß die schlappe, das heißt von einer definitiven Entscheidung wegführende Form der Neutralisierung, während Neutralität als Funktion staatsverwaltungstechnischer Rationalisierung und Einheitsstiftung einen *vergleichsweise* sehr wohl positiven Wertakzent genoß.[165] Gewiß nicht ohne Aufschluß ist in diesem Zusammenhang aber, daß Schmitts liberaler Antipode Hans Kelsen, der „prominenteste und überzeugendste Verfechter einer radikal antimetaphysischen Staatslehre"[166], gerade die „Pilatusfrage" zum – wenn auch bisweilen tragischen – „letzten Wort" einer weltanschauungsrelativistisch fundierten Demokratie erklärt hat.[167] Während der Weltanschauungsrelativist sich tapfer der Spannungsunruhe einer metaphysischen Ungeborgenheit aussetzt, schließt Schmitt, in der dünkelhaften Prätention absoluten Wahrheitsbesitzes, sich dem Vorwurf an, den auch Donoso Cortés gegen den liberalen Agnostizismus erhoben hat, nämlich „sich wie Pilatus zu verhalten: vor der Wahrheit zu stehen und zu fragen: Was ist Wahrheit?"[168]

In der Perspektive des Carl Schmitt von 1938 ist Hobbes' Staatsbegriff „ein wesentlicher Faktor des großen, vierhundertjährigen Prozesses, durch den mit Hilfe technischer Vorstellungen eine allgemeine ‚Neutralisierung' bewirkt und insbesondere der Staat zu einem technisch-neutralen Instrument gemacht worden ist"[169], für das entscheidend sei, „daß die Gesetze des Staates von jeder inhaltlich substanzhaften, religiösen oder rechtlichen Wahrheit und Richtigkeit unabhängig werden und nur noch infolge der positiven Bestimmtheit staatlicher Entscheidung als Befehlsnormen gelten"[170]: Darin sieht Schmitt den „einfachen, sachlichen Ausdruck eines wert- und wahrheitsneutralen, positivistisch-technischen Denkens", dessen

---

164 Vgl. *Carl Schmitt,* Der Leviathan in der Staatslehre des Thomas Hobbes. Sinn und Fehlschlag eines politischen Symbols (1938). Mit einem Anhang sowie einem Nachwort des Herausgebers, Köln 1982, 7–136, hier: 69.

165 Vgl. *Carl Schmitt,* Übersicht über die verschiedenen Bedeutungen und Funktionen des Begriffes der innerpolitischen Neutralität des Staates (1931), in: Ders., Der Begriff des Politischen 1963 (Anm. 2), 97–101, hier: 97 ff. Hier ist als „positive, das heißt zu einer Entscheidung hinführende" Bedeutung des Wortes „Neutralität" ausgewiesen die „Neutralität des außenstehenden Fremden, der als Dritter von außen her nötigenfalls die Entscheidung und damit eine Einheit bewirkt" (ebenda, 101).

166 *Raphael Gross,* Jesus oder Christus? Überlegungen zur „Judenfrage" in der politischen Theologie Carl Schmitts, in: Metamorphosen des Politischen (Anm. 37), 75–94, hier: 76.

167 Vgl. *Hans Kelsen,* Vom Wesen und Wert der Demokratie, in: Archiv für Sozialwissenschaft und Sozialpolitik, Band 47, 1920/21, 50–85, hier: 84 f.; vgl. auch *Hans Mayer,* Ein Deutscher auf Widerruf. Erinnerungen, Band 1, Frankfurt a. M. 1982, 148.

168 Vgl. *Eberhard Straub,* Der Fall Carl Schmitt. Facetten seines Denkens, in: Die politische Meinung, 33. Jahrgang, Heft 240, September/Oktober 1988, 75–82, hier: 77.

169 *C. Schmitt,* Der Leviathan (Anm. 164), 62.

170 *C. Schmitt,* Der Leviathan (Anm. 164), 67 f.

rationalistisch durchkonstruierter Befehlsmechanismus „weltenweit" vom *göttlichen Recht* der Könige als *sakraler Personen* entfernt sei.[171] Indem so ein „neuer Boden rechtlichen und staatstheoretischen Denkens gewonnen" sei, „nämlich der des juristischen Positivismus"[172], erweist sich insofern der auf die Säkularisierungsschiene geratene Leviathan als die restlos technisierte und neutralisierte Deformation der sichtbaren Kirche ins Konkret-Faktische einer *machina machinarum* rein diesseitiger Ordnung; er usurpiert den Anspruch päpstlicher Souveränität ohne päpstliche Legitimation.

In seiner „Leviathan"-Schrift wirft Schmitt dem Hobbesschen Leviathan vor, in einem selbstmörderisch kurzsichtigen sozialtechnologischen Interesse nur das äußerliche und öffentliche Zwangs-Bekenntnis für wichtig zu halten, den privaten Glauben, das heißt die wirkliche Transzendenz-Bindung aber nicht – (wie es die katholische Kirche tut) – in eigene Regie zu nehmen, sondern der häretisch-protestantisch-liberalen Innerlichkeit des Einzelnen zu überlassen. Hier liegt in Schmitts Augen eine anfangs kaum sichtbare Einbruchstelle vor, die Hobbes sozusagen wider Willen in sein politisches System eingebaut hat. Diese aber habe in der geschichtlichen Konsequenz aus dem Staat eine äußerlich zwar allmächtig scheinende, innerlich aber ohnmächtige Machtkonzentration gemacht, die sich um die Gesinnung des einzelnen so wenig zu kümmern hätte, wie Gott auf die äußeren Handlungen der Menschen achtet.[173]

Diese Auffassung deutet sich bereits in einer Hobbes-Interpretation Schmitts an, deren Tenor oberflächlich von einem mechanistischen Hobbes-Verständnis geprägt zu sein scheint: In dem 1936/37 erschienenen Aufsatz „Der Staat als Mechanismus bei Descartes und Hobbes" bestimmt Schmitt anfangs als Ausgangspunkt der Staatskonstruktion des Hobbes die Angst des Naturzustandes, die, aufs äußerste gesteigert, schließlich den Lichtfunken der *ratio* aufblitzen und einen neuen Gott erstehen lasse.[174] Dieser Gott wäre demnach nur das vertragliche Resultat einer vernünftig gewordenen Angst. Gegen Ende desselben Aufsatzes heißt es demgegenüber jedoch: „Die angehäufte Angst der um ihr Leben zitternden Individuen ruft allerdings eine neue Macht auf den Plan, aber sie beschwört diesen neuen Gott mehr, als daß sie ihn schafft." Der neue Gott sei vielmehr gegenüber allen einzelnen Vertragspartnern und auch gegenüber ihrer Summe transzendent,

171 *C. Schmitt,* Der Leviathan (Anm. 164), 69 f.; Hervorhebung von uns.

172 *C. Schmitt,* Der Leviathan (Anm. 164), 70.

173 Vgl. *C. Schmitt,* Der Leviathan (Anm. 164), 86, 93 f. und Maschkes Interpretation dazu (*Günter Maschke,* Zum „Leviathan" von Carl Schmitt, in: C. Schmitt, Der Leviathan [Anm. 164], 179–244, hier: 218 f.); vgl. auch *C. Schmitt,* Ex Captivitate Salus (Anm. 1), 21. Die innere Zusammengehörigkeit von Protestantismus und Liberalismus wird im Vorwort zur zweiten Auflage von „Politische Theologie" ausdrücklich betont.

174 Vgl. *C. Schmitt,* Der Staat als Mechanismus (Anm. 157), 622 f.

freilich, und das ist das orakelnd gelüftete Manko des 1936/37 vornehmlich als mechanistisch gesehenen (und kritisierten) Hobbes, „nur in einem juristischen, nicht in einem metaphysischen Sinne." Dieses *metaphysische* Defizit aber ist auch der Grund dafür, daß die souverän-repräsentative Person die völlige Mechanisierung der Staatsvorstellung nicht aufhalten kann.[175] Das jedoch heißt, daß der eigentliche Totalismus einer transzendenten Tiefendimension bedarf. Der Rechtsstaat des liberalen Normativismus, dem es nur auf *Rechtssicherheit* ankommt und den man daher auch zur Verdeutlichung am besten mit Anführungsstrichen versieht, steht „im bewußten Gegensatz" und „Widerstreit" zu einem „gerechten" Staat, wie es in Schmitts Augen der nationalsozialistische ist. Nur diesem Staat aber, dem es angeblich darum zu tun ist, dem „guten Recht" zu dienen[176], das sich in der totalen, „weltanschaulich begründeten *Einheit* von Recht, Sitte und Sittlichkeit" niederschlägt[177], gebührt das ehrende Prädikat der Totalität.

Als den Anfang, aus dem sich die ganze unheilvolle Entwicklung folgerichtig ergibt, identifiziert Schmitt im Jahre 1935 dies: „die Abtrennung des Rechts von Religion und Sittlichkeit".[178] Das ist der rechtsgeschichtliche Sündenfall. Der von der Religion her bestimmte Staat sei zur Totalität sehr wohl fähig, und auch von Hegels „nicht mehr theologische[m] Reich der objektiven Vernunft"[179] und Sittlichkeit lasse sich das *noch* sagen. Die „reine Diesseitigkeit des individuellen physischen Daseins" kann demgegenüber jedoch zu keiner sinnvollen Totalität gelangen.[180] Die Verfallsrichtung geht so vom christlichen Staat über den säkularisierten Sittlichkeits- zum total neutralen Rechtsstaat, zum *stato neutrale et agnostico,* dem es um das Innenleben der Menschen nicht zu tun ist. Jene liberale Spaltung von Innen und Außen, die bereits in den Hobbesschen Leviathan den Todeskeim gelegt

---

175 Vgl. *C. Schmitt,* Der Staat als Mechanismus (Anm. 157), 629.

176 Vgl. *Carl Schmitt,* Nationalsozialismus und Rechtsstaat, in: Juristische Wochenschrift, 63. Jahrgang, Heft 12/13, 24./31. März 1934, 713–718, hier: 714 und 718. Die *substantielle Gerechtigkeit,* der es am „Recht der guten Sache" gelegen ist, postuliert den, wie Schmitt unterstellt, jedermann einsichtigen Grundsatz: *Nullum crimen sine poena.* Hierin drückt sich für Schmitt die „unmittelbare Gerechtigkeit des Einzelfalles" aus, die ein weltanschaulich fundamentierter gerechter Staat wie der theokratische Religionsstaat oder der Hegelsche Sittlichkeitsstaat gegen seinen Gegenbegriff einklagt, nämlich den bürgerlich-individualistischen „Rechtsstaat" mit dessen abstrakt-normativistischen Schlupfwinkeln für den geschickten und phantasiebegabten Verbrecher (vgl. *Carl Schmitt,* Was bedeutet der Streit um den „Rechtsstaat"?, in: Zeitschrift für die gesamte Staatswissenschaft, Band 95, Heft 2, 1935, 189–201, hier: 190; *Carl Schmitt,* Über die drei Arten des rechtswissenschaftlichen Denkens, Hamburg 1934, 62; *Carl Schmitt,* Der Führer schützt das Recht. Zur Reichstagsrede Adolf Hitlers vom 13. Juli 1934, in: Deutsche Juristen-Zeitung, 39. Jahrgang, Heft 15, 1934, Sp. 945–950, hier: Sp. 947).

177 *C. Schmitt,* Was bedeutet der Streit (Anm. 176), 199; Hervorhebung von uns.

178 *C. Schmitt,* Was bedeutet der Streit (Anm. 176), 191.

179 *Carl Schmitt,* Hamlet oder Hekuba. Der Einbruch der Zeit in das Spiel, unveränderte Neuausgabe der ersten Auflage von 1956, Stuttgart 1985, 65.

180 Vgl. *C. Schmitt,* Der Staat als Mechanismus (Anm. 157), 631.

hat, will Schmitt aber auf keinen Fall zulassen. Die Kritik, die Schmitt im Jahre 1942 den französischen Legisten angedeihen läßt, namentlich Bodin, von dem er auch später noch sagen wird, er habe „den innen- und außenpolitisch souveränen Staat [...] mit unvergleichlichem Erfolg herausgestellt"[181], gilt gleichermaßen auch dessen englischem Bruder im Geiste: Hobbes. Was nämlich Ziel und Endpunkt des von Hobbes angestrebten *zivilen* Zustandes ist: Ruhe, Sicherheit und Ordnung, das stellt nur die Schrumpfform des Politischen dar, die dem subalternen und metaphysisch feigen Streben des Bürgers nach Schutz vor Risiko und Verantwortung dient. Schmitt hält mit seiner seit Ende der dreißiger Jahre vorgetragenen These vom geschichtlichen Obsoletwerden der Staatlichkeit[182] zwar dem „überkommenen Staatsbegriff" in gleichsam gönnerhaftem Tonfall als „spezifische, übrigens nicht zu verachtende Leistung" das „Element reiner Dezision" zugute, das im Angesicht einer vom pluralistischen Bürgerkrieg zerrissenen bürgerlichen Gesellschaft „die staatliche Legalität an die Stelle aller sonstigen substanzhaften Legitimität setzte".[183] Was hier so beiläufig und scheinbar affektlos vom Staat gesagt wird, ist aber doch im Wesentlichen schon der elementare Sündenfall, der in konsequenzlogischer Folgerichtigkeit die „legale Weltrevolution" in Gang setzen muß.

Mit dem ab 1933 verkündeten neuen Nomos der Aufhebung des Staates durch das Reich ist demgegenüber der Sinn verbunden, jene innerliche Neutralität des Staates durch die *weltanschauliche Substanz* zu ersetzen, die sich in der krieg- und kampffähigen politischen Idee eines volkhaft aufgefaßten Reiches verkörpert: Es gibt zwar Reiche des Lichts und der Finsternis, aber keinen solchen Staat.[184] Das neue Reich soll die autoritäre Ordnungsleistung des Staates aufbewahren[185], ohne sich freilich dessen fatale

---

181 *C. Schmitt,* Ex Captivitate Salus (Anm. 1), 66.

182 Vgl. *Carl Schmitt,* Führung und Hegemonie, in: Schmollers Jahrbuch für Gesetzgebung, Verwaltung und Volkswirtschaft im Deutschen Reiche, 63. Jahrgang, 2. Halbband, 1939, 1–8, hier: 3 f.; vgl. auch *Carl Schmitt,* Völkerrechtliche Großraumordnung mit Interventionsverbot für raumfremde Mächte. Ein Beitrag zum Reichsbegriff im Völkerrecht, vierte Auflage, Berlin-Leipzig-Wien 1941, 41.

183 *C. Schmitt,* Führung und Hegemonie (Anm. 182), 4. Interessant ist in diesem Zusammenhang auch der ebenso süffisant-herablassende Tenor, mit dem Schmitt vom preußischen Staat, einer „antitheologischen französischen Erfahrung", als einem preußischen Sakrament spricht, das „immer noch besser" [!] sei als eine Parteiversammlung, eine Sitzung der UNO oder der UNESCO oder auch das humanitäre Sakrament (vgl. *C. Schmitt,* Glossarium [Anm. 41], 222).

184 Vgl. hierzu *Victor Klemperer,* LTI. Notizbuch eines Philologen, Leipzig 1990, 123: „Dem Worte Reich haftet etwas Feierliches an, eine religiöse Würde, die allen ihm nur teilweise synonymen Ausdrücken fehlt. Die res publica, die Republik, ist [...] ein rein diesseitiger und vernunftmäßiger Bau. Eben das sagt das Renaissancewort ‚der Staat' aus: Er bezeichnet den festen Stand, die stabile Ordnung eines zusammengefaßten Gebietes, es hat eine völlig diesseitige [...] Bedeutung. ‚Reich' dagegen [...] schwingt ins Geistige, ins Transzendente aus."

185 Vgl. hierzu auch *Carl Schmitt,* Die Formung des französischen Geistes durch den Legisten, in: Deutschland-Frankreich. Vierteljahresschrift des deutschen Insti-

Tendenzen einzuhandeln, die sich dann in der durch Hobbes vermittelten rechtsstaatlichen Deszendenzlinie bei den von Schmitt nunmehr als Juden inkriminierten Spinoza, Moses Mendelssohn und „Stahl-Jolson“ entfalten.[186] Von der Substanz des mittelalterlichen *sacrum imperium,* das durch das Chaos der Reformation zu einem Monstrum zersprengt wurde, über das stabile, aber substanzlose „Ordnungsschema“ des Staates[187] zur dezidiert substantiellen Form eines Neuen Reiches, in dem das Zeitalter der Neutralisierungen überwunden ist[188]: das ist der dialektisch erhoffte Gang der Geschichte, in dem sich die Wiederaufrichtung des integren *ordo* ins Werk setzen soll. Das Säkularisierungsmoment der religiösen Neutralisierung ist demgegenüber der satanische Keim, den der Mythos des Leviathan in dessen Staats-Theorie eingeschleust hat. In der Tat ist der Leviathan die Entwertung des Staates zur Maschine. Aber gerade damit will Carl Schmitt nichts zu tun haben.[189]

Wenn Schmitt daher dem Legisten eine Haltung des neutralisierenden Ausgleichs zuspricht und ihm das Bemühen um eine vermittelnde Linie zuerkennt, die einen gemeinsamen Boden jenseits der konfessionellen Gegensätze sucht; wenn er ferner die *mesure* als besondere Eigenart des französischen Geistes genetisch in der legistischen Haltung fundiert sieht; wenn er

---

tuts/Paris, 1. Jahr, Nr. 2, 1942, 1–29, hier: 21. Die Aufhebung des Staates im Reich soll dadurch gewährleistet sein, daß nur solchen Völkern der Rechtsstatus echter Völkerrechtssubjekte zugestanden wird, deren Staatsbegabung sie zu Trägern und Hütern eines staats- und völkerübergreifenden Raumordnungsprinzips macht und dergestalt zu Patronen derjenigen politisch weniger aufgeweckten Völker erhebt, die der großräumigen Ausstrahlung ihrer Reichsidee unterliegen (vgl. *C. Schmitt,* Völkerrechtliche Großraumordnung [Anm. 182], 44 ff.).

186 Vgl. *C. Schmitt,* Der Leviathan (Anm. 164), 107–110.

187 Schon ganz zu Beginn seines Aufsatzes über den Legisten pflichtet Schmitt der Einschätzung des Marburger Philosophen Jaensch bei, wonach der Franzose ein Mensch von emotionaler Labilität ohne echten Wirklichkeitssinn sei, der „in einem stabilen Ordnungsschema Schutz und Sicherheit sucht und findet“ (*C. Schmitt,* Formung des französischen Geistes [Anm. 185], 1, FN 1). Daß in der Folge die Bewertung, die Schmitt dem französischen Legisten als klassischen Repräsentanten französischen Geistes und als Geburtshelfer des klassischen souveränen Staates zuteil werden läßt, sehr kritisch und zumindest ambivalent ist, kann bei diesem Urteil eigentlich nicht verwundern. 1942 fällt sie jedenfalls noch keineswegs in jenem solidarischen Geiste brüderlicher Verbundenheit aus, den Schmitt nur wenige Jahre später stilisiert, d. h. nach dem Scheitern jenes Reiches, dessen neues Maß das alte des weltanschaulich neutralisierten Souveränitätsleviathans überwinden sollte (vgl. *C. Schmitt,* Ex Captivitate Salus [Anm. 1], 64 ff.).

188 Vgl. *Carl Schmitt,* Neutralität und Neutralisierungen (1939). Zu Christoph Steding „Das Reich und die Krankheit der europäischen Kultur“, in: Ders., Positionen und Begriffe (Anm. 85), 271–295, hier: 291–295. Zu Schmitts Sicht auf den Staat, der vom Begriff des Reiches aus kritisch relativiert ist, vgl. auch *Carl Schmitt,* Staat als konkreter, an eine geschichtliche Epoche gebundener Begriff (1941), in: Ders., Verfassungsrechtliche Aufsätze aus den Jahren 1924–1954. Materialien zu einer Verfassungslehre, unveränderter Nachdruck der 1958 erschienenen ersten Auflage, dritte Auflage, Berlin 1985, 375–385, hier: 379.

189 Vgl. hierzu *C. Schmitt,* Der Staat als Mechanismus (Anm. 157), 631.

schließlich als besonders lehrreich und typisch hervorhebt, daß in den damaligen Zeiten fanatischer Religions- und Parteikriege gerade diese zivile Mäßigung „politisch“ hieß[190], dann ist die Einschätzung der Konsequenzen bedeutsam, die Schmitt an ein derartiges Urteil knüpft. Dieses Urteil besagt nämlich, daß der auf Mäßigung und neutralisierenden Ausgleich bedachte Begriff des Politischen, so wie jene *politiciens* ihn typischerweise vertraten, „weit davon entfernt [sei], das europäische Chaos der Reformation aus der Tiefe heraus zu meistern.“[191] Ihm komme es, was die innerpolitische Ordnung anlangt, nur auf die Überbrückung und Verdeckung des unausgetragenen Chaos an, und in der äußeren Ordnung der Staaten erhebe er, jenseits der juristischen Dezision schierer Einheit, keinerlei Prätention auf metaphysische Substanz.[192]

Deshalb gehört es auch in ein, wie Schmitt sagt, „besonders lehrreiches Kapitel der Geschichte des Begriffs des Politischen“, wenn damals gerade diejenigen *politiciens* genannt wurden, „deren Auffassung des Politischen im Ausgleich und in der Neutralisierung der konfessionellen Gegensätze“ lag.[193] Lehrreich und typisch ist dieser Begriff des Politischen in Schmitts Augen deshalb, weil der legistische *politicien* genau in diesem Sinne der politische Sprecher und geistige Bahnbrecher des *tiers état* wurde, durch den die nationale Führung in Frankreich dann späterhin, mit dem schließlichen Erfolg der Französischen Revolution, endgültig den *classes moyennes* zufallen konnte.[194] Dieser Tatbestand motiviert zudem auch die *hinter*listige Invektive, die darin liegt, daß Schmitt Bodins überkonfessionell vermittelnden Begriff des Politischen sprachlich mit dem Ausdruck eines (vorgeblich ebenso essentiell französischen wie essentiell juridischen) *juste milieu* etikettiert.[195] Es ist daher auch nur dem Anscheine nach neutral und schon gar nicht lobend, wenn Schmitt das „Colloquium heptamoplomeres“, in dem Bodin angeblich zu einem „neutralen, die Gegensätze der verschiedenen Religionen vermeidenden allgemeinen Gottesglauben gelangt“[196], in eine Vorläuferschaft zu Lessings „Nathan“ bringt. Denn man muß solche Kennzeichnung mit dem Verdikt korrelieren, das Schmitt mehr als zwanzig Jahre später über die verhängnisvolle geistesgeschichtliche Konsequenz jenes „allgemeinen Gottesglaubens“ fällt, und zwar bezeichnenderweise auch hier wieder mit ausdrücklichem Bezug auf Bodin und Lessing: Die innere

---

190 Vgl. *C. Schmitt,* Formung des französischen Geistes (Anm. 185), 21 und 23.

191 *C. Schmitt,* Formung des französischen Geistes (Anm. 185), 23.

192 Vgl. *C. Schmitt,* Formung des französischen Geistes (Anm. 185), 22.

193 *C. Schmitt,* Formung des französischen Geistes (Anm. 185), 19; vgl. ebenda auch 21 und 23.

194 Vgl. *C. Schmitt,* Formung des französischen Geistes (Anm. 185), 6 und 23.

195 Vgl. *C. Schmitt,* Formung des französischen Geistes (Anm. 185), 19; Hervorhebung von C. S.

196 *C. Schmitt,* Formung des französischen Geistes (Anm. 185), 20.

Logik jener „allgemeinen Gottgläubigkeit“, gegen die der alte Gottesglaube eingewechselt wird, soll sich nämlich mit unwiderstehlicher Abstufung steigern, bis sie „bei der scheinbar absoluten Neutralität der entfesselten Technik angelangt ist“ und als Inhalt des Bekenntnisses schließlich „nur ein Häufchen Wertphilosophie“ übrig bleibt.[197] Und darum kann es auch gar nicht verwundern, daß Schmitt mehr als zwanzig Jahre zuvor bereits am Ende seiner auf den ersten Blick so rühmenden Studie über die legistischen *politiciens* „die Enge, Äußerlichkeit und Schikane“ von deren Maßvorstellung anmahnt.[198]

In einem Zeitalter sich ändernder Maße stellt er diesem obsolet gewordenen legistischen Maß, das wirksam als polemisches Schlagwort gegen ein unpoliziertes Deutschland verwendet worden sei, ein neues, größeres Maß entgegen. Dieses Maß aber soll nun, wie Schmitt 1942 (!) meint, von Deutschland gewonnen werden und vom Reich, das von dort kommt.[199] Denn: „Auch hier sind Götter, die walten. Groß ist ihr Maß.“[200] Das Entstehen neuer Maße bedeutet für Schmitt jedoch nicht weniger, als daß jenes dritte Deutsche Reich die Epoche beendet, welche mit der Landnahme der Neuen Welt und dem aus den Erdumsegelungen resultierenden neuen Weltbild im 16. Jahrhundert beginnt und zu deren Konstituentien die „leere, neutrale, mathematisch-naturwissenschaftliche Raumvorstellung“ der cartesianischen Moderne gehört.[201] Das Ringen zwischen Weltkatholizismus und Weltprotestantismus, das erst in dem „viel tieferen und präziseren Gegensatz von Jesuitismus und Calvinismus“ seine letzte Gestalt erhalte, habe der frühen Neuzeit ihre politische Prägung verliehen, sei selbst aber wiederum verwoben in den elementaren Streit von Land und Meer, von terran und von maritim ausgerichteter Herrschaft.[202] Mit der „Wendung zum Meer“ habe sich die politische Ordnung Europas in ein kontinentales System souveräner Staaten und einen Bereich des „freien Meeres“ aufgespalten, denen

---

197 Vgl. *Carl Schmitt,* Die vollendete Reformation. Bemerkungen und Hinweise zu neuen Leviathan-Interpretationen, in: Der Staat, 4. Band, Heft 1, 1965, 51–69, hier: 63. Freilich, an dieser Stelle trifft der Vorwurf in seiner ganzen Schwere lediglich Lessing. Bodin wird weitgehend exkulpiert, weil er auf die Ringparabel mit ihrer täuscherischen Gleichbewertung aller Religionen verzichtet habe (vgl. *C. Schmitt,* Die vollendete Reformation, 62).

198 Vgl. *C. Schmitt,* Formung des französischen Geistes (Anm. 185), 30.

199 Vgl. *C. Schmitt,* Formung des französischen Geistes (Anm. 185), 30: „Dieses Mal wird die Ordnung von Deutschland und vom Reich her gewonnen. [...] Was kommt, ist unser neues Reich.“

200 Dieses Zitat aus Hölderlins Gedicht „Der Wanderer“ ist die Schlußformel sowohl von *C. Schmitt,* Formung des französischen Geistes (Anm. 185), 30 als auch – mit leichter Zitatabwandlung – von *Carl Schmitt,* Land und Meer. Eine weltgeschichtliche Betrachtung, Leipzig 1942, 76.

201 Vgl. *C. Schmitt,* Völkerrechtliche Großraumordnung (Anm. 182), 64; vgl. auch *C. Schmitt,* Land und Meer (Anm. 200), 44–49.

202 Vgl. *C. Schmitt,* Land und Meer (Anm. 200), 56–59.

zwei völlig verschiedene Völkerrechtssysteme und Kriegsbegriffe entsprächen, nämlich der „gehegte“, landgebundene Staatenkrieg zwischen Armeen auf der einen und der nicht begrenzte Seekrieg auf der anderen Seite, der nicht zwischen Kombattanten und Privatpersonen unterscheide.[203] Die Überlegenheit, welche England im Laufe dieses Zeitalters durch die konsequente Vermählung seiner politischen Existenz mit der Herrschaft über die Weltmeere errungen habe, sei jedoch im 20. Jahrhundert mit den neuen Möglichkeiten, welche die technische Durchdringung des „Luftraums“ biete, zu Ende gegangen.[204] Wiewohl Schmitt demnach die Führung, die jetzt den Deutschen zufallen soll, durchaus auf die Beherrschung der modernsten Technik stützen will, ist er weit davon entfernt, einer technizistischen Gesellschaftsvision zu huldigen.[205] Das Pathos einer Sprengung der zu eng gewordenen Begriffe staatlicher Existenz paart sich mit der archaisierenden Beschwörung der „konkreten Gemeinschaft und Ordnung“, welche mithin ebenso in raumhaft „konkreter Ortung“ zu verankern wären, wie Haus und Hof zu Sippe und Familie gehören.[206] In einem Zug mit dem „landfremden, raumaufhebenden und daher grenzenlosen Universalismus der angelsächsischen Meeresherrschaft“ wird auch die „ausschließliche Staatsgebundenheit des positivistischen Gesetzesdenkens“ überwunden durch ein Rechtsdenken in konkreten Ordnungen und Institutionen.[207] Dieses soll einen Großraum gestalten, dessen „Garant und Hüter ein Volk ist, das sich dieser Aufgabe gewachsen zeigt.“[208]

---

203 Vgl. *Carl Schmitt*, Staatliche Souveränität und freies Meer. Über den Gegensatz von Land und See im Völkerrecht der Neuzeit, in: Fritz Hartung u. a., Das Reich und Europa, Leipzig 1941, 79–105, hier: 85 ff. und 100 ff.

204 Besonders deutlich: *C. Schmitt*, Staatliche Souveränität und freies Meer (Anm. 203), 104 f. Vgl. auch *C. Schmitt*, Land und Meer (Anm. 200), 68 ff. und 73–76.

205 So sehr Schmitt dafür eintritt, daß dem politischen Souverän zur Wahrung seiner Souveränität die Verfügung über sämtliche dafür nötigen Mittel zukäme – nicht zuletzt auch, wie oben bereits gezeigt wurde, die Verfügung über die Technologien moderner Massenkommunikation und Massenbeeinflussung –, so wenig hat er doch im Grunde mit den technokratischen Konstruktionen eines Konservativismus im Sinn, der von sich selbst wähnt, als eigentliche Avantgarde der Moderne gleichsam an der Spitze der geschichtlichen Bewegung zu marschieren. Auch in dem, was nach dem Zweiten Weltkrieg explizit unter dem Namen eines Technischen Staats propagiert wird und Herrschaft durch die Apolitie technischer „Sachgesetzlichkeiten“ ersetzen will, kann Schmitt nur eine weitere theoretische Beglaubigung jenes „Selbstlaufs der Dinge“ erblicken, den er von früh an bekämpft, weil aus ihm jeder Gedanke an den repräsentativen Charakter von Herrschaft und an die personale Entscheidung ausgetrieben sei. Was Schmitt in solchen von Saint-Simon und Comte sich herleitenden Visionen zum Niederschlag kommen sieht, ist gewissermaßen das Streben nach einer bloßen Karikatur bzw. Maske der Ordnung: der Ruf nach einem Kirchenstaat von Ingenieuren, nach der Priesterherrschaft von Funktionären einer nichts als positivistischen Rationalität. Vgl. hierzu auch *C. Schmitt*, Die vollendete Reformation (Anm. 197), 67 f.

206 Vgl. *C. Schmitt*, Völkerrechtliche Großraumordnung (Anm. 182), 65 f.

207 Vgl. *C. Schmitt*, Völkerrechtliche Großraumordnung (Anm. 182), 66 f. Programmatisch dazu bereits *C. Schmitt*, Über die drei Arten des rechtswissenschaftlichen Denkens (Anm. 176), insbesondere 20 f. und 62 ff.

Bis zu diesem Zeitpunkt war Schmitt durchaus noch der Ansicht, „auf der Seite der kommenden Dinge“ zu stehen, die freilich nicht die Seite der Verkünder allgemeiner Menschheitsideale und bevorstehender Konsum- und „Kultur“-Paradiese auf Erden sein sollte, gleichgültig, ob solcher Massenglaube eines antireligiösen Diesseitsaktivismus westlicher oder östlicher Provenienz wäre. Dem leistet auch die Argumentation Sukkurs, die Schmitt in seinem 1944 erschienenen Aufsatz „Die letzte globale Linie“ vorträgt. In dieser Schrift wird der dem Abendland verpflichtete substantielle Geist wirkmächtig als jenes Reich, das durch seine expansive „Raumrevolution“ (gemeint ist der Zweite Weltkrieg!) gegen den raumlosen planetarischen Universalismus kapitalistischer und bolschewistischer Observanz die „pluralistische“ Ordnung sinnerfüllter konkreter Großräume zu realisieren und derart den substanzhaften Geist des Abendlandes vorgeblich defensiv zu wahren sucht: „Ebenso abstrakt und oberflächenhaft global sind die raum- und grenzenlosen Imperialismen des kapitalistischen Westens und des bolschewistischen Ostens. *Zwischen beiden verteidigt sich heute die Substanz Europas*. Der globalen Einheit eines planetarischen Imperialismus – mag er nun kapitalistisch oder bolschewistisch sein – steht eine Mehrheit sinnerfüllter, konkreter Großräume gegenüber“.[209]

Auch nach dem Ende Hitlerdeutschlands ändert sich nichts an einer Weltsicht, welche die eigentliche Bedrohung sinnerfüllten menschlichen Lebens darin findet, daß die Erde zu einer bloßen „Konsum- und Produktivgenossenschaft“ wird[210], und die deshalb – wie schon in der Weimarer Zeit – das Ideal einer elektrifizierten Erde bekämpft, in dem östlicher und westlicher Glaube zusammenfließen sollen.[211] In einer rein ökonomischen Weltord-

---

208 *C. Schmitt,* Völkerrechtliche Großraumordnung (Anm. 182), 47.

209 *Carl Schmitt,* Die letzte globale Linie, in: Völker und Meere. Aufsätze und Vorträge, hrsg. v. Egmont Zechlin, Leipzig 1944, 342–349, hier: 348; Hervorhebung von uns. Bereits 1936 würdigt Schmitt bei allen weltanschaulichen Differenzen, die vor allem die unterschiedliche Einschätzung des Rasseproblems und den Primat des Staates betreffen, den italienischen Faschismus als Alliierten des Nationalsozialismus. Beide stünden in der Mitte Europas zwischen dem Liberalismus des Westens und dem Kollektivismus eines weltrevolutionären Ostens (*Carl Schmitt,* Faschistische und nationalsozialistische Rechtswissenschaft, in: Deutsche Juristen-Zeitung, 41. Jahrgang, Heft 10, 1936, Sp. 619–620, hier: Sp. 620). Die Stilisierung des Nationalsozialismus zum Retter des Abendlandes gegen die alliierte Koinzidenz von Kapitalismus und Kommunismus eint Schmitt mit Martin Heidegger, der 1935 in seiner „Einführung in die Metaphysik“ verkündet: „Dieses Europa, in heilloser Verblendung immer auf dem Sprunge, sich selbst zu erdolchen, liegt heute in der großen Zange zwischen Rußland auf der einen und Amerika auf der anderen Seite. Rußland und Amerika sind beide, metaphysisch gesehen, dasselbe; dieselbe trostlose Raserei der entfesselten Technik und der bodenlosen Organisation des Normalmenschen. [...] Unser Volk erfährt als in der Mitte stehend den schärfsten Zangendruck, das nachbarreichste Volk und so das gefährdetste Volk und in all dem das metaphysische Volk“ (*Martin Heidegger,* Einführung in die Metaphysik, in: ders., Gesamtausgabe. II. Abteilung: Vorlesungen 1923–1944, Band 40, Frankfurt a. M. 1983, 40 f.).

210 Vgl. *C. Schmitt,* Der Begriff des Politischen 1963 (Anm. 2), 58.

nung, die sich in totaler wirtschaftlicher Daseinsvorsorge erschöpft und die Menschheit im scheinbar problemlosen Glück des reinen Konsums verwalten will, sieht Schmitt jetzt das Kennzeichen einer totalitären Utopie. Ein solcher Nomos, der das Weiden ohne die Mühe machtvollen Nehmens verspricht und auf die sichtbare Verankerung der Macht in einem transzendenten Namen verzichtet, erlegt der Menschheit die utopische Formel eines Bienenkorbs auf. Das Bild vom Bienenkorb verbindet zwei zentrale und beidemal utopische Momente, nämlich die Ableugnung jeder *Entfremdung*, welche die problemlose Identität mit sich selbst transzendiert, und die Verleugnung von Macht und Herrschaft zugunsten eines *automatischen* Selbstlaufs der Dinge. In diesem Sinne kann Schmitt schreiben: „Ich halte es für eine Utopie, wenn Friedrich Engels uns verspricht, eines Tages werde alle Macht von Menschen über Menschen aufhören und gebe es nur noch ein problemloses Produzieren und Konsumieren, bei dem ‚die Dinge sich selbst verwalten'. Dieses Sich-Selbst-Verwalten der Dinge soll jede Archie und Kratie überflüssig machen und bringt zum Ausdruck, daß die Menschheit hier ihre Formel gefunden hat, so wie, nach Dostojewski, die Biene ihre Formel im Bienenkorb gefunden hat".[212]

In gleichem Schritt mit dem Rationalisierungsfortschritt der industriellen Gesellschaft hat sich die mechanisierende und technisierende Umwandlung des Rechts in Legalität[213] als Bestandsbedingung ihres gegen Störungen höchst empfindlichen Funktionierens vollzogen. Daher scheint Schmitt nun geneigt, folgende rechtsgeschichtliche Entwicklungslogik anzunehmen: Ausgehend von der dynastischen Erscheinungsform konservativer Legitimität, die sich in einer institutionell verfestigten und vom Glauben her gelebten Rechtsordnung niederschlägt, und über das Aufspaltungsmedium der Legalität des *bürgerlichen* Rechtsstaates vermittelt[214], endet sie in der Ille-

211 Während Schmitt in der „Katholizismus"-Schrift von 1923 statuiert: „Der große Unternehmer hat kein anderes Ideal als Lenin, nämlich eine ‚elektrifizierte Erde'" (*C. Schmitt,* Römischer Katholizismus [Anm. 13], 22), heißt es 1952 mit Blick auf die geschichtsphilosophisch begründete Antireligion der reinen Technizität, in welcher der Ost-West-Gegensatz angeblich sein gemeinsames Credo finden soll: „Östlicher und westlicher Glaube fließen hier zusammen. [...] Die Einheit, die der Zweiheit zugrunde liegt, wird hier sichtbar" (*Carl Schmitt,* Die Einheit der Welt, in: Merkur, Heft 1, Januar 1952, 1–11, hier: 9).

212 *Carl Schmitt,* Nomos – Nahme – Name, in: Der beständige Aufbruch. Festschrift für Erich Przywara, hrsg. v. Siegfried Behn, Nürnberg 1959, 92–105, hier: 96 f. An anderer Stelle kommt Schmitt nochmals auf die Bienenkorb-Metapher zurück: „Die Menschheit hätte endlich ihre Formel gefunden, so wie die Biene ihre Formel im Bienenkorb gefunden hat. Die Dinge verwalten sich selbst; die Menschheit begegnet sich selbst; die Wüstenwanderung der Entfremdung ist zu Ende" (ebd., 102).

213 Vgl. zur „Gefahr der Mechanisierung und Technisierung des Rechts" durch „Vergesetzlichung" *Carl Schmitt,* Die Lage der europäischen Rechtswissenschaft (1943/44), in: Ders., Verfassungsrechtliche Aufsätze (Anm. 188), 386–429, hier: 420.

214 Wie oben bereits angedeutet, erschöpft sich für Schmitt das Wesen des (positivistischen) Rechtsstaates, den er im Jahre 1935 begriffspolemisch dem substantiell

gitimität der „revolutionären Legitimität". In deren finaler Gestalt kommt die Legalität als ein „entfesselter Technizismus, der sich des staatlichen Gesetzes als seines Werkzeuges bedient"[215], auf ihren Begriff: „der scheinbare Fortschritt des Rechts", der mit der positivistischen Verwandlung des Rechts in die rechtsstaatliche, genauer: gesetzesstaatliche Legalität vonstatten gegangen sein soll, bedeutet in Schmitts Augen „nichts anderes als einen [...] fortschreitenden Gerüstbau immer neuer Prothesen eines *Rechtsbetriebes* [...], der im Grunde nur die *Revolution in Permanenz* hielt und nur noch die Revolution als eine der Legalität überlegene, legitime Kraft gelten ließ".[216] Gegen den neuzeitlichen „Prozeß-Progreß"[217] eines „motorisierten" Gesetzgebungstechnizismus bloßer positivistischer Legalität, der zwar rechtsförmig, aber niemals in einem substantiellen Sinn *rechtens* sein könne, und gleichermaßen gegen revolutionäre Legitimität beruft sich Schmitt auf das Existenzrecht der bestehenden Ordnung: „tout gouvernement est bon lorsqu'il est établi." Während freilich bei dem französischen Ideologen der Gegenrevolution der scheindezisionistische Tenor dieses Satzes immer und ausschließlich die entschiedene Legitimität einer Regierung meint, die von Gott eingesetzt ist und dessen Gesetz folgt[218], ist bei der maßgebenden politischen Einheit Schmitts von dieser Abhängigkeit letzten Endes nur noch die Gottgefälligkeit einer *jeglichen* Obrigkeit übergeblieben, sofern diese gegenüber einer antichristlichen Moderne, die fortschreitend „gottunfähiger", „ichverrückter" und devotionsfeindlicher wird, immerhin noch die stockmeisterliche Schrumpfstufe eines irgendwie höhergearteten, „gesteigerten" Seins, eine *Transzendenz im Diesseits* gewissermaßen, geltend zu machen vermag.[219] Wenn Luther, nach dem Worte Thomas Manns ein konservativer Revolutionär[220], „einer der Meilensteine auf dem

---

sittlichen und gerechten Religionsstaat weltanschauungstotaler Prägung entgegengesetzt, darin, ein bloßer Modus mit wechselndem Inhalt zu sein (vgl. *C. Schmitt,* Was bedeutet der Streit [Anm. 176], 193). Der Rechtsstaat stellt insofern eine rein technische Methode der Zielverwirklichung dar, die für jeden beliebigen Inhalt offen ist: das für Schmitt grauenhafte skandalon des schieren Betriebes.

215 *C. Schmitt,* Die Lage der europäischen Rechtswissenschaft (Anm. 213), 422.

216 *C. Schmitt,* Die Lage der europäischen Rechtswissenschaft (Anm. 213), 424; Hervorhebung von uns.

217 *Carl Schmitt,* Politische Theologie II. Die Legende von der Erledigung jeder Politischen Theologie (1970), zweite Auflage, Berlin 1984, 125.

218 Vgl. *Günter Maschke,* Die Zweideutigkeit der „Entscheidung" – Thomas Hobbes und Juan Donoso Cortés im Werk Carl Schmitts, in: Complexio Oppositorum. Über Carl Schmitt. Vorträge und Diskussionsbeiträge des 28. Sonderseminars 1986 der Hochschule für Verwaltungswissenschaften Speyer, hrsg. v. Helmut Quaritsch, Berlin 1988, 193–221, hier: 201. Vgl. auch oben 150 f.

219 Vgl. *Armin Adam,* Rekonstruktion des Politischen. Carl Schmitt und die Krise der Staatlichkeit 1912–1933, Weinheim 1992, 68 f., *Martin Pilch,* System des transcendentalen Etatismus. Staat und Verfassung bei Carl Schmitt, Wien / Leipzig 1994, 64 ff. sowie *Günter Meuter,* Der Katechon. Zu Carl Schmitts fundamentalistischer Kritik der Zeit, Berlin 1994, 480 f.

langen Weg der Entsakralisierung und Profanierung des Politischen" ist[221], dann erleidet der selbsternannte katholische Verschärfer Schmitt[222] in politicis wirklich das Schicksal einer vollendeten Reformation. Das aber bedeutet: Der modernen Selbstermächtigung des (Einzel-) Menschen setzt dieser Katechont von eigenen Gnaden die gegenmoderne Selbstermächtigung dessen entgegen, der nur die Mimikri einer nicht-kontingent-objektiven und insofern aller Relativierung und Infragestellung überhobenen Ordnung exekutiert[223]; die ungebundene Subjektivität des *beliebigen* Meinens soll durch die bindungslose Subjektivität des *machtvollkommenen* Meinens ausgetrieben werden.[224]

V.

Fassen wir zusammen: Neutralisierung ist das Schlüsselwort, mit dem Schmitt die moderne europäische Geschichte seit der Reformation signiert. Für ihn bezeichnet es das die letzten vier Jahrhunderte bestimmende Bestreben der europäischen Menschheit, mittels eines Austauschs epochenspezifischer Zentralgebiete des Denkens und der je von ihnen bestimmten Freund-Feindgruppierungen in progressiver Zuspitzung zu einer absolut und endgültig neutralen geistigen Sphäre zu gelangen, in welcher ein restlos entpolitisiertes Terrain von Frieden, Verständigung und Versöhnung errungen wäre. In diesem – stets vergeblich bleibenden – Streben nach Neutralität entdeckt Schmitt das Symptom eines unheilvollen geschichtlichen Verfallsprozesses, den er in der antimetaphysischen Metaphysik eines strikt positivistischen Immanentismus enden sieht. Demzufolge versucht die bilderstürmerische Formlosigkeit der Moderne, eine scheinbar rein sachliche (machiavellistische) Technik der Macht an die Stelle einer institutionellen

---

220 Vgl. *Thomas Mann,* Deutschland und die Deutschen, in: Ders., Gesammelte Werke in dreizehn Bänden. Band XI: Reden und Aufsätze 3, zweite Auflage, Frankfurt a. M. 1974, 1126–1148, hier: 1133.

221 Vgl. *Herfried Münkler,* Übergang vom Mittelalter zur Neuzeit. Einführung, in: Politische Institutionen im gesellschaftlichen Umbruch. Ideengeschichtliche Beiträge zur Theorie politischer Institutionen, hrsg. v. Gerhard Göhler u. a., Opladen 1990, 79–88, hier: 84.

222 Vgl. *C. Schmitt,* Glossarium (Anm. 41), 165.

223 Hans Blumenberg hat in Schmitts Dezisionismus einen Positivismus gesehen, der, um „die durch ihre Kontingenz gefährdeten Gegenwarten" zu stabilisieren, versucht, „an den Fundus des Fraglosen immer wieder Anschluß zu finden" (*Hans Blumenbeg,* Säkularisierung und Selbstbehauptung. Erweiterte und überarbeitete Neuausgabe von „Die Legitimität der Neuzeit", erster und zweiter Teil, zweite Auflage, Frankfurt a. M. 1983, 113).

224 Vgl. hierzu auch *Michael Makropoulos,* Haltlosc Souveränität. Benjamin, Schmitt und die Klassische Moderne in Deutschland, in: Intellektuellendiskurse in der Weimarer Republik. Zur politischen Kultur einer Gemengenlage, hrsg. v. Manfred Gangl u. Gerard Raulet, Frankfurt a. M. / New York / Paris 1994, 197–211, hier: 206.

Form von Herrschaft zu setzen, die – paradigmatisch orientiert an der politischen Form des römischen Katholizismus – den Anspruch erhebt, eine im Arcanum des Unsichtbaren und Geheimen autoritativ verankerte, substantiell formierende Idee repräsentativ sichtbar zu machen und sie mittels des personalen Entscheidungsmonopols einer letztinstanzlichen Amts-Spitze in der geschichtlichen Realität zu verwirklichen. Mit seiner „begriffssoziologischen" These, daß die Kraft zur Repräsentation infolge des neuzeitlichen Absturzes in die Gottunfähigkeit immer mehr verschwinde, schließt Schmitt an die „unermeßlich fruchtbare Parallele von Metaphysik und Staatstheorie" an, die im neunzehnten Jahrhundert von den Theoretikern einer katholischen Gegenrevolution, Bonald und Donoso Cortés, entwickelt wurde: Danach entspricht der heillosen Entwicklungslinie, die auf der theologischen Seite vom Theismus über den Deismus und den Polytheismus zum konsequent transzendenzlosen Atheismus incliniert, auf seiten des Politischen eine parallele Abfallbewegung von der Monarchie über den monarchischen Konstitutionalismus und die demokratische Republik zum radikalen Anarchismus.

An Hobbes knüpft der politische Theologe Schmitt demgegenüber mit der Option an, durch die souveräne Einheit der Entscheidung eine autoritative Ordnung einwandsimmun gegen die sozialen Zentrifugalkräfte jenes bunten und vielköpfigen Tieres zu behaupten, das aus lauter egoistischen, zu Vernunft und Güte unfähigen Einzelnen zusammengesetzt ist. Im strategischen Interesse, eine niederhaltende Negativallianz gegen den Liberalismus und sein vermeintlich illusionäres Gutmenschentum zu schmieden, ist hiermit zugleich der Minimalnenner gefunden, auf den Schmitt – die fundamentalen weltanschaulichen Differenzen taktisch neutralisierend – den modernen Staatszentralismus Hobbesscher Prägung und die antimodern-theistische Staatsphilosophie der katholischen Gegenrevolutionäre zusammenkürzt. Daß aber der Katholik Schmitt im weiteren Verlauf seiner Denkbewegung seinen „Schutzengel" Donoso Cortés andererseits sogar mit atheistischen Revolutionären vom Schlage eines Lenin oder Trotzki, vor allem aber mit dem „Anarchisten" Georges Sorel in eine Reihe stellt, ist ebenfalls diesem Eintreten für ein antiliberales Politikkonzept zu verdanken, das sich namens einer wie auch immer zu definierenden Legitimität in prangender Unbedenklichkeit über alle Legalitätsskrupel hinwegsetzt und das dabei Vorbehalte gegen die Anwendung blutiger oder gar vernichtender Gewalt als feige Drückebergerei vor den Notwendigkeiten eines Schicksals anschwärzt, dessen erhabene Unentrinnbarkeit sich authentisch gerade im Politischen manifestieren soll.

Schmitts Wendung zur vormals als Sündenfall verfemten Immanenz, die sich beispielhaft an seiner sukzessiven Umwertung des modernen Mythologen Sorel veranschaulichen läßt, bedeutet freilich kein Apostatentum des politischen Theologen. Vielmehr ist sie – bei gleichbleibend katechontischer Grundorientierung – seine konkret-geschichtliche Antwort auf den *challenge* einer gewandelten geschichtlichen Situation: auf die Machtergreifung des italienischen Faschismus. Im Faschismus vollzieht der Staat für Schmitt, indem er sich mit antiker Ehrlichkeit wieder zu sich selbst und zur Sichtbarkeit seiner integren Ordnung bekennt, gewissermaßen sein *ritornar al principio.* Schmitts Bekenntnis zur demokratischen Legitimität ist an die Voraussetzung höchst eigenwilliger Begriffskonjunkturen geknüpft: Indem er erstens „liberal" begrifflich mit „nicht demokratisch" und „unpolitisch" synonymisiert und dann zweitens polemisch der Gleichungsreihe „politisch" = „demokratisch" = „faschistisch" entgegenstellt, transformiert er unter den realgeschichtlichen Auspizien faschistischer Herrschaft die These vom Immanentismus als Verfallsphänomen einer liberalen Moderne in die These einer fundamentalpolitischen Sakralisierung der Immanenz. Schmitt wendet sich daher auch dann noch, als er sich auf den neuzeitlichen Boden der „Demokratie" stellt und jeder traditionellen Legitimitätsvorstellung den Abschied ausspricht, mit vielleicht sogar noch gesteigerter Vehemenz gegen eine *bürgerlich-liberale* Moderne, die keine geistige Hierarchie und keinerlei verpflichtende Sinngebung über sich mehr anerkennt, sondern nur noch einem haltlosen, verantwortungsscheuen und geschwätzigen Subjektivismus frönt und sich vom existentiellen Ernst letzter, auf Leben und Tod gehender Entscheidungen zu dispensieren trachtet. Von kulturpessimistischem Defaitismus unangekränkelt, verheißt er gegen die, wie er meint, zur großen metaphysischen Konstruktion und Geschichtsdeutung aufgedröhnten liberalen Versprechungen eines „essentiell unkriegerischen" Endes der Geschichte den *ricorso* einer politischen Ordnung, die mit ihrem Sinn für Autorität, Disziplin und Hierarchie eine Transzendenz *im Diesseits* repräsentiert.

Seit dem Jahre 1933 verkündet Schmitt dann den Reichsbegriff als den zentralen Begriff des öffentlichen Rechts. Im Vollzug seiner Bemühungen um eine fundamentalpolitische Verschärfung intendiert dieser Reichsbegriff durchaus keinen Gegenbegriff, sondern geradezu die Steigerungsform des Staates. Nicht zuletzt aus der agnostizistischen Weltanschauungsneutralität der Staatsmaschine erklärt sich Schmitts Proklamation eines neuen und größeren Maßes. Die mit der Ausrufung der „Reichs"-Konzeption verbundenen neuen Maß-Vorstellungen betreffen nicht allein die Ortung, das geographische Ausmaß, die Extension, sondern auch die *Intensität* der Ordnung, mit der dieses Maß das Innenleben der Menschen formieren und die Autonomisierung und Pluralisierung der weltanschaulich differenten Lebens- und Assoziationsformen überwinden soll, welche zu den liberalen Zerreißungen eines einstmals intakten *ordo* geführt haben. Im Vorgang der weltanschaulichen Neutralisierung findet Schmitt das treibende Moment, durch welches der Staat vom christlichen Staat über den säkularisierten Sittlichkeits- zum total neutralen, gegen Wahrheit und Gerechtigkeit indifferenten Rechtsstaat entsubstantiiert worden sei. Die erhoffte Resurrektion der integren Ordnung konstruiert Schmitt demgegenüber in Zeiten des nationalsozialistischen Reiches so: von der Substanzhaftigkeit des mittelalterlichen *sacrum imperium* über das substanzlose, aber immerhin noch stabile Ordnungsschema des absoluten Staates und die Entartungsstufe eines quantitativ totalen neutralen Staates zur qualitativ totalen Forrn eines Neuen Reiches, welches dem Zeitalter der Neutralisierungen und Entpolitisierungen ein Ende setzen soll.

Nachdem seine Seele nach 1945 in der posttotalitären Ausnüchterungszelle eines christlichen Epimetheus vom Reichsrausch geheilt war („ex captivitate salus"), ändert sich gleichwohl nichts an Schmitts Überzeugung, daß die eigentliche Bedrohung sinnerfüllten menschlichen Lebens in dem niveau- und passionslosen Irrglauben an eine rein technisch-ökonomische Welt zum Ausdruck komme, der das Jammertal menschlicher Existenz durch einen gefahrlosen Garten der Lüste ersetzen und das Glück der Menschheit als Zerstreuung und Vergnügen organisieren will. Den abendländischen Geist Europas vor dem Zangengriff eines sowohl von Westen wie von Osten anstürmenden neuzeitlichen Weltgeistes zu retten, bleibt weiterhin Schmitts Option. In der Frage der politischen Verwirklichung dieser Wünschbarkeit verdüstert sich allerdings nach dem Zweiten Weltkrieg seine Diagnose mehr und mehr. Schmitt retiriert in die Resignation angesichts einer Rechtsentwicklung, die, mit der Entfaltung des okzidentalen Rationalismus einhergehend, vermeintlich nur noch die zutiefst illegitime Legitimität einer Revolution kennt, die sich in Permanenz durch den Rechtsbetrieb einer gegen Wert und Wahrheit indifferenten Legalität vollzieht. Die Lebenslüge des Schmittschen Geistes liegt indessen darin, das, was er als das Unheil der Moderne ansieht, mit den buchstäblich allermodernsten Waffen bekämpfen zu wollen: Um diesen Beelzebub auszutreiben, hat er sich nicht gescheut, einen Pakt mit dem Teufel zu schließen.

Autorenverzeichnis

Blänkner, Reinhard, Dr. phil., Hochschulassistent am Lehrstuhl Vergleichende Europäische Geschichte der Neuzeit an der Europa-Universität Viadrina, Große Scharrnstraße 59, D-15230 Frankfurt (Oder)

Hammerstein, Notker, Dr. phil., Professor em., Johann Wolfgang Goethe-Universität Frankfurt am Main, Historisches Seminar (Fach 139), Postfach 11 19 32, D-60054 Frankfurt am Main

Kaufmann, Thomas, Dr. theol., Universitäts-Professor an der Ludwig-Maximilians-Universität München, Evangelisch-theologische Fakultät, Institut für Kirchengeschichte, Schellingstraße 3 / III Vgb., D-80799 München

Meuter, Günter, Dr., Saturnstraße 2, D-41564 Kaarst

Otten, Henrique Ricardo, Dr., Institut für Politische Wissenschaft der RWTH Aachen, Ahornstraße 55, D-52074 Aachen

Schorn-Schütte, Luise, Dr. phil., Universitäts-Professorin an der Johann Wolfgang Goethe-Universität Frankfurt am Main, Historisches Seminar (Fach 139), Lehrstuhl Neuere Allgemeine Geschichte unter besonderer Berücksichtigung der Frühen Neuzeit, Postfach 11 19 32, D-60054 Frankfurt am Main

Personenregister

Sachregister